DÄNEMARK
NORDSEEKÜSTE

W0196607

DUMONT REISE-TASCHENBUCH

Hans Klüche

DÄNEMARK NORDSEEKÜSTE

LAND & LEUTE

UNTERWEGS AN DER
DÄNISCHEN NORDSEEKÜSTE

Die Wattküste

Inhalt

Die Haffküste

Die Buchtenküste

REISEINFOS VON A BIS Z

REISEATLAS 233

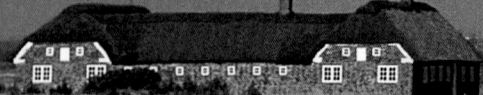

LAND & LEUTE

»Wie ein mächtiges Riff schiebt sich die dänische Halbinsel hinaus ins Meer. Die ewige Brandung der Nordsee schäumt an ihre Küste, und zwischen ihren weißen Flugsanddünen und auf ihren dunklen, weithin sich erstreckenden Heiden haben die wilden Weststürme ihren Tummelplatz. Vom Meer draußen kommen sie, geschwängert mit Salz und Gischt.«

Strandhof auf
Holmsland Klit

Henrik Pontoppidan

Dänemarks
rauer Westen

Landschaft am Ringkøbing Fjord

BREITE STRÄNDE, HOHE DÜNEN, SCHMUCKE STÄDTE

»Das Meer! … Hier ist es überall das erste und das letzte, Anfang und Ende. Wohin Du auch in diesem Land reisen magst – immer wird dies wogende, endlose Blau Dir entgegen winken, bevor Du es ahnst, bald freundlich lächelnd, halb zutraulich, als wolle es Dich zu sich hinaus locken mit seinen weißen, wogenden Schaumblumen, mit denen es seine Brust geschmückt hat; bald in völliger Ruhe, nackt und schön in trägem Schlummer, sich im blauen Gewölk des Horizontes verlierend; bald wieder einem Ungeheuer gleich mit drohendem Antlitz, gerunzelten Braunen, aus tausend schaumumkränzten Schlünden brüllend, während es gleichsam hungrig und beutegierig mit seinen starken Pranken gegen das Ufer donnert.« Dem, was Dänemarks späterer Literaturnobelpreisträger Henrik Pontopiddian 1890 über sein Land schreibt, muss man auch heute kaum etwas hinzufügen.

Die Nordseeküste ist Dänemarks populärste Urlaubsküste. Meeresströmungen haben ein 400 km langes Band sandverwöhnter Strände ausgestrichen. Meist ziehen sie sich vor hohen Dünen hin, mal vor Lehm- oder Kalkklippen. Mal ist der Sand so weich, dass jeder Gang spürbar in die Waden geht, mal so hart, dass Strandsegler und Kite-Buggys darüber hinweg flitzen, manchmal ist er sogar so hart, dass Straßen darüber geführt werden und Linienbusse darauf verkehren. Und

kurz vor Grenen, Mitteleuropas Nordkap, fühlt man sich in die Sahara versetzt: Eine wuchtige Wanderdüne wälzt sich von der Nord- zur gerade 8 km entfernten Ostsee. Zwischen Blåvandshuk und Grenen wird der Strand so selten unterbrochen, dass die Veranstalter des jährlichen North Sea Beach Marathon kein Problem haben, die klassische Laufdistanz von 42,2 km in einem Stück am Meer entlang abzustecken.

Im Süden der Nordseeküste hat das Wattenmeer, eines der wertvollsten Biotope der Erde, seine Strände auf die Inseln Rømø und Fanø ausgelagert. Sie lassen die Wellen auf mehrere Kilometer breite Sandflächen auflaufen. Damit das mit dem Sandstrand nicht zu eintönig wird, gibt es an einigen Stellen gleich hinter der Nordseeküste schon wieder Wasser. Der Ringkøbing Fjord, ein klassisches Haff, und der Limfjord, ein Mini-Ozean quer durch das Land, sind Wassersportreviere der Extraklasse mit dem wilden Wind des offenen Meeres bei den gutmütigen Wellen eines Binnengewässers. Manche mögen es härter: Die Elite des Surfsports gibt sich regelmäßig auf der Nordseeseite von Thy ein Stelldichein. Dort geht alles auf den Wellen, ob mit oder ohne Segel – das kleine Klitmøller gilt als Europas Antwort auf Hawaii.

Nun soll man aber nicht glauben, gegen soviel Natur könnten sich die Städte und Dörfer nicht profilieren. Däne-

Meer – Steilküste – Gischt: die Nordseeküste bei Lønstrup

marks älteste Stadt Ribe zeigt Geschichte in jedem Fachwerkbalken. Tønder, die Grenzstadt in den Marschen, bietet Shopping in barockem Ambiente. Løkken an der Jammerbugt setzt auf lange Nächte und kommt in der Saison kaum eine Minute zur Ruhe. Skagen im hohen Norden ist ganz die gestylte Perle, bewahrt in ihren Grenzen eine Kulturepoche, verliert aber nie den Anschluss an den Zeitgeist – ein internationaler Badeort, quicklebendig, mondän und schick. Das junge Esbjerg schlägt ein Lehrbuch der Architektur auf und will wirtschaftlich wie kulturell die Rolle als ›Hauptstadt der Westküste‹ ausfüllen – das neue Wahrzeichen der Hafenstadt,

die Mega-Skulptur ›Mennesket ved Havet‹, unterstreicht das nachhaltig. Überhaupt Kunst und Kultur! Herning und Holstebro sind Städte im Hinterland, in denen man pure Provinz erwartet. Und dann entpuppen sie sich als moderne Kulturstädte voller Kunst von internationalem Rang auf Straßen und Bühnen sowie in den Museen.

Die dänische Nordseeküste ist Strand, Dünen, Ferienhäuser. Erholung, so viel man braucht. Die dänische Nordseeküste ist aber auch Fachwerkidylle und Design, spannendes und modernes Edutainment, Kunst von Gestern und Gegenwart, kultiviertes Shopping. Abwechslung, wann immer man möchte.

13

STECKBRIEF DÄNISCHE NORDSEEKÜSTE

Dänemark im Überblick: 43093 km^2, 5,5 Mio. Einwohner, 124 Einw./km^2. Zum Königreich gehören noch die teilautonomen Gebiete Färöer-Insel (1399 km^2, 45000 Einw.) und Grönland (2175600 km^2, 56000 Einw.) im Nordatlantik. Konstitutionelle Erbmonarchie mit Margrethe II. (geb. 1940, seit 1972 Königin) als Staatsoberhaupt. Das Einkammer-Parlament Folketing wird nach Verhältniswahlrecht gewählt. Wahlen werden üblicherweise kurzfristig vom Regierungschef angesetzt, die nächsten müssen spätestens Anfang 2009 stattfinden. Minderheitskoalitionen wie derzeit aus den rechtsliberalen Venstre und den Konservativen unter Staatsminister Rasmussen (Venstre) sind üblich.

Die dänische Nordseeküste: Die Nordseeküste (dän. Vestkysten) im Westen der Halbinsel Jütland (Jylland) ist gut 400 km lang. Die Lage auf 54–57,5° Nord bewirkt im Sommer kurze helle Nächte, aber noch keine Mitternachtssonne (ab 66° Nord). Jütland wird vom Limfjord getrennt in 23872 km^2 kontinentales Süd- und Mitteljütland sowie 4685 km^2 Nordjütland. Dänemarks Hauptstadt Kopenhagen liegt ca. 280 km Luftlinie entfernt, auf der Straße 300 (ab Esbjerg) bis 500 km (ab Skagen).

Bevölkerung: In den 14 Kommunen, die im Westen an Nordsee und Limfjord grenzen, aber zum Teil weit ins Hinterland reichen, leben ca. 660 000 Menschen (Jütland total 2,5 Mio.). Die Bevölkerungsdichte liegt mit knapp 60 Einw./km^2 weit unter Landesdurchschnitt. Die kleinste selbständige Kommune ist die Insel Fanø, die am dünnsten besiedelte Tønder im äußersten Südwesten (31 Einw./km^2).

Die Inseln: Rømø (128 km^2/670 Einw.), Mandø (8 km^2/55 Einw.) und Fanø (56 km^2/ 3200 Einw.) liegen im Wattenmeer, Morsø (363km^2/23000 Einw.) im Limfjord

Die Städte: Esbjerg (72000 Einw. Stadt/114000 Einw. Kommune) ist die Nr. 1 an der Nordsee und die Nr. 5 in ganz Dänemark. Skagen (12000/seit 2007 Teil von Frederikshavn Kommune mit 65000 Einw.), Ringkøbing (9500/Ringkøbing-Skjern Kommune 58000) und Hirtshals (6500/Hjørring Kommune 68000) sind die nächstgrößeren Städte am Meer, Holstebro (32000/56600), Herning (44500/83600) und Hjørring (25000/68000) im Hinterland. Dänemarks zweitgrößte Stadt Århus (228000/295500) und die viertgrößte Aalborg (123000/195000) in Ostjütland sind von der Küste aus leicht zu erreichen.

Die Wirtschaft: Erwerbszweige entlang der Küste sind neben dem Tourismus die Fischerei, die Gas- und Ölgewinnung (Esbjerg) sowie im Hinterland die Landwirtschaft. Industrie gibt es nur vereinzelt: Windkraftanlagen am Ringkøbing Fjord, Textil um Herning, Tabak in Holstebro, Elektro und Chemie am Limfjord.

LANDSCHAFT UND NATURRAUM

Die Dänische Nordseeküste erstreckt sich von der deutsch-dänischen Grenze bis Skagen über rund 400 km. Sie lässt sich leicht in drei große Abschnitte gliedern, Im Süden das Wattenmeer mit seinen drei Inseln, die Haffküste mit den großen Strandseen im mittleren Teil und das Land nördlich des Limfjord mit den großen Buchten.

Die Landschaften

Auf dem Höhepunkt der letzten Eiszeit schoben sich vom skandinavischen Urgesteinschild die Eismassen bis zur Hauptstillstandslinie in Mitteljütland vor. Auf die heutige Geographie übertragen, zog sie sich von der Flensburger Förde nordwärts bis kurz vor den Limfjord und schwenkte dort nach Westen zum Bovbjerg. Dessen Steilküste ist nichts anderes als ein Anschnitt der gewaltigen Endmoräne, die die Gletscher vor sich aufgeschoben hatten. Nach Westen flossen gigantische Schmelzwassermassen ab, und hinterließen ein flaches, sandiges und karges Land. Nur dort, wo Geestinseln den Wassermassen standhielten, und dort, wo sich später durch Marschbildung neuer Boden aufbaute, ist das Land von Natur aus fruchtbar.

Ausgeglichen

Die Mündungsgebiete der Gletscherströme wurden bei steigendem Meeresspiegel zu großen Buchten. Später formten Meeresströmungen eine klassische Ausgleichsküste, jenes sanft geschwungene Band der Strände von heute. Das legte sich vor die Buchten, bildete dort Nehrungen wie die Landzunge Holmsland Klit am Ringkøbing Fjord, und macht sie zu klassischen Haffs – das ›Fjord‹ im Namen ist da etwas irreführend.

Zuvor bestand jedoch eine durchgehende Landmasse von Schweden bis England. Erst ein weiteres Abschmelzen des Eises im hohen Norden und der damit verbundene Anstieg des Meeresspiegels ab etwa 6000 v. Chr. formte erste Konturen Jütlands. Besonders das Land nördlich des Limfjord, das während der Eiszeit unter Gletschern lag, ist ein junger, längst nicht vollendeter Teil Dänemarks.

Zusammengewachsen

Nach dem Abschmelzen der Gletscher hatte der Tourist der frühen Steinzeit im nördlichen Jütland unzählige Möglichkeiten für einen Inselurlaub im ›Litorinameer‹. Ein Archipel aus älteren Moräneninseln reichte bis zu einer Linie zwischen den heutigen Städten Hirtshals und Frederikshavn. Die Halbinsel Skagen war da noch Meeresboden, der sich in den folgenden Jahrtausenden um 13 m anheben musste, um sie in die gegenwärtige Form zu bringen.

Die verschiedenen Inseln wurden landfest – sogar Laien können alte Küstenlinien im Landesinneren der Regionen Thy, Han Herred und Vendsyssel erkennen. Schaut man auf die Küste, dann sind alle flachen Abschnitte Neuland aus den letzten 8000 Jahren, während die Reste alter Moräneninseln als Ecken und Kanten herausragen: Die 50 m hohe Kalkklippe Bulbjerg auf der Grenze zwischen Thy und Han Herred gehört dazu, ebenso die Anhöhen, auf denen Hanstholm und Hirtshals liegen.

Abgesunken

Während sich der Norden Jütlands langsam aus dem Steinzeitmeer hob, sank der Süden in die Tiefe. Vom Nissum Fjord zieht sich eine Achse nach Südosten, die die Trennlinie zwischen Landhebung und Senkung markiert: Hier liegt eine geologische ›Wippe‹ auf. Im Süden hatte diese Landsenkung die Bildung des Wattenmeers zur Folge. Dass dort keine große Bucht in das Land ragt, ist einem biologischen Prozess zu verdanken, der ähnlich schnell Land aufbaut, wie der Untergrund absinkt: Die natürliche Marschbildung. Heute helfen Menschen diesem Prozess mit Deichbauten nach.

Flora: Pflanzen gegen den Sand

Die Landhebung und das Absinken des Meeresspiegels durch eine Zwischeneiszeit im 17. Jh. setzte an der Küste ungeheure Sandmengen frei; Sandflug wurde zur Plage. Er traf auf ein Land, dessen schützende Vegetation durch Abholzen und Beweidung seit der Wikingerzeit gelitten hatte und für den Bau von Schlössern und Schiffen in der ersten Hälfte des 17. Jh. einen nicht mehr zu verkraftenden Aderlass erlebt hatte. Etliche Dörfer und viel Land versanken unter Dünen, ganze Landstriche entvölkerten.

Erst ab Mitte des 19. Jh. wurde der Sandflug mit dem systematischen Anpflanzen großer Dünenforste wirksam bekämpft. Diese *klitplantager* gehören wie Strand und Dünen zu den Merkmalen der dänischen Nordseeküste. Dabei wurden fremde Nadelhölzer angepflanzt, die auf den kargen Sandböden überleben konnten: Bergkiefern aus Mitteleuropa spielten die Pioniere, später kamen ökonomisch attraktivere Kiefernarten wie Sitkafichten aus Amerika hinzu.

Die Dünen schützen

Dünenpflege ist ein mühsames Geschäft, das Urlauber nicht zerstören sollten: Halten Sie sich an Zugangsbeschränkungen! Trampeln sie keine Pfade neben vorhandene, auch wenn man dort nur mühsam vorwärts kommt! Graben Sie nicht in Dünen (Lebensgefahr!) und rutschen Sie nicht die Sandhänge hinunter! Weisen Sie Ihre Kinder auf diese Regeln und Gefahren hin! In den Dünen ist jede Form von Feuer und Campieren verboten. Nach dänischem Naturschutzrecht stehen die Küstendünen selbst, der gesamte Vorstrand und ein 300 m breiter Streifen landeinwärts unter Schutz.

Rubjerg Knude: hier ging der Kampf gegen den Sand verloren

Anfang des 20. Jh. war der Sandflug eingedämmt. Trotzdem besitzt Dänemark entlang der Nordseeküste Europas größte Dünenareale. Die Dünen selbst werden unterschieden in weiße Dünen und schon bewachsene graue Dünen. Die weißen Dünen sind Sandmassen in Bewegung. Sie werden, wo nötig, mit anspruchslosen Pflanzen befestigt, vor allem mit Strandhafer. Dafür müssen die Dünen mühsam geformt werden, um dem Wind alle Angriffsflächen zu nehmen. Verdorrte Äste und Zweige, die oft in Dünenmulden liegen, sind somit keine wilden Deponien für Gartenabfälle, sondern Versuche, den Sand zu binden. In eindrucksvollen Fällen unterbleibt die Stabilisierung, weil das Naturschutzgesetz auch Wanderdünen ein Existenzrecht garantiert. So darf die größte ihrer Art, die Råbjerg Mile, ungehindert über die Halbinsel Skagen kriechen.

Unentbehrlich produktiv – das Watt

Das Wattenmeer hat zwar auch Strände, extrem breite sogar, und Dünen, extrem ausgeprägte sogar, aber die findet man auf Rømø und Fanø. Die beiden Inseln begrenzen zusammen mit der Halbinsel Skallingen diese Gezeitenwelt gegenüber dem offenen Meer. Zweimal täglich wird das Watt von der Nordsee überspült, zweimal täglich vom Meer wieder freigegeben. Diese Dynamik sorgt für eine ungeheuer große Produktion kleinster Pflanzen und Tiere, die am Anfang der maritimen Nahrungsketten stehen; die Nahrungsproduktion eines Quadratmeters Wattenmeer übersteigt in vielen Fällen die des Regenwaldes, und kein Dünger der Welt kann einen Acker so fruchtbar machen. Von diesem reich gedeckten Tisch leben Würmer, Muscheln und Kleinkrebse – in jedem Quadratmeter können mehrere Tausend Tiere existieren. Bei Niedrigwasser kommen die Vögel und bedienen sich: Ein Säbelschnäbler vertilgt 3000 Borstenwürmer am Tag, ein Austernfischer bis zu 300 Muscheln. Und mit der Flut kommen unzählige Fische, die hier ihre Brut- und Kinderstube haben, aber auch ihren Mittagstisch. Auf die warten am Rande der großen Durchflüsse, der ›Tiefs‹, die einzigen Säugetiere, die dieses Revier als Lebensraum nutzen, die Seehunde.

Fauna: Die Stars sind auf der Durchreise

Artenreich ist das Tierleben entlang der Nordseeküste vor allem im Wasser und in der Luft. Auf dem Lande sieht man aber nicht nur Kühe und Schafe, die auf Weiden und Deichen grasen, oder Schweine, die sich immer häufiger wieder unter freiem Himmel suhlen dürfen, sondern hin und wieder auch wild lebende Säugetiere. Knapp 50 Arten existieren nach Schätzungen im ganzen Land.

Das bedeutendste Wildrevier entlang der Nordseeküste sind die Wälder der Gemeinde Blåvandshuk im äußersten Westen. Den Füchsen, Wildschweinen und dem Rotwild – der größte Bestand des Landes mit weit über 1200 Individuen – stehen rund 16 000 ha Staatsforst zur Verfügung. Die großen Edelhirsche mit ihren prächtigen Ge-

Kein Kreuz durch die Kreuzotter

In den Dünen an der dänischen Nordsee gibt es Kreuzottern. Man bekommt sie fast nie zu Gesicht, sie sind scheu und verschwinden, sobald sie spüren, dass sich jemand nähert. Sie beißen nur, wenn sie überrascht werden und keine Fluchtmöglichkeit haben. Dänische Kreuzottern sind relativ klein und haben wenig Gift. Sollte jemand wider Erwarten gebissen werden, ist das unangenehm, aber außer bei Hypersensibilität nicht bedrohlich. Trotzdem sollte man versuchen, das Gift auszusaugen, sich wenig bewegen und einen Arzt oder die Unfallstation eines Krankenhauses aufsuchen. Gefährdet sind frei laufende Hunde, aber die gehören in den Dünen ohnehin an die Leine. Kreuzottern sind wie alle Reptilien – auch Ringelnattern, Blindschleichen, Eidechsen – streng geschützt.

weihen sind am besten mit den ersten oder letzten Sonnenstrahlen eines Tages zu beobachten, wenn sie aus dem Unterholz der Wälder auf Lichtungen kommen, um dort zu äsen. Nur mit dem Auto sollte man in dieser Gegend vorsichtig fahren: 150 kg Hirschfleisch auf dem Kühler können mehr als Blechschaden verursachen – rund ein Dutzend Autofahrer pro Jahr mach diese leidvolle Erfahrung.

Heulen lassen: Seehunde

Zu den Säugetieren zählen auch die Seehunde. 1988 und 2002 fielen Tausende von ihnen der Seehundstaupe zum Opfer; nach Ansicht von Umweltschützern vor allem deshalb, weil ihr Immunsystem durch Umweltgifte geschwächt wird. Die bei beiden Epidemien mehr als halbierten Bestände erholten sich aber schnell und an allen Beobachtungsplätzen sind wieder viele Tiere zu sehen. Ihre Lieblingsplätze sind Sandbänke, die gute Jagdgründe vor der Nase bieten und ungestörte Ruheplätze für die Aufzucht der Jungen. Alle diese Plätze stehen unter Naturschutz. Egal aber, ob in einem Schutzgebiet oder irgendwo sonst am Strand, nähern Sie sich nie einem jungen Seehund, die man oft Heuler nennt. Sein Heulen ist aber kein Klagen im Sinne von »Hilfe, meine Mama hat mich verlassen«, sondern ein Signal an die Mutter, die irgendwo auf Fischfang ist, wo sie ihr Junges wiederfindet. Sind bei ihm dann Menschen, bleibt sie im Wasser, gibt irgendwann sogar das Kleine auf – dann erst wird es für den Heuler wirklich zum Heulen.

Und kein Schwein interessiert sich für ihn

Zum Heulen ist jedoch das Schicksal des Schweinswals, im Deutschen auch als Tümmler bekannt und im Dänischen ›Marsvin‹ genannt. Was kaum jemand weiß: Dänemark zählt zu den größten Walfangnationen der Welt. Die Opfer sind die unscheinbaren, mit wenig mehr als anderthalb Metern Länge kleinsten Wale der Weltmeere. Sie werden nicht spektakulär mit Harpunen gejagt, sondern verenden zu Tausenden als unerwünschter, wirtschaftlich nicht verwertbarer Beifang in Fischernetzen. Und obwohl die Tiertragödie vor unserer Haustür passiert, nimmt die Öffentlichkeit kaum Notiz davon.

Neben einem bedrohten Bestand in der Ostsee, den der IFAW (s. Kästchen) auf allenfalls noch 600 Tiere schätzt, leben etwa 260 000 Schweinswale in der Nordsee: Aber auch sie sind bedroht, weil die natürliche Fortpflanzungsrate den Tod im Netz nicht mehr ausgleichen kann: Meeresbiologen schätzen, dass jedes Jahr allein in dänischen Netzen 3000–4000 dieser auf regelmäßige Atmung angewiesenen Säuger ertrinken. Weitere gehen britischen, schwedischen, niederländischen und französischen Fischern ins Netz, so dass der Internationale Tierschutzfond IFAW von etwa 10 000 getöteten Tieren pro Jahr ausgeht.

Die hohen Zahlen für Dänemark resultieren aus der intensiven Fischerei mit Stellnetzen. Von denen werden Nacht für Nacht einige tausend Kilometer ausgelegt. Da es in der Natur der Sache liegt, dass Stellnetze dort aufgestellt werden, wo Fisch vermutet wird, tummeln sich dort auch die kleinen Wale auf Futtersuche. Die Netze aber sind so fein, dass sie von dem Ortungssystem der Schweinswale nicht erkannt werden.

Man muss Dänemark zu Gute halten, dass es wenigstens systematisch erforschen lässt, wie ungewollter Fang von Schweinswalen zu verhindern ist. Inzwischen experimentiert man mit akustischen Warnsystemen, die durch die Ortungslaute der Wale aktiviert werden. Naturschützer sehen aber nur eine wirkliche Methode, die Beifänge nachhaltig zu unterbinden: Rigorose Beschränkung der Stellnetzfischerei.

Das **Fjord & Bælt** (Margrethes Plads 1, Kerteminde, www.fjord-baelt. dk, Febr.–Nov. tgl. 10–16/17/18 Uhr) in Kerteminde auf der Insel Fyn (Fünen), 2–3 Autostunden vom mittleren Teil der dänischen Nordseeküste entfernt, forscht schwerpunktmäßig über die Schweinswale und zeigt Tiere, die aus Netzen gerettet wurden, in einem abgetrennten Teil des Hafenbeckens.

Sie mögen keine Menschen: Dänische Haie

Dass sich Dorsche, Hornhechte, Meerforellen und Heringe oder Schollen,

> Mehr Infos über Schweinswale und Aktionen zu ihrem Schutz gibt es beim **Internationalen Tierschutz-Fonds (IFAW),** Postfach 10 46 23, 20032 Hamburg, www.ifaw.org.

Kliesschen und andere platte Fische überall vor der dänischen Nordseeküste tummeln, weiß jeder Angler. Insgesamt gelten knapp über hundert Fischarten in den dänischen Meeresgewässern – außerdem etwa 40 in Flüssen und Seen – als heimisch, sprich, sie vermehren sich hier. Weniger bekannt ist, dass dazu auch Haie gehören, vor allem die bis zu 3,5 m langen Herings- und die deutlich kleineren Dorn- und Katzenhaie. Sie kommen jedoch nicht so nah an die Küste wie etwa der Schweinswal und – keine Sorge – es sind auch keine Arten, die Menschen anknabbern. Eher umgekehrt: Häufig sieht man in den Auktionshallen der Fischereihäfen Haie auf Eis, denn sie sind begehrte Speisefische. Heimische Haie kann man lebend in allen Seewasseraquarien entlang der Küste sehen, im **Jyllands Akvariet** (S. 151) von Thyborøn sind sie sogar im Streichelbecken vertreten.

Flugkreuz Wattenmeer

Die augenfälligsten Bewohner und Gäste der dänischen Nordseeküste sind jedoch Millionen von Vögeln, vor allem See- und Watvögel. Aber auch große Raubvögel, sogar Adler sieht man gelegentlich kreisen, und nicht nur die aus dem **Ørnereservatet,** der Adlerwarte von Tuen (S. 195).

Praktisch alle Feuchtgebiete und flachen Seen, Strandwiesen, aber auch Weiden und Felder hinter der Küste sind Gebiete, in denen man Vögel beobachten kann. An vielen Orten sind für Naturliebhaber komfortable Beobachtungsstände und -türme errichtet.

Flippers Cousin: Schweinswal im Forschungszentrum in Kerteminde

Tipperne am Südende des Ringkøbing Fjord sowie die Vejlerne (S. 175) auf der Grenze zwischen den Landschaften Thy und Han Herred haben sogar den Status von RAMSAR-Reservaten, benannt nach einem internationalen Abkommen zum Schutz bedeutender Lebensräume für See- und Zugvögel.

Ein Ökosystem übertrifft aber alle anderen: Das Wattenmeer. Es ist für viele Arten ein lebensnotwendiger Rast- und Speiseraum. Vor allem für Vögel, die in arktischen und subarktischen Regionen ihre Brutgebiete und im mittleren und südlichen Europa oder im nördlichen Afrika ihre Winterquartiere haben, wären die jährlichen Züge undenkbar ohne das ›Auftanken‹ in dieser Speisekammer. Grob geschätzt machen im dänischen Wattenmeer etwa 10 Mio. Vögel pro Jahr Station.

Entlang der dänischen Nordseeküste fressen sich vor allem Gänse wie die Kurzschnabel-, die Ringel- oder die Weißwangengans und Stelzvögel wie Alpenstrandläufer, Säbelschnäbler, Regenbrachvogel und Kiebitzregenpfeifer für ihre Reisen Fettreserven an.17 Vogelarten, so haben Biologen errechnet, machen im Laufe eines Jahres mit mehr als 20 % ihrer Weltpopulation an der dänischen Küste Station.

Ein für jeden leicht erreichbarer Beobachtungsplatz sowohl bei den Frühjahrs- wie bei den Herbstzügen ist der Rømø-Damm (S. 93), der quer durch das Wattenmeer führt. Organisierte Vogelexkursionen bieten u. a. das **Vadehavscentret** in Vester Vedsted (S. 92), **Tøndermarskens Naturcenter** (S. 81) bei Højer, **Naturcenter Tønnisgård** (S. 98) auf Rømø oder die Vogelwarte auf **Tipperne** (S. 133).

Wenn Stare Stars werden

Manchmal sorgen auch Vögel, die Laien als ganz gewöhnliche Bewohner unserer Breiten wahrnehmen, für Sensationen, z. B. die Stare in Südjütland. Die, die es aus der Nähe gesehen haben, schwärmen von einem der größten Naturschauspiele der Erde: Der Tanz der ›schwarzen Sonne‹ über der Marsch. Zwei-, drei-, vielleicht fünfhunderttausend Stare kreieren ein wundersames Luftballett über ihren Schlafplätzen in den Schilfgürteln der Marschseen. Maximal eine halbe Stunde lang werfen sie zu den Strahlen der Abendsonne Figuren an den Himmel. Dämonen. Engel. Rauchschwaden. Dann fließende Schleier wie bei einem Nordlicht in negativer Belichtung. Irgendwo muss eine Jury sitzen und Noten geben: 6.0 – 6.0 – 5.9 – 5.9 – 6.0. Jede Sekunde ein anderes Bild, synchronisiert mit Abertausenden von Flügelpaaren. Und selbst wenn Raubvögel sich ins Getümmel stürzen, die Bewegungen werden allenfalls schneller, aber nicht weniger präzis. Und wer hört schon die Schreie der Opfer.

Professionell erlebte Natur

Da kann mal ein Förster durch einen Dünenforst vorangehen und die Zusammenhänge zwischen Baumbewuchs und Sandflug erläutern, mal ein Meeresbiologe durchs Watt, der die Bedeutung dieses Ökosystems für unsere Nordsee erklärt, mal jemand, der sich mit Schnaps auskennt und Kräuter für einen Aufgesetzten sucht, oder im Spätsommer ein Pilzkenner, der aufpasst, dass sein Gefolge keine Giftpilze fürs Abendessen sammelt. Sogar Historiker schlagen sich mit Gruppen durch die Heidegebiete an der Küste und suchen auf Bunkertouren Reste des Atlantikwalls. In fast allen Kommunen an der dänischen Nordsee bieten Naturvejleder ihre Dienste an, vielerorts auch Touren in deutscher Sprache. Das System boomt mittlerweile so, dass man allein mit den Anbietern und ihren Programmen ein Buch wie dieses füllen könnte. In den Serviceabschnitten im Reiseteil finden Sie einige Adressen, sonst kennen alle i-Büros Themen, Termine und Treffpunkte. Fragen Sie nach dem örtlichen Aktivitäten-Kalender!

Kunst am Strand: Riesenkrabbe in Slettestrand

Als die Bewohner der Marsch von Vogelzügen noch nichts wussten und sie auch nie beobachteten, weil sie nachts stattfinden, gab es wunderliche Geschichten um das Phänomen der schwarzen Sonne. So war man sicher, dass die Stare, die im Oktober plötzlich verschwinden und im Frühjahr ebenso plötzlich wieder da sind, auf dem Grund der Marschseen im Schlamm überwintern würden. Wo sie das wirklich tun, wissen die Ranger des **Tøndermarskens Naturcenter** (S. 81) an der Vidå Sluse. Und die wissen auch am ehesten, wo die Stare ihre nächste Aufführung inszenieren – Spielzeit ist von Mitte Juni bis Mitte/Ende Oktober. Vielleicht tanzen sie dort, wo sie gestern schliefen, vielleicht dort, wo sie vor drei Tagen den Himmel streichelten. Aber wer weiß schon genau, was einem Star in den Sinn kommt.

GEZEITENWELT WATT

Etwa zwölf Stunden und 25 Minuten dauert eine *Tide* von einem *Niedrigwasser* zum nächsten. Der Mond und in geringerem Umfang die Sonne ziehen mit ihrer Masse das Wasser der Weltmeere an. Hochwasser herrscht auf der dem Mond zugewandten Seite der Erde und durch die Fliehkraft auf der gegenüberliegenden, Niedrigwasser an den Seiten, die im Winkel von 90° dazu stehen. Reihen sich Sonne, Mond und Erde bei Neu- oder Vollmond in einer Linie, verstärkt sich dieses Phänomen zur *Springtide,* steht die Sonne im rechten Winkel zur Linie Erde-Mond, schwächt sie es zur *Nipptide* ab.

Viele Faktoren verzerren die Gezeitenwelle. In der Nordsee verläuft sie wie ein Schwenkarm, der gut 300 km nordwestlich Rømø aufgehängt ist, zuerst an der englischen Ostküste südwärts, biegt vor dem Kanal nach Osten, streicht durch das niederländische und deutsche *Wattenmeer* und folgt schließlich der dänischen Nordseeküste nach Norden. Je weiter nördlich man sich dort befindet, desto später kommt die Flut. *Tidenkalender* treffen deshalb immer nur lokal zu!

Auch der *Tidenhub* verändert sich durch geographische Besonderheiten. So wirkt die Deutsche Bucht wie ein Trichter ohne Abfluss. Auf offener See beträgt der mittlere Wert etwa 40 cm, im dänischen Wattenmeer hingegen 1,5–2 m. Das aber sind Peanuts gegenüber dem Weltrekord von 14 m im Mittel und 21 m bei Springtiden in der Fundy Bay an der kanadischen Ostküste.

Zu allen berechenbaren Faktoren kommt das Wetter. West- und Nordweststürme drücken ungeheure Wassermassen vom Atlantik in die Nordsee und können dort 4 bis 5 m auf das normale Hochwasser ›drauflegen‹. Ein Weststurm draußen auf See kann Fluten im Watt sogar ungewohnt schnell steigen lassen, wenn über der Küste der Himmel noch blau erstrahlt und nur mäßiger Wind weht.

Die Liste der Sturmfluten ist lang, die meisten Opfer – beide Male fünfstellige Zahlen – forderten die ›Großen Manntränken‹. Die erste brach 1362 über die Küste herein und ließ u. a. das sagenumwobene Rungholt von der Landkarte verschwinden, die zweite kam am 11. Oktober 1634. Damals gab es schon seit fast hundert Jahren Deiche, aber sie hielten nicht. Heute liegt die *Deichkrone* bei 7,45 m über dem Meeresspiegel, das reichte am 3. Dezember 1999, als bei Ribe mit 5,12 m der bisher höchste Sturmbonus aller Zeiten gemessen wurde. Sorgen macht indes die Häufigkeit der Sturmfluten. Lagen früher lange Perioden dazwischen, so langt der *Blanke Hans* heute statistisch 2,2 Mal pro Jahr zu.

Aber auch normale Wasserbewegungen bei Ebbe und Flut bergen Gefahren, besonders die starken Strömungen in *Tiefs* und *Prielen.* Wer dies bei Wanderungen im Watt oder auf Sandbänken vor Rømø, Mandø und Fanø unterschätzt, spielt mit seinem Leben.

Ausstellungen zum Thema gibt es u. a. im Tøndermarskens Naturcenter an der Vidå Sluse (S. 81) und im Vadehavscentret von Vester Vedsted (S. 92).

Und wat is' wat im Watt?

Besen: Reisigbesen markieren Wege oder Fahrrinnen im *Watt*

Blanker Hans: die Nordsee bei Sturm; auch für *Sturmflut*

Deichkrone: höchste Stelle eines Deiches

Ebbe: Phase ablaufenden Wassers

Ebbeweg: rund um *Niedrigwasser* nutzbarer Weg durchs Watt

Flut: Phase auflaufenden Wassers

Flutsaum: angeschwemmte Algenreste, Muscheln u.s.w. zeigen die maximale Reichweite des Wassers auf dem Strand

Gezeiten: von Mond und Sonne verursachten Massenbewegungen; Meersgezeiten sind *Tiden,* es gibt auch Gezeiten der Atmosphäre und der Erdmasse

Gezeitenwelle: mit dem Mond die Weltmeere umlaufende Welle höchsten Wasserstandes, ein Umlauf beträgt 24 Std. 48 Min.

Grüppe: künstliche Rinne zur Entwässerung von Marschland

Hochsand: bei normalem Hochwasser nicht überspülte Sandbank

Hochwasser (højvande): höchster Wasserstand einer *Tide*

Kentern: Wechsel zwischen Ebbe und Flut

Kog/Koog: eingedeichtes Marschland

Lahnungen: flache, künstliche Dämme im Watt, die durch Bindung von Sedimenten die Marschbildung einleiten sollen

Marsch: aus Meeresablagerungen aufgebauter, fruchtbarer Landstreifen an Gezeitenküsten, wo diese nicht mehr regelmäßig überflutet werden.

Niedrigwasser (lavvande): tiefster Wasserstand einer *Tide*

Nipptide: *Tide* bei Halbmond mit niedrigem Hoch-, aber hohem Niedrigwasser

Priel: natürlicher Wasserlauf im Watt

Salzwiesen: Grünflächen an Meeresküsten, die durch Gischt und Überflutungen Salzwasser ausgesetzt sind und eine ganz spezielle Flora ausbilden

Springtide: *Tide* bei Voll- und Neumond mit höchstem Hochwasser und tiefstem Niedrigwasser

Stillwasser: Strömungsstillstand beim *Kentern*

Sturmflut: durch Stürme um mehr als 3 m über normal verstärke *Flut,* besonders gefährlich, wenn sie mit einer *Springtide* zusammentrifft

Tennen: Abflüsse bei natürlicher Marschbildung

Tide: Gezeitenperiode des Meeres zwischen zwei Niedrigwassern

Tidenhub: Unterschied zwischen Niedrig- und Hochwasser; im dänischen Watt ca. 1–2 m, nach Nordjütland hin abfallend

Tidenkalender (dän.: *højvandskalender*): lokal gültige Kalender mit den Zeiten der höchsten Wasserstände

Tief *(dyb)*: bis zu 30 m tiefe Ströme im Watt, durch die der größte Wasseraustausch bei Ebbe und Flut erfolgt

Vorland. Übergang vom Watt zum festen Land, das bei hohen Wasserständen noch überspült wird

WIRTSCHAFT UND POLITIK

Die Menschen an der Küste haben schon mit allem Geld verdient, mit Seefahrt selbstverständlich, auch mit Handel und mit Walfang. Sie haben auf dem schlechten Boden Landwirtschaft und Viehzucht versucht. Sie haben Strandgut verwertet und wenn zu wenig davon anfiel, auch mal mit falsch gesetzten Leuchtfeuern nachgeholfen. Sie haben immer wieder versucht, ihrer Heimat bessere Böden abzuringen, bis sie merkten, dass die in heutiger Zeit gar nicht mehr benötigt werden. Jetzt wird Ackerland mit großem Aufwand wieder in den Urzustand zurückversetzt, zumal der Tourismus an der Küste wichtiger als Ackerbau und Viehzucht geworden ist und die Urlauber romantische Flussauen oder mit Schilf bewachsene Seeufer lieber mögen als gradlinige Anbauflächen.

Fisch gehabt – Öl gefunden

Ein Erwerbszweig scheint indes untrennbar mit der Küste verbunden. Die Fischerei. Die musste jedoch in den 1980er Jahren eine radikale Schrumpfkur hinnehmen. Fangquoten zum Schutz der Bestände und Abwrackprämien zum Abbau der Überkapazitäten ließen die Zahl der Berufsfischer um mehr als 50 % sinken. Steigende Preise auf dem Weltmarkt haben der Branche zwischenzeitlich etwas Ruhe gebracht, aber immer wieder hängt das Damoklesschwert ›Fangquoten‹ in den

Mastspitzen. Vor allem der begehrte Dorsch ist so bedroht, dass er strenger geschützt werden muss.

Etliche Fischer haben inzwischen dem Konsumfisch den Rücken gekehrt und sind ins Geschäft mit Industriefisch eingestiegen. Dafür werden kleine Fische in oberen Wasserschichten gefangen und später zu Futtermittel verarbeitet. Naturschützer brandmarken diese ›Gammelfischerei‹ als schlimmsten Raubbau an Meeresressourcen seit dem Großwalfang. Die gejagten Kleinfische sind ein wichtiges Glied in der Nahrungskette und stehen auf dem Speiseplan zahlreicher Seevögel.

Während seit den 1980er Jahren die Fischerei schrumpft, boomt die Öl- und Gasindustrie. Nachdem im dänischen Teil der Nordsee die begehrten Energieträger entdeckt wurden, hat sich Esbjerg zum Versorgungshafen entwickelt; dort sind die meisten Arbeitsplätze der Branche entstanden. Dänemark ist heute nach Norwegen und Schottland Europas drittgrößter Öl- und Gasexporteur.

Alternative Energie in Sicht

Die Versorgungsschiffe der Ölindustrie fahren seit dem Sommer 2002 auf dem Weg zu den Förderplattformen an der Zukunft vorbei: Auf der Sandbank Horns Rev nordwestlich von Esbjerg installierte ein Energiekonzern den mit einer Ausdehnung von 20 km^2 derzeit

Die Flagge sagt alles: Dänemarks Fischer lieben die EU nicht besonders

größten Offshore-Windenergiepark der Welt. 80 Generatoren mit je 2 Megawatt Leistung sollen rund 600 Mio. Kilowattstunden Strom pro Jahr produzieren, das reicht für 150 000 Haushalte. Je nach Fundament, das 25 m tief in den Boden gerammt wird, wiegt jedes Hightech-Windrad 440–490 t und ragt gut 110 m über den Meeresspiegel auf. Und damit bei Wartungs- und Kontrollbesuchen nichts daneben geht, besitzt jede Anlage eine Toilette.

Das Projekt, das nach großen technischen Anlaufproblemen seit Anfang 2005 voll betriebsbereit ist, bringt Dänemark einen großen Schritt dem Ziel näher, bis 2030 ein Drittel seines Energiebedarfs aus regenerativen Quellen zu beziehen. Da an Land die optische und akustische Belastung durch die Türme mit den ausladenden Rotoren jedoch an die Grenze des Erträglichen stößt, werden für diesen ehrgeizigen Plan Windkraftanlagen mit einer Gesamtleistung von 4000 Megawatt in dänischen Gewässern aufgestellt, keine aber bisher an so exponierter Stelle im offenen Meer und keine mit solchem Investitionsvolumen: Gut 270 Mio. € stehen auf Horns Rev in Wind und Wellen. Infos zum Projekt unter www.hornsrev.dk (dän./engl.).

Selbstbewusste und kritische Europäer

Einnahmen aus dem Öl- und Gasgeschäft, gesunkenen Ausgaben für Energieimporte und eine rigide Sparpolitik sorgen seit den 1990er Jahren für exzellente Wirtschaftsbilanzen. Dänemark würde mit seinen ökonomischen Kerndaten im Euro-Verbund zu den Klassenbesten gehören, nur wollten die Dänen den Euro nicht.

Nachdem sie 1973 zusammen mit Großbritannien, dem damals wichtigsten Abnehmer ihrer Landwirtschaftsprodukte, der EWG beitraten, haben die Dänen in der Gemeinschaft schon mehrfach für Aufregung gesorgt. Die Verfassung des Landes schreibt bei allen Schritten, die die nationale Souveränität beschneiden, eine Volksabstimmung vor, falls das Parlament in Kopenhagen nicht mit einer 5/6-Mehrheit zustimmt. Das ist bei durchschnittlich zehn Parteien im Folketing undenkbar.

Im Juni 1992 zeigten die Dänen sich durch ihr ›Nein‹ zu den Verträgen von Maastricht erstmals als äußerst kritische Europäer. Als sie den in ihrem Sinne verbesserten Verträgen im Mai 1993 bei einem erneuten Referendum dann doch zustimmten, atmete das europäische Politestablishment auf. Doch zu früh gefreut: Im September 2000 lehnten die Dänen die Einführung des Euro ab. Während in allen Fischereistandorten die Neinsager in der Mehrheit waren – Brüssel wird die Schuld an der Misere in der Fischerei gegeben – gehörte der ländliche Regierungsbezirk Ringkøbing zu den beiden einzigen im ganzen Land, die mit ›Ja‹ stimmten.

Politische Kultur verlangt keine Mehrheit

Dass Dänemark von 1975 bis 2001 nur drei Staatsminister – zwei Sozialdemokraten und einen Konservativen – erlebte, lag sicher auch an den guten wirtschaftlichen Rahmenbedingungen. Dies täuscht aber darüber hinweg, dass die drei Herren insgesamt 10 verschiedene Regierungen in unterschiedlichsten Koalitionen führten, die meisten davon ohne parlamentarische Mehrheit. Das macht aber keinem Dänen Angst. Es gehört zur politischen Kultur des Landes, dass die Partei oder Koalition, die keine Mehrheit gegen sich hat, die Regierungsgeschäfte übernimmt und sich für das politische Alltagsgeschäft Abstimmungsmehrheiten mal bei der einen, mal bei der anderen Oppositionspartei holt.

So kam die bürgerlich-konservative Minderheitsregierung von Staatsminister Anders Fogh Rasmussen Ende 2001 nur mit Unterstützung der rechtspopulistischen Dansk Folkeparti ins Amt. Die gilt europaweit als ausländerfeindlichste Gruppierung, die in letzter Zeit in ein nationales Parlament einziehen konnte. Als die neue Regierung bald nach Amtsantritt eines der schärfsten Ausländergesetze in der EU verabschiedete, waren ihr die Stimmen dieser Rechten sicher. Auf der anderen Seite sind die Regierungsparteien überzeugte Europaanhänger, ihre rechten Steigbügelhalter jedoch absolut antieuropäisch eingestellt. Kein Problem: In der Europapolitik stehen Sozialdemokraten und Linksliberale hinter der Regierung.

GESCHICHTE IM ÜBERBLICK

Die Geschichte der dänischen Nordseeküste hat ihre eigenen Höhepunkte, oft vom Meer geprägt wie Schiffskatastrophen oder Sturmfluten, sie ist aber nicht zu trennen von der Geschichte Jütlands und Gesamtdänemarks.

Frühgeschichte

15 000–500 v. Chr.	Mit der Wärme nach der letzten Eiszeit kommen vor etwa 15 000 Jahren Menschen nach Jütland. In der Jüngeren Steinzeit – in Dänemark Bauernsteinzeit – ab ca. 4000 v. Chr. beginnen sie Landwirtschaft zu betreiben, werden sesshaft und hinterlassen Dolmen-, Kammer- und Ganggräber. Um 1800 v. Chr. beginnt die Bronzezeit, deren Grabhügel wie im Süden von Thy die Landschaft prägen können.
500 v. Chr– 793 n. Chr.	Dänemarks Historiker gliedern die Eisenzeit in eine keltische (bis ca. 0), eine römische (bis ca. 400 n. Chr.) und eine germanische Periode. Aus allen dreien gibt es eindrucksvolle Funde, darunter Zeugnisse hochwertigen Kunsthandwerks wie die Goldhörner von Gallehus, aber auch 2000 Jahre alte Menschenopfer, in Mooren konserviert. Um 120 n. Chr. geht vom Boden Jütlands mit dem Zug der Kimbern und Teutonen nach Süden eine erste Völkerwanderung aus, die sogar das römische Reich erschüttert. Gegen Ende der Eisenzeit grenzen sich die Stämme auf der jütischen Halbinsel nach Süden ab, die ältesten Teile des Schutzwalls Danevirke entstehen 737.
793–1066	In der Wikingerzeit geht der Handel mit dem Frankenreich im Süden trotz Schutzwall weiter. Zum wichtigsten Handelszentrum an der Nordsee steigt Ribe auf. Von dort geht ab 826 die Christianisierung des Nordens aus. Mitte des 10. Jh. bildet sich eine erste überregionale Königsmacht in Mitteljütland: Zum Stammvater wird Gorm den Gamle (ca. 940–50) in Jelling. Sein Sohn Harald Blauzahn (950–85) gilt als erster König eines gesamtdänischen Reichs, das auch Teile Südnorwegens und Schwedens umfasst. Während seiner Regentschaft entstehen mehrere Ringburgen, als größte die Aggersborg am Limfjord. Das junge Königreich dehnt sich in der ersten Hälfte des 11. Jh. auf Ostengland aus; der Limfjord boomt als Gateway zwischen den Reichsteilen. Ende des Jahrhunderts versandet er.

Mittelalter

1074–1157	Nach dem Tod von König Svend Estridsen (1047–74) erlebt das Land in wenigen Jahrzehnten elf Könige, zuletzt konkurrieren drei miteinander. Derweil gewinnt die Kirche an Macht. Wie im ganzen Land entstehen auch entlang der Nordseeküste romanische Gotteshäu-

ser, die bis heute den Kern zahlreicher Dorfkirchen bilden. Im deutsch-dänischen Grenzgebiet dehnt der dänische ›Jarl‹ Knud Lavard seinen Machtbereich nach Süden aus. In der Folgezeit bildet sich dort eine deutschstämmige Machtelite, an deren Spitze in der Regel aber ein jüngerer Bruder des dänischen Königs steht. Rein rechtlich bleibt Schleswig immer dänisches, Holstein immer deutsches Lehen.

1157–1412 Valdemar der Große (1157–82) restauriert die Macht der Krone. Valdemar der Sieger (1202–41) schafft mit dem ›Jyske Lov‹ eines der ältesten erhaltenen Dokumente dänischer Sprache und eine zivilrechtliche Grundlage, die in einigen Regionen Jütlands bis Ende des 19. Jh. gültiges Recht bleiben wird. Thronzwist eskaliert zur königslosen Zeit von 1332 bis 1340, in der Jütland an den despotischen Grafen von Rendsburg verpfändet wird, bis der einem Tyrannenmord zum Opfer fällt. Valdemar Atterdag (›Wieder Tag‹, 1340–75) eint das Reich erneut, und seine Tochter Margrete I. (1375–1412) macht es zur führenden Nation im Norden. Mit dynastischen und politischen Winkelzügen bringt sie die Kronen Dänemarks, Norwegens und Schwedens in der Kalmarer Union (1397–1523) auf ein Haupt und wird damit zu einer der mächtigsten Frauen der europäischen Geschichte. In Schleswig und Holstein kauft sie Ländereien für die Krone, darunter Ribe, aber auch Teile von Rømø, Sylt, Föhr und ganz Amrum. Während Margrete die Fäden zieht, tragen formell ihr leiblicher Sohn Oluf (1376–87) und nach dessen frühem Tod ihr Adoptivsohn Erik von Pommern (1387–1439) die Krone. 1412 stirbt Margrete an der Pest. Fünf Jahre später macht Erik von Pommern Kopenhagen zur Hauptstadt. Der Mittelpunkt des Reichs verlagert sich damit nach Osten, weg von der Nordseeküste.

1448–60 Als Christoffer III. (1440–48) erbenlos stirbt, wählt der Reichsrat Christian I. (1448–81) aus der Oldenburger Linie der Royals auf den Thron. Er kann auch Ansprüche auf die ebenfalls vakanten Titel in Schleswig und Holstein anmelden. Als dort der Erbfall eintritt, fällt zudem das dänische Lehen Schleswig an die Krone zurück. Die Ritterschaft im Grenzgebiet fürchtet eine Teilung und wählt, um Schlimmeres zu verhindern, Christian zum Herzog von Schleswig und Grafen von Holstein. Der Preis ist ein Schwur, der noch viel Blutvergießen bedeutet: Beide Gebiete sollen ›auf ewig ungeteilt‹ sein.

1534–36 Dänemark versinkt in einer brisanten Gemengelage aus Politik und Religion: Bürgerkrieg und Reformationswirren zerreißen das Land. König und Gegenkönig streiten mit Schwert und Verrat um Macht

Seit dem Mittelalter im Einsatz: die Nachtwächter von Ribe und Ringkøbing und Krone. In Nordjütland erheben sich Bauern unter dem legendären Skipper Clement, ihr Aufstand endet in einem Blutbad, Clemet stirbt den Foltertod. Der alteingesessene Adel und aufstrebende Städter fechten einen blutigen Machtkampf aus. Aus dem Chaos gehen der Adel und sein Königsfavorit Christian III. als Sieger hervor. Kaum hat er seinen Vetter Christian II. aus dem Feld geräumt, lässt er seine Förderer, darunter alle katholischen Bischöfe, einkerkern, die Reformation durchführen und den Besitz der katholischen Kirche konfiszieren – der gehörte zuvor mehr als das halbe Land.

Von der Renaissance zum Goldenen Zeitalter

1560–1648 Erste Leuchtfeuer erleichtern ab 1561 Seereisen durch dänische Gewässer, nicht jedoch entlang der Nordseeküste (siehe 1843). Dänemark schrumpft derweil von Krieg zu Krieg. Ruinös schon der Nordische Siebenjährige Krieg 1563–70 gegen Schweden. Christian IV. (1588–1648) macht sich als Bauherr der Renaissance einen großen Namen, als Kriegsherr weniger: Seine Profilierungsversuche im Dreißigjährigen Krieg enden mit Dänemarks Niederlage und lassen Schweden zur Großmacht aufsteigen. 1627 heeren Wallensteins Horden durch Jütland bis nach Frederikshavn. Als wäre der Krieg nicht genug: Die ›Große Manntränke‹, die schwerste Sturmflut aller Zeiten, setzt am 11. Oktober 1634 weite Teile Südjütlands unter Wasser und fordert Tausende Menschenleben, im Norden setzt Sandflug ein.

1657–1720 Bei einem erneuten Waffengang 1657–60 fallen die letzten Provinzen östlich von Kattegat und Øresund an Schweden: Dänemark ist in einem Jahrhundert um ein Drittel kleiner geworden. Zwar liegt Kopenhagen jetzt am Rande des Reiches, aber der Absolutismus wertet ab 1660 die Rolle der Hauptstadt wieder auf. Ein erneuter Waffengang mit Schweden 1679 beendet alle Hoffnungen auf Rückgewinnung der Ostprovinzen. Aus dem Großen Nordischen Krieg 1700–20, der sich an Ränkespielen um Schleswig und Holstein entzündet und in den Holland, England, Sachsen sowie Russland hineingezogen werden, kann Dänemark keine Vorteile ziehen, obwohl Schweden seine Vormachtstellung im Norden verliert.

1801–14 England treibt mit unsensibler Kriegsdiplomatie Dänemark aus der Neutralität in die Arme Napoleons und damit in eine verheerende Niederlage und den Staatsbankrott 1814. In den Kriegsjahren geraten mehrmals britische Schiffe vor Jütland in Winterstürme und werden an der Küste zerschlagen. Die erlebt ihre schwerste Katastrophe Weihnachten 1811, als vor Thorsminde fast 1400 junge Seeleute ertrinken.

1815–50	Trotz wirtschaftlicher Depression erlebt Dänemark ein Goldenes Zeitalter der Kunst und Geisteswissenschaften. Nationalromantische Züge prägen die Erweckung des Bürgertums ab 1830, die zum unblutigen Ende des Absolutismus 1848 führt. Nur in den Herzogtümern Schleswig und Holstein kommt es zu einem Aufstand: Deutsche Kreise fordern eine ›freie Verfassung für Holstein und Schleswig‹ mit Anschluss an den Deutschen Bund, die Dänischgesinnten eine ›gemeinsame Verfassung für Dänemark und Schleswig‹. Daraus resultiert der erste Schleswigsche Krieg 1848–50, der im Patt endet. Die bürgerliche Verfassung, die Frederik VII. im Juni 1849 unterschreibt, gilt nur für des Königreich, in den Herzogtümern bleibt er ein absoluter Herrscher.
1843	In Hanstholm wird der erste Leuchtturm der dänischen Nordseeküste fertig, bis 1906 werden es insgesamt sechs.

Dauernd Ärger mit Deutschland

1863/64	Die Regierung in Kopenhagen lässt Christian IX. (1863–1906), kaum ist er gekrönt, ein Gesetz unterzeichnen, das die dänische Verfassung auf Schleswig, aber nicht auf Holstein ausdehnt. Auf deutscher Seite will Bismarck die Sache jedoch endgültig klären. Sein 24-Stunden-Ultimatum zur Rücknahme des Gesetzes ist unmöglich einzuhalten, Krieg unvermeidlich. Bismarck holt Österreich ins Boot. Dänemark ist chancenlos, zumal die anderen skandinavischen Königreiche die erhoffte Unterstützung versagen. Schleswig und Holstein werden deutsch, Gebiete mit ca. 175000 Dänen in Südjütland eingeschlossen. Lediglich durch Tausch königlicher Besitzungen aus der Zeit von Margrete I. blieben Ribe und ein größeres Gebiet südlich von Kolding dänisch.
1864–1914	Als ›Kompensation‹ für die Landverluste beginnt man, große Heidegebiete urbar zu machen, Feuchtgebiete trocken zu legen und ernsthaft den Sandflug zu bekämpfen. Die meisten Dünenforste entlang der Nordsee werden in der zweiten Hälfte des 19. Jh., angelegt. Als Konkurrenz zu den Nordseehäfen in den Herzogtümern Schleswig und Holstein wird Esbjerg gebaut, heute die größte Stadt an der dänischen Nordseeküste. Bäuerliche Produktions- und Absatzgenossenschaft – die erste wird 1882 in Thisted gegründet – werden zum Motor der industrialisierten Landwirtschaft, die bis heute ein wichtiger Erwerbszweig Jütlands ist. Aus der Arbeiterbewegung, die sich in den Städten formiert hat, geht derweil die Sozialdemokratie hervor, die 1881 erste Mandate im Parlament erringt, 1924 erstmals an einer Regierung beteiligt wird und im 20. Jh. den dänischen Sozialstaat formt. Erste Sozi-

algesetze gibt es ab 1890, 1934 wird ein ›Recht auf Hilfe‹ in der Verfassung verankert.

Als der König 1901 eine Regierung aus der Mehrheit im Folketing heraus ernennt, hat sich der Parlamentarismus durchgesetzt. Ab 1915 dürfen auch Frauen wählen.

1914–20 Dänemark übersteht den Ersten Weltkrieg neutral, jedoch sterben 6000 Dänen aus Südjütland in deutschen Uniformen. 1920 initiieren die Siegermächte für Schleswig ein Referendum über die staatliche Zugehörigkeit. Die Abstimmung erfolgt zeitlich versetzt in drei Zonen von Norden nach Süden. Um eine Zerstückelung zu vermeiden, muss erst eine Zone für den Anschluss an Dänemark gestimmt haben, ehe in der nächsten weiter südlich zu den Urnen gerufen wird. Die erste Abstimmung am 10. Februar 1920 bringt in der nördlichsten Zone eine deutliche Mehrheit für die Wiedervereinigung mit Dänemark, einen Monat später die Abstimmung in der mittleren Zone eine ähnlich große Mehrheit dagegen. Damit steht die Grenze in ihrem bis heute gültigen Verlauf fest. Auf beiden Seiten bleiben jedoch Minderheiten.

1933–49 Die Massenarbeitslosigkeit der 1930er Jahre wird von sozialdemokratisch geführten Regierungen mit staatlichen Großprojekten bekämpft; so entsteht ab 1938 auch der Rømø-Damm. Im Zweiten Weltkrieg versucht Dänemark wieder, neutral zu bleiben, wird aber am 9. April 1940 von der deutschen Wehrmacht besetzt. Bis 1943 mischen sich die Besatzer nicht in innere Angelegenheiten; Dänemark behält sogar sein Militär. Ein aus dem Untergrund gesteuerter Volksaufstand beendet diese ›Zusammenarbeitszeit‹ im August 1943. Dänemark wird daraufhin von den Alliierten als verbündetes Land anerkannt und am 5. Mai 1945 von den Engländern befreit.

Ab 1943 wird die Nordseeküste als Teil des Atlantikwalls befestigt. Tausende von Bunkern und Stellungen werden zum Teil von angeheuerten Dänen in die Dünen gebaut. Diese Tätigkeiten spalten die Bevölkerung und führen nach Kriegsende zu Übergriffen auf die ›Kollaborateure‹. Zu diesem Zeitpunkt ist Dänemark auch von Flüchtlingen überschwemmt, die aus den deutschen Ostgebieten über die Ostsee evakuiert worden sind. In Oksbøl besteht bis 1949 das größte Flüchtlingslager im Land.

Dänemark in der Gegenwart

1953–73 Vor dem Hintergrund, dass das Königspaar keine Söhne hat, kommt es 1953 zu einer Verfassungsreform, die die weibliche Thronfolge erlaubt; Margrethe II. kann somit 1972 Königin werden. 1955 garantieren die Regierungen Dänemarks und Deutschlands in der

›Bonn-Kopenhagener-Erklärung‹ den Minderheiten beiderseits der Grenze die uneingeschränkte Wahrung ihrer Kultur. Die Vereinbarung gilt bis heute weltweit als vorbildlicher Minderheitenschutz.

1973–2000 Dänemark tritt 1973 der EWG bei, bremst den weiteren Einigungsprozess aber durch immer neue Volksabstimmungen. Öl- und Gasvorkommen im dänischen Teil der Nordsee sanieren die öffentlichen Kassen. Da kann man sich etwas leisten: Seit 1998 verbindet eine 18 km lange Brücken-Tunnel-Kombination über den Großen Belt Dänemarks Landesteile im Westen mit der Insel Seeland, auf der Kopenhagen liegt. So fährt man mit dem Auto von Esbjerg an der Nordseeküste in die Hauptstadt nur noch etwa drei Stunden.

1995 heiratet Prinz Joachim, Nr. 2 in der dänischen Thronfolge, eine aus Hongkong stammende Investmentberaterin. Als Geschenk des Volkes werden im Land 13 Millionen Kronen zur Renovierung von Schloss Schackenborg nebst Neugestaltung des umgebenden Parks gesammelt. Auf dem Anwesen bei Møgeltønder (S. 77) leben die beiden bis zum Scheitern der Ehe 2005.

seit 2001 Bei Wahlen Ende November 2001 wird die rechtsliberale Venstre stärkste Partei und bildet mit den Konservativen eine von Rechtspopulisten abhängige Minderheitsregierung (S. 28). Dank Vollbeschäftigung und hervorragender Wirtschaftsdaten wird diese politische Konstellation bei Wahlen Anfang 2005 bestätigt. Unter dem Stichwort ›Flexicurity‹ wird Dänemarks Arbeitsmarktpolitik als Konzept für Europa bejubelt: Größtmögliche Flexibilität der Arbeitsplätze bei hoher sozialer Sicherheit für die Beschäftigten.

Im Mai 2004 heiratet Kronprinz Frederik die aus Australien stammende Juristin Mary Donaldson, Januar 2006 taufen sie ihren drei Monate zuvor geborenen Sohn auf den Namen »Christian Valdemar Henri John«, nach seinem Vater nun die Nr. 2 der Thronfolge.

Im September 2005 druckt die in Århus und Kopenhagen erscheinende konservative Tageszeitung »Jyllands Posten« 12 relativ harmlose Mohammed-Karikaturen. Daraus resultieren Anfang 2006 schrille, von Fundamentalisten gesteuerte, antidänische Proteste in der gesamten islamischen Welt. Überall werden rotweiße Flaggen mit dem Kreuz geschändet, dänische Waren, vor allem landwirtschaftliche Produkte, boykottiert. Der ›Karikaturenstreit‹ wird im Lande als schwerste politische Krise seit dem Zweiten Weltkrieg empfunden. Die Regierung hält sich lange mit dem Hinweis auf die Unabhängigkeit der Presse aus der Diskussion heraus und wird im Nachhinein kritisiert, die Brisanz des Streites völlig unterschätzt zu haben.

Zum 1. Januar 2007 zentralisiert eine Strukturreform das Land von 13 ›amter‹ und 270 ›kommuner‹ auf 5 ›regioner‹ und 96 ›kommuner‹.

DIE WIKINGER

Der 8. Juni 793 war für das christliche Westeuropa so etwas wie der 11. September 2001 für das 21. Jh., nur berichtet über die Ereignisse statt der Weltpresse allein der Mönch Alcuin. Nach seinen Aufzeichnungen schieben sich an jenem Tag Drachenboote auf den Strand der Insel Holy Island vor der Küste Nordenglands. Männer springen heraus, plündern das Kloster Lindisfarne und legen es in Schutt und Asche. Die alten Mönche werden erschlagen, die jungen als Sklaven mitgenommen. Die Wikingerzeit hat begonnen.

Die Männer aus dem Norden haben eine schlechte Presse, denn es sind fast immer des Schreibens Kundige aus dem Kreis ihrer Opfer, die ihr Auftreten beschreiben. Und nirgends, wo Wasser in der Nähe ist, sind Siedlungen oder Städte sicher, nicht an Englands Küsten, nicht an Irlands, nicht an Frankreichs, nicht im Mittelmeer und auch nicht an den großen Flüssen, egal wie weit im Land. Hamburg und London trifft es, ebenso Köln und Paris. Manches vom Bild der raubeinigen Hooligans wird erst im 20. Jh. zementiert. Die Nazis stilisierten sie zu Vorzeige-Ariern, und die braune Szene missbraucht Elemente ihrer Kultur wie z. B. die Runen bis heute. Hollywood treibt sie mit Hörnerhelmen – historisch völlig fehl am Platze – in wilde Filmschlachten. Und der kleine Hägar aus dem Comic ist kaum schrecklich, aber auch nicht gerade ein Kulturmensch.

Berufung Wikinger: Über kaum ein Phänomen europäischer Geschichte existiert so viel Un- und Halbwissen. So gibt es kein Volk der Wikinger. Wikinger ist ein Beruf, allenfalls eine Berufung. Männer, ausschließlich Männer, fahren unter einem Schiffsführer – oft Söhne aus gutem Haus – auf Wiking. Sie rekrutieren sich aus nordgermanischen Stämmen im Gebiet der heutigen Königreiche Dänemark, Schweden und Norwegen, später sitzen auch Geistesverwandte aus den keltischen Ländern mit im Boot. Die Schiffe sind allein oder in kleinen Verbänden unterwegs, erst gegen Ende ihrer Epoche formieren sie sich zu großen Flotten. Da sind es aber schon die gerade entstandenen Königreiche des Nordens, die mobilisieren. Die sind jedoch klug genug, nicht zu großen Eroberungszügen aufzubrechen, allenfalls reisen sie, um ›Schutzsteuern‹ abzuholen, wie einige Jahre in England geschehen.

Auch wenn sich in Dänemark Museen, Freilichtspiele, historische Märkte und Erlebniszentren (S. 56) gern mit einem ›Wikinger‹ im Namen präsentieren, wäre die Bezeichnung ›Nordleute‹ richtiger, wenn man die Menschen im Norden meint, nicht die Krieger in den Schiffen. Längst zeigen Funde, dass sie Baumeister, Künstler und Kunsthandwerker hervorbrachten, von den Literaten ganz zu schweigen, die mit den Sagas frühe Weltliteratur schufen. ›Nordleute‹ berücksichtigt aber auch, dass es keine weiblichen Wikinger gab, wohl aber Frauen, die in der damaligen Gesellschaft eine bedeutende Rolle spielten. So nennen mittelalterliche Schriften zur Geschichte des Nordatlantik Entdeckerinnen oder Führerinnen von Einwanderertrecks nach Island, die den Männern in ihrem Gefolge sagten, wo es lang ging.

Entdecker, Siedler, Händler: Nordleute tauchen lange vor dem 8. Juni 793 an fremden Küsten auf und kommen auch später noch in friedlicher Absicht. Sie leben im Norden Schottlands neben der angestammten Bevölkerung. Sie besiedeln zuvor vom Abendland nicht wahrgenommene Inseln im Nordatlantik. Sie betreten fünf Jahrhunderte vor Kolumbus Nordamerika. Sie reisen als Händler über die russischen Flüsse bis zum Kaspischen Meer. Grundlage all dieser Aktivitäten sind ihre seefahrerischen Fähigkeiten und ihre Schiffe, die allen zuvor bekannten Typen überlegen sind.

Von dänischem Boden aus fahren die Nordleute vor allem an die Küsten des Frankenreichs und nach England. Dort wird ihr Einfluss so groß, dass es für einige Jahrzehnte ein vereinigtes Königreich von Ostengland und Dänemark gibt. Mit dessen Zerfall Mitte des 11. Jh. neigt sich die Wikingerzeit dem Ende zu. Die wilde Zeit der Wikinger ist da längst vorbei. Handel hat die Nordleute in die europäische Mittelaltergemeinschaft eingebunden, und sie sind Christen geworden. Da schickt es sich nicht mehr, Klöster zu überfallen. Über das genaue Ende kann man streiten, aber länger als bis 1066, als Normannen, Nachfahren nordischer Siedler, von Westfrankreich aus England erobern, setzt niemand die Wikingerzeit an. Nach dänischem Geschichtsverständnis beginnt nun das Mittelalter.

Wikinger heute: Vikingecenter Lustrupholm bei Ribe

Kultur und Leben

Skagen, das dänische Sylt

DÄNISCHE LEBENSART

Die Menschen an der Nordseeküste gelten innerhalb Dänemarks als ruhige Typen, die aber zupacken und auch was riskieren, wenn Not am Mann ist, wie sie es in Jahrhunderten am Meer gelernt haben. Letztlich sind sie aber alle Dänen und die gelten unter Nordeuropäern eher als die Lebenslustigsten, Geselligsten und im geschäftlichen Umgang Lockersten. In der skandinavischen Variante des Witzes, bei dem Männer verschiedener Nationalität mit einem Boot untergehen, muss der Däne noch einen Witz erzählen und mit lauten ›Skål‹ sein letzten Bier ausleeren, ehe er versinken darf.

Die Dänen sind überzeugt, von ihrem Staat weniger gegängelt zu werden als andere Völker, und sie können durchaus auch mal fünf gerade sein lassen. Das eine reiben sie gern den Schweden unter die Nase, denen der Staat nach dänischer Auffassung alles verbietet, was Spaß macht, das andere den Deutschen, die ihnen immer viel zu gründlich sind. Besserwisserei und die Neigung, eigene Leistungen oder die berufliche Position herauszustellen, verstoßen gegen den gesellschaftlichen Konsens des ›Jantelov‹: »Glaube nie, dass Du etwas Besseres bist oder etwas besser kannst.« Titel sind Dänen ziemlich schnuppe.

Toleranz in Gefahr

Traditionsbewusstsein und Toleranz gegenüber Andersdenkenden gehören auch zum dänischen Image, nur hat dies in jüngster Zeit durch eine rigide Ausländerpolitik gelitten. Das Land, das als erstes in Europa die Schwulenehe erlaubte, hat jetzt Einwanderern die Eheschließung und Familienzusammenführung so schwer gemacht

Wenn Sylt zu Hering wird

Ob man sich in Sønderjylland – direkt übersetzt ›Südjütland‹ – oder in Nordschleswig befindet, ist weniger eine Frage der Koordinaten denn der Blickrichtung: Die dort lebenden Dänen meinen mit Sønderjylland den gleichen Landstrich wie die Angehörigen der deutschen Minderheit mit Nordschleswig. Die Geschichte hat den Süden Dänemarks nicht nur mit Blut durchtränkt, sondern auch zweisprachig gemacht, und wie die Region tragen beiderseits der deutsch-dänischen Grenze Orte, Flüsse, Inseln und Hügel einen deutschen und einen dänischen Namen. Zum Glück ähneln sie sich meist, wie Tønder und Tondern oder Rømø und Röm, manchmal braucht man etwas mehr Kombinationsgabe wie bei Ribe und Ripen, Skærbæk und Scherrebek, Vidå und Wiedau, Rødekro – Rothenkrug oder südlich der Grenze die Insel Sylt und Sild – eigentlich das dänische Wort für Hering.

wie kein anderes Land der EU. Und das bei einem vergleichweise geringen Ausländeranteil an der Gesamtbevölkerung. Hier spielt wohl die gleiche Angst vor Überfremdung und Verlust nationaler Identität mit, die die Dänen auch gegen die europäische Einigung so skeptisch macht (S. 28). Diese Skepsis hat historische Ursachen: Während des Mittelalters rekrutierte sich die Handwerkerschaft der Städte weitgehend aus Deutschland und sprach auch Deutsch. Im Zeitalter des Absolutismus folgte dann deutscher Adel in den Dienst der dänischen Krone. Hier kam es zu Auswüchsen, über die ein englischer Diplomat Ende des 17. Jh. berichtet: »Der König, die hochgestellten Männer, der Adel und viele Bürger bedienen sich des Deutschen bei gewöhnlichen Gesprächen … Ich habe etliche in hohen Ämtern prahlen hören, dass sie kein Dänisch könnten.« Schließlich war es 1864–1920 dann preußische Politik, im besetzten Jütland dänische Kultur und Sprache durch die deutsche zu ersetzen.

Hygge ist so gemütlich

Das soll nicht heißen, dass die Dänen ständig in Sorge leben. Ganz im Gegenteil, globale Umfragen zeigen: Kein Volk ist im eigenen Land so zufrieden wie sie. Sie machen es sich eben auf ihre Weise ›hyggelig‹. Die *hygge* ist ein Merkmal dänischen Lebens. Wer das einfach mit ›Dänische Gemütlichkeit‹ übersetzt und auf eine bestimmte Form von Geselligkeit oder auf einen bestimmten Einrichtungsstil reduziert,

liegt falsch. Hygge ist viel individueller. Eine Familie kann zum Geburtstag der Oma im Garten grillen, dabei Bier und Gammel Dansk kreisen lassen und gemeinsam Lieder singen – was Dänen wirklich gern machen. Zum Abschied werden alle sagen: ›Das war hyggelig.‹ Wenn die Jüngeren aus diesem Kreis am folgenden Wochenende zu einem Open-air-Konzert pilgern, dort im Gras liegen, Rockmusik hören und Tüten kreisen lassen, werden sie wieder sagen: ›Das war hyggelig.‹

Etwas scheint mit der dänischen Hygge untrennbar verbunden: Der rotweiße Danebrog. Nur wenige Völker hegen eine so weit in den Alltag reichende Liebe zu ihrer Nationalflagge. Über die offiziellen Anlässe (s. u.) hinaus schmückt sie Geburtstagstische und Weihnachtsbäume, Abiturientenpartys und Gewerkschaftsfeiern. Der rot-weiße Flaggen-Chauvinismus wirkt jedoch nie bedrohlich, sondern ist ein wichtiger Farbtupfer im Bild, das Dänemark heißt.

Flaggenliebe

»Vi er røde, vi er hvide, vi stå sammen side om side …«, wir sind rot, wir sind weiß, wir stehen zusammen Seite an Seite …, so beginnt ein Schlachtgesang dänischer Fußballfans. Rot und weiß sind Dänemarks Farben, ein leuchtend klares Rot und ein reines Weiß. Der Danebrog mit dem weißen Kreuz auf rotem Grund fiel der Legende nach am 15. Juni 1219 während der Schlacht von Lyndanisse in Estland vom Himmel und gab den dänischen

Die Jensens

Geschlechtsnamen benutzte der dänische Adel ab dem Mittelalter, während die einfache Bevölkerung der nordischen Namensregelung folgte: Ein Sohn bekam an Stelle des Familiennamens den Vornamen des Vaters mit angehängtem ›sen‹, eine Tochter mit angehängter ›dottir‹. Ein Rasmus Hansen war somit immer eindeutig Rasmus, der Sohn vom Hans. Als die Behörden ab 1856 Familiennamen verlangten, wurde dazu in den meisten Fällen der Name des Familienoberhauptes erhoben. Bis heute setzen sich 44 der 50 häufigsten dänischen Familiennamen aus einem traditionellen Vornamen und der Endung ›sen‹ zusammen: Knapp 8 % aller Dänen heißen Jensen, gut 7 % Nielsen, 6 % Hansen und 4 % Pedersen. Bei Wahlen Ende 2001 konnten sich die Dänen zwischen einem rechtsliberalen und einem sozialdemokratischen Rasmussen als Kandidaten für das Amt des Regierungschefs entscheiden, ein weiterer Rasmussen wurde später Innenminister. Träger solcher Massennamen benutzen häufig Zwischennamen, die bei Promis manchmal den richtigen Nachnamen verdrängen: So kickte Mitte der 1980er Jahre beim 1. FC Köln ein dänischer Weltklassefußballer als Preben Larsen, für seine Nationalelf lief er hingegen als Preben Elkjær auf.

Kreuzrittern den notwendigen Kick, eine drohende Niederlage in einen Sieg zu wenden. Stimmt die Legende, wäre er die älteste Flagge der Welt, belegt ist das Tuch indes erst im späten 14. Jh. und offizielle Reichsflagge wurde der Danebrog gar erst unter Erik von Pommern noch ein Jahrhundert später.

Es gibt kaum ein Gebäude, weder privat noch öffentlich, vor dem nicht ein Mast steht, an dem bei jeder sich bietenden Gelegenheit das rot-weiße Tuch im Wind hängt, in der Regel von 8 bis 20 Uhr, nie jedoch vor Sonnenauf- oder nach Sonnenuntergang. Und Gelegenheiten gibt es viele: Neben lokalen Ereignissen wie Hochzeiten, Beerdigungen oder Stadtfesten sind das die Flaggentage, also alle gesetzlichen Feiertage (S. 216), eine Reihe offizieller Gedenktage und alle Geburtstage der königlichen Familie.

Pferde, Krämer und Trachtenträger – Feste

Traditionelle Volksfeste sind die Vieh- und Trödelmärkte im Hinterland der Küste. Sie sind immer mit Viehhandel, großen Flohmärkten und etwas Kirmes verbunden, und immer gehören zu den Besuchern dieser Märkte auch einige der für Dänemark typischen Leierkastenmänner mit Zylinder und Frack und der Brust so voller Orden, Ehrenzeichen, Anstecker und Buttons, dass jeder verdiente Veteran der Sowjetarmee vor Neid erblassen würde. Entlang der Küste sind die bekanntesten dieser Märkte der **Vildsund Marked** (S. 177) in der zweiten Julihälfte auf Thy,

Ringreiterfeste sind die wichtigsten Volksfeste im Süden Jütlands

Kloster Mærken in Løgumkloster (S. 77) Mitte August, der **Ho Fåremarked** (S. 130) in der Kommune Blåvandshuk Ende August und am zweiten Wochenende im September der **Højer Fåremarked** (S. 82).

Für Südjütland sind **Ringreiterfeste** das, was für einige deutsche Regionen die Schützenfeste sind. Nur wird hier nicht geschossen, sondern Reiter müssen in vollem Galopp Ringe, die über ihrem Kopf aufgehängt sind, mit einer Lanze aufspießen. Das ist keine leichte Aufgabe, denn das Loch, das sie treffen müssen, ist kaum Größer als die Spitze der Lanze. Ein bunter Auf-

marsch der Kontrahenten und ein großes Volkfest umrahmen die Wettbewerbe, die auf mittelalterliche Ritterspiele zurückgehen. Hochburg des Ringreitens ist zwar die Ostküste Südjütlands mit den größten Veranstaltungen im Juli in Aabenrå, Sønderborg und Gråsten, aber auch in den Marschorten im Westen sowie auf Rømø (S. 93) gibt es Ringreiterfeste. Sehenswert!

Für die schönsten **Trachtenfeste** Dänemarks muss man auf die Insel Fanø reisen: Die Fannikerdage am zweiten Juliwochenende in Nordby und der Sønderhodag am darauf folgenden Sonntag in Sønderho präsentieren viel Brauchtum, Musik, Tanz und vor allem die traditionellen Trachten der Insel, die nirgendwo sonst so gepflegt werden wie hier.

Weniger traditionell, aber munter sind die **Hafenfeste** in den Küstenorten vorrangig im Juli, und immer populärer werden schließlich Feste und Märkte im Outfit vergangener Epochen wie Anfang Mai am Vikingecenter Lustrupholm bei Ribe (S. 90) oder im August auf dem Gelände des Bork Vikingehavn (S. 137).

Heidnisches Fest mit Gottes Segen

Auch wenn es oft anders geschrieben oder behauptet wird: Die Dänen feiern kein Mittsommer am 21./22. Juni, sondern zwei Tage später am 23. Juni **Sankthansaften,** ohne dass das ein gesetzlicher Feiertag wäre; der eigentliche Skt.-Hans-Tag ist der 24. Juni. Ist ein Strand in der Nähe, wird dort gefeiert und, wie in Dänemark üblich, viel gesungen.

Im Mittelpunkt steht ein riesiges Feuer, auf dem eine Hexe aus Stroh verbrannt wird. Der Volksglaube lässt sie zum Bloksberg fliegen, das Böse flieht. Trauriger Hintergrund des Rituals: Von Mitte des 16. Jh. bis ins 18. Jh. hinein gab es in Dänemark Hexenverbrennung – rund 1000 Menschen, meist Frauen, kamen dabei ums Leben. Noch für 1897 ist ein Lynchmord an einer angeblichen Hexe im Vendsyssel belegt.

›Hexenverbrennung‹ zum Sankthansaften

ESSEN UND TRINKEN

Im Ferienhaus an der dänischen Nordsee darf man ruhig einmal den Tag mit einem *frokost*, wörtlich übersetzt ›Frühstück‹, anfangen, auch wenn man dann schon den halben Tag verschlafen hat: Frokost essen Dänen am Mittag. Das morgendliche Frühstück heißt *morgenmad*, ›Morgenmahl‹. Die Verschiebung des Frokost auf den Mittag folgte der Veränderung im Arbeitsalltag: Ein zweites Frühstück am Morgen ist nicht mehr erforderlich. Konsequent wurde auch das traditionelle Mittagessen ohne sprachliche Folgen um einen halben Tag verschoben: Einer Einladung zum *middag* müssen Sie also erst am Abend folgen. Ein *aftensmad*, ›Abendessen‹, gibt es noch als abendliches Alltagsessen.

Lachs, Dorsch und Co.

Fisch ist an der Nordseeküste Muss wie Genuss gleichermaßen. Hering, der einst die Region am Limfjord reich machte, ist nach wie vor einer der am meisten gefangenen und angebotenen Fische. In manchen Hotels steht er schon auf dem Frühstücksbüfett, sonst taucht er spätestens zum Frokost in allerlei Varianten auf. Meist wird er mariniert angeboten – mal süß, mal sauer, mal in kräftiger Kräuterlake – oder in einer dicken Currysauce, dazu isst man einfaches Graubrot. Wer ihn auch nach dem Urlaub nicht mehr missen möchte: Es gibt alle Sorten im Supermarkt als Glaskonserven. Der Hering ist aus

dem Limfjord verschwunden, dafür ist dort heute eine Aalhochburg. Und wer den langen dünnen, aber auch fetten Fisch mag, kann sich in kulinarischer Vielfalt aalen: Man bekommt ihn gekocht, geräuchert und gebraten, gesalzen oder gepökelt, in Aspik oder im Eierkuchen, gerollt, als Aalkuchen oder Aalbrot und sogar in Bier mariniert.

Ein Standard auf Speisekarten ist Lachs. Wo er billig ist, ist er garantiert aus Zuchtfarmen. Einen hervorragenden Ruf hat auf jeden Fall der mild geräucherte Hjertinglachs (S. 115) aus der Gegend von Esbjerg. Dorsch wird inzwischen von Kennern wieder hoch geschätzt, als Traditionsgericht genießt man ihn in einer Senfsoße. Angler, Seewolf, Steinbeißer – der auch den guten dänischen Kaviar liefert – sowie schwarzer und weißer Heilbutt sind weitere Delikatessen, teils aus Fanggebieten im Atlantik. Vorsichtig aber bei Schalentieren! Nein, keine Sorge,

Preiswert, moderat, teuer

Bei Hauptgerichten unter 120 DKK (16 €) und Menüs bis 200 DKK (27 €) speist man preiswert, moderate Preise reichen bis 180 DKK (24 €) für das Hauptgericht und etwa 250 DKK (34 €) für ein Menü. Darüber kann man von teuer reden, aber fast immer ist es auch angemessen.

BAKSKULD, DER ›TRITTFISCH‹

Sven Christensen spielt gern Fußball, hat aber auch sonst einen schnellen Tritt. Das hilft ihm im Watt, wenn er den traditionellen ›Bakskuld-Fang‹ demonstrieren will. Sobald er einen der flachen Fische im Sand ahnt, schnellt sein rechter Fuß vor. Was dann unter Svens Fuß zappelt, hat im Deutschen verschiedene Namen: Kliesche, Scharbe oder Rotzunge. Der kleine Flachfisch ist im Wattenmeer recht häufig und in der Region Esbjerg – Hjerting – Fanø heute eine Delikatesse, früher indes galt er als Arme-Leute-Essen.

Auf die altväterliche Zubereitung zum Essen verzichtet aber sogar Sven: Die Fische wurden einen Tag gepökelt und anschließend luftgetrocknet. Sollten sie auf den Tisch, wurden sie in Zeitungspapier eingewickelt und ganz nah an die Glut des Ofens gelegt. Gar sollten sie sein, wenn das Papier verkohlt war. Die heutige Zubereitungsform wirkt appetitlicher: Der Fisch wird gehäutet, leicht gesalzen, geräuchert und zum Essen in Butter gebraten. So ist er Teil einer deftigen Frokost und steht in jedem Restaurant der Region, das sich lokalen Traditionen verpflichtet fühlt, auf der Karte. Dazu gehören ein Bier und ein eiskalter Akvavit. Der Name stammt übrigens aus jener Zeit, als Küstenfischerei ein Saisongeschäft war. In den Lagern am Ufer halfen junge Frauen beim Beködern der Fangleinen. Als Bezahlung – *skuld* – gab es dann die kleinen flachen Fische, die sich sonst nicht verkaufen ließen. Und da die Frauen alle Hände voll zu tun hatten, lag als ›Lohntüte‹ eine Art Tablett – *bak* – neben ihnen, auf die die Fische geworfen wurden.

Fisch ganz traditionell: gesalzen und in der Sonne getrocknet

nicht wegen der Qualität, sondern allein wegen eines Übersetzungsfehlers, der manchmal zu langen Gesichtern führt: Den um Skagen viel gefangenen *jomfruhummer* findet man auf deutschsprachigen Speisekarten gern als ›Hummer‹, dabei ist er nur ein kleiner Verwandter des echten Hummers und heißt im deutschen korrekt Kaisergarnele oder Kaisergrant.

Auch eine Delikatesse vom Meer: Lamm

Lamm gilt heute ebenfalls als Delikatesse der Küste, und zwar dann, wenn es sich um Salzwiesen- oder Marschlämmer handelt, die es vor allem im Süden des Landes gibt. Dort sind sie eine Domäne der gehobenen Gastronomie. Sonst dominieren in den Restaurants Steaks die Fleischkarte. Eine oder mehrere Varianten, oft mit einer Backkartoffel serviert, findet man immer – meist teurer als Fisch. Die preiswerte Alternative heißt *hakkebøf,* Rinderhacksteak. Das könnte fast Dänemarks Nationalgericht sein, wären da nicht die *frikadeller,* die Frikadellen. Sie kommen mit Kartoffeln und dicker, brauner Soße vornehmlich bei den Jensens und Nielsens zu Hause auf den Tisch oder in eher preiswerten Restaurants. Das gilt auch für *flæskesteg,* ein traditionell im Ofen zubereiteter Schweinebraten. Seine Schwarte, am Rand eingesalzen und in feine Streifen geschnitten, wird zu einem zusätzlichen Knabberspaß. *Biksemad,* ein Resteverwertungsrezept aus klein gewürfeltem Fleisch und Kartoffeln, er-

gänzt mit Roten Beeten, Gurken und einem Spiegelei, fällt unter die Rubrik deftige Hausmannskost.

Das kleine Frühstück zum Mittag

Das Frokost zum Mittag hat überall in Dänemark einen hohen Stellenwert, wird als Geschäftsessen sehr gepflegt und kann sich in Spitzenrestaurants zu einem kulinarisches Erlebnis mit bis zu drei Gängen entwickeln.

In einer einfachen, traditionellen Form könnte es aus bis zu drei Stück *smørrebrød* bestehen, Dänemarks berühmten Butterbroten. Die haben mit einer gewöhnlichen Stulle aber wenig Ähnlichkeit, sondern werden selbst in ihrer einfachen Form immer aus drei, vier oder mehr Bestandteilen komponiert – das Brot dient vorrangig dem Zusammenhalt. Drei Smørrebrød füllen auch einen hungrigen Magen.

Eine oft angebotene Alternative wäre eine *frokost anretning* mit *kolde og lune retter,* ein Platte mit kalten und lauwarmen Speisen. Dazu könnte eine Frikadelle gehören, ein Stück Schweinefilet, ein gebratenes Schollenfilet, eine oder mehrere Sorten Hering und gelegentlich auch ein paar Krabben.

... ein Wiener bitte

Wenn der kleine Hunger zwackt, keine Sorge: Dänemark hält zwei Spezialitäten für zwischendurch bereit: Den **Pølser** in jeder Imbissstube und fast jedem Kiosk. Der Standard ist ein Heißwürstchen auf einer Pergamentpapierunterlage in Begleitung von je einem Klecks Senf und Ketchup sowie einem weichen, weißen Brötchen. In der umfangreicheren Luxusversion ordert man ihn als Hot dog. Wer indes lieber Süßes mag, steuert eine Bäckerei an: Dänischer Plunder ist weit über Dänemarks Grenzen hinaus ein Begriff, nur sollte man im Lande selbst nach einem **Wiener Brød,** ›Wiener Brot‹, fragen, nicht nach einem ›Kopenhagener‹!

Und ein Skål

Dass Dänen gern mal ein Schlückchen zu sich nehmen, ist kein Geheimnis, um aber falschen Verdächtigungen vorzubeugen: Sie trinken nach der Statistik weniger Alkohol als die Menschen in den deutschsprachigen Ländern. Neben Bier (S. 50), das im Lande *øl* heißt und wie das Schmiermittel gesprochen wird, genehmigen sie sich

Hier gibt man sich die Kande

Wo sich junge Cliquen einen schnellen Kick geben wollen, kann man Dänemarks Antwort auf mallorquinische Sangria-Eimer bestellen: Sie heißen ›Kande‹ und enthalten 1 bis 1,5 Liter Cocktailgetränk, mehr zusammen gekippt als gemischt wie die Kande ›Spildolie‹, deutsch: Altöl, mit Finlandia Vodka, Gin, Tequila, Rum, Cointreau, Rose's lime, Jägermeister und Coca Cola für etwa 200 DKK.

auch mal einen eiskalt servierten *snaps.* Der kommt meist aus Aalborg, schmeckt mehr oder minder nach Kümmel und ist auch als Akvavit bekannt oder – obwohl glasklar – als *Rød Aalborg,* ›Roter Aalborg‹. Die goldgelbe Edelversion, mit Dill und Koriander verfeinert, steht als *Aalborg Jubilæum* in den Regalen. Populär ist ferner der *Gammel Dansk,* ein kräftiger Kräuterbitter, der sogar einen mit gebratenem Aal überfüllten Magen aufräumen kann. Über diese traditionellen Schnäpse hinaus liegen viele Kombinationen von Akvavit oder dänischem Wodka mit Kräutern oder Früchten im Trend. In Discos und szenigen Lokalen sind zudem Cocktails angesagt, wobei nicht alle international bekannt sein dürften wie *Brandbil med Udrykning* (›Feuerwehrauto im Einsatz‹) mit Jägermeister, Vodka und Himbeersprudel.

Die Preise gehen doch, oder?

Alkoholika in Kneipen und Restaurants sind nicht übermäßig teuer. 20–30 DKK kostet ein normales Bier oder ein *snaps,* 35–50 DKK ein Spezialbier oder ein großes Gezapftes. Cocktails liegen bei 40–90 DKK. 450–600 DKK zahlt, wer Spirituosen in einer Kleinstadtdisco flaschenweise ordert. Weinpreise sind vom Preisniveau des Restaurants abhängig, ein Hauswein für 120–150 DKK kann schon ganz ordentlich sein.

Typisch dänische Frokost serviert das Sand's in Esbjerg

THINK GLOBAL, DRINK LOCAL

Da wollen sie für den Abend im Ferienhaus ein gutes Bier und stehen im Supermarkt vor lauter Paletten mit verschiedensten Sorten. So richtig kennen Sie keine, nur ein paar Namen kommen ihnen bekannt vor. Zu was sollen Sie greifen? Was jetzt am meisten vor ihnen steht, ist das untergärige *Pilsner,* das dänische Standardbier mit 4,6 % Alkohol. Sicher ist auch *Classic* in Palettenstärke vertreten, ein jüngst wieder in Mode gekommenes traditionelles *Lagerøl,* etwas dunkler und süßer als Pilsner. Sind Ostern oder Weihnachten nah, gibt es das alkoholstarke *Påskebryg* bzw. *Julebryg,* ein süß-süffiges Bockbier. Lassen Sie aber den Blick schweifen, fällt er bestimmt auf das Spezialitätenregal: *Porter* ist ein dunkles, obergäriges und meist hochprozentiges Bier; *Wiibroe Årgangsøl,* ein Jahrgangsbier, ist mit 10,6 % derzeit das stärkste im Lande; *Guldøl* oder *Luxusøl* sind stärkere Pilssorten; *Hvedeøl* kennt man im Deutschen als Weizenbier. Diese Vorstellungsrunde ließe sich lange fortsetzen, zumal viele Brauereien eigene Spezialbiere auf den Markt bringen.

Egal aber, wo sie einkaufen, Dänemarks Weltmarken *Tuborg* und *Carlsberg* stehen garantiert an den Gängen und liefern auch viele Bierspezialitäten. Beide Marken werden seit 1970 unter einem Firmendach gebraut und haben seitdem etliche Konkurrenten im Lande geschluckt oder sich große Aktienpakete an ihnen gesichert. So beherrschen sie den dänischen Markt fast wie ein Monopol.

Fast! In Thisted (S. 176) widersteht ihnen das kleine **Thisted Bryghus** mit einem ähnlichen Trotz wie das kleine gallische Dorf von Asterix und Obelix dem römischen Reich. Die 1899 gegründete Brauerei ist im Besitz von rund 1700 ortsansässigen Aktionären, und manche behaupten, das Brauhaus sei für Thy so wichtig wie das Königshaus für Dänemark. Das bodenständige Management steckt die Grenzen des ›primären Verbreitungsgebietes‹ seiner Biere bescheiden eng: Ihr Bier gibt es in den Regionen Thy und Han Herred sowie auf den Limfjordinseln Mors und Fur in jedem Laden und jeder Kneipe, in anderen dänischen Landesteilen nur über wenige Bezugsquellen, vor allem, um das Heimweh der Thyboer zu lindern, die dort leben müssen.

Die Brauerei in Thisted setzt auf altes Brauerhandwerk, Qualität und Lokalpatriotismus: *Thy Pilsner* heißt ihr Bier auf Thy. Und weil bei der ewigen Rivalität zwischen den Leuten auf Thy und denen auf der Insel Mors ein Thy Pilsner dort bestimmt nicht gut ankommen würde, heißt das selbe Bier dort *Morsø Pilsner.* Da sollten die Trinker in Fjerritslev und Brovst nicht zurückstehen: Han Herred Pilsner heißt es für sie, Thyholm Pilsner für die auf Thyholm, Hanstholm Pilsner, Vorupør Pilsner, Løkken Pilsner – die Märkte können noch so klein sein, das Thisted Bryghus liefert für jeden das eigene Bier. Und weil das Konzept erfolgreich ist, exportiert man inzwischen sogar Aalborg Pilsner in die große Kneipenstadt im Osten.

Die kleine Brauerei braut neben ihren lokalpatriotischen Pilsner-Sorten inzwischen ein breites Biersortiment vom starken *Limfjords Porter* über je zwei unterschiedlich alkoholstarke Oster- und Weihnachtsbiere – 7,9 % für Männer, 5,8 % für Frauen – bis hin zu alkoholfreien Sorten wie dem hellen *Lystøl* und dem *Hvidtøl,* einem Malzbier. Äußerst erfolgreich laufen auch die fünf Ökobiere: Thisted Bryghus ist derzeit die einzige Brauerei in Dänemark, die mit Rohstoffen aus kontrolliertem Ökoanbau braut.

Absolute Spezialität der Thisteder Brauer ist jedoch das *Porseguld,* ein Bier, dem Gagel zugesetzt wird. Die Blätter des kleinen Strauches, der im Deutschen auch als Heide- oder Sumpfmyrte bekannt ist, dienten im mittelalterlichen Europa als Vorläufer des Hopfen. Bevor der zum dominierenden, in Bayern und später in ganz Deutschland per Reinheitsgebot von 1516 sogar vorgeschriebenen Biergewürz wurde, hatte jeder Brauer seine spezielle Kräutermischung, die so genannte Gruit. Wer es sich leisten konnte, braute mit Importgewürzen, die Mehrheit griff jedoch zu heimischen Kräutern wie eben zum herben, fast bitteren Gagel. Einzigartig ist wohl die Art und Weise, wie sich das Thisted Bryghus mit Gagel versorgt: Traditionell sammeln alle Mitarbeiter den kompletten Bedarf für ein Jahr an einem Tag im Herbst bei einem Betriebsausflug in den Dünen der Umgebung. Die jungen Blätter werden dann mit reinem Alkohol aufgesetzt und nach einem Monat ist der Extrakt zum Brauen fertig. Was aber genau damit geschieht, ist das am besten gehütete Betriebsgeheimnis in Thisted. Wenn Sie jetzt gerade im Nordwesten Jütlands vor den Bierregalen stehen, schauen sie einfach mal nach dem örtlichen Gerstensaft: Think global, drink local. Prost.

Tipps für
Ihren Urlaub

›So hoch stand das Wasser schon
mal!‹ – die Sturmflutsäule in Ribe

TIPPS FÜR IHREN URLAUB

Reisen ist an der dänischen Nordseeküste kein Problem, weder mit dem guten öffentlichen Nahverkehr (S. 222) noch mit dem eigenen Wagen. Wer Zeit mitbringt und viel sehen will, hält nach Schildern Ausschau, die die Blüte einer Margerite auf braunem Grund zeigen. Die markieren insgesamt 3500 km Bummelroute kreuz und quer durch Dänemark, gut 600 km davon entlang der Nordseeküste von der deutsch-dänischen Grenze bis kurz vor Skagen.

Dach über dem Kopf

Jetzt fehlt nur noch ein Dach über dem Kopf. Dänemark-Urlaub steht vor allem in Deutschland fast synonym für Ferienhausurlaub. Keine Gruppe nutzt die Domizile auf Zeit so konsequent wie die deutschen Urlauber: Mehr als 90 % ihrer Nächte in Dänemark verbringen sie in Ferienhäusern, weit abgeschlagen nennt die Statistik Übernachtungen in Hotels und Jugendherbergen oder auf dem Campingplatz. Dabei sind das gute Alternativen! Preisbeispiele und andere Details zu allen Übernachtungsformen ab S. 223.

Ferienhäuser

Ferienhäuser stehen überall, wo Meer, Dünen und Strände in der Nähe sind, nur Naturschutzgebiete und Truppenübungsplätze unterbrechen nachhaltig die Bebauung. Die meisten Häuser werden – zunehmend auch über das Internet – von professionellen Büros vermittelt. Überall entlang der Küste gibt es lokale und regionale Vermittler mit ein paar Hundert Häusern im Katalog, darunter so gut wie alle i-Büros. Anschriften finden Sie in den Serviceabschnitten im Reiseteil. Darüber hinaus bieten große Vermittler in Katalogen, dick wie Telefonbücher, jeweils einige Tausend Häuser und Wohnungen aller Preisklassen im ganzen Land an. Als Vertriebsweg nutzen sie das Internet und Reisebüros in den Heimatländern ihrer Kunden. Entlang der dänischen Nordseeküste betreiben sie dann ein enges Netzt von Servicebüros für die Betreuung vor Ort.

Ferienhäuser gibt es vom einfachen, nur im Sommer nutzbaren Holzhaus mit minimalem Komfort bis zu winterfesten Kleinpalästen, die mit Satelliten-TV, Video, Telefon, Fax und Internetzugang ausgestattet sind. Sauna und Whirlpool zählen fast schon zum Standard, Hallenpools sind keine Seltenheit. Stauraum im allgemeinen und Schränke im besonderen sind jedoch keine Stärken dänischer Ferienhäuser, und die Betten sind selbst in den luxuriösen Häusern meist einfach, schmal und oft kurz, zum Teil im Jugendzimmerformat. Von der Angabe über die im Haus zulässige Personenzahl sollte man nicht auf die Zahl gleichwertiger Betten für Erwachsene schließen. Mitgerechnet werden gelegentlich Schlafsofas in Durchgangs- oder Wohnzimmern sowie Kojen, die allenfalls für Kinder ausreichen.

Nachbarn garantiert: Feriencenter

Meist liegen sie in der Nähe eines Strandes, gelegentlich, wie im historischen Ribe, aber auch am Rande einer attraktiven Kleinstadt: Feriencenter mit Apartments oder im Reihenhausstil zusammenstehenden Häusern. Sie sind bei gleichem Komfort etwas preiswerter als Ferienhäuser, bieten indes in Zentralgebäuden neben Kiosk oder Laden und Restaurants auch gute Gemeinschaftseinrichtungen für Fitness und Freizeit. Einige Ferienparks besitzen kleine Apartments mit 1–2 Zimmern und sind deshalb ideal für Paare oder Kleinfamilien. Reisen mehr als 2 Personen an, sollte sie aber vorher die Bettenverteilung studieren: Bei nur einem Schlafzimmer und bis zu 3 Sofabetten im einzigen Aufenthaltsraum ist Urlaubsstress eher wahrscheinlich als Erholung.

Gemachte Betten und ein bisschen Service: Hotels und Pensionen

Es gibt einige sehr stilvolle **Strandhotels** entlang der dänischen Nordsee. Die erleben eine Renaissance: Designgeschichte im Henne Mølleå Badehotel (S. 133) von Henne Strand, zauberhafte Atmosphäre im Svinkløv Badehotel bei Fjerritslev (S. 180) oder wiederbelebte Traditionen in Hjorths Hotel/Kokholms Hotel (S. 197) von Kandestederne. Sehr romantisch und zum Teil gastronomisch äußerst ambitioniert sind auch einige **Traditions-Kroer,** wie der Sønderho Kro (S. 106) und der Nordby

Ein Tag wie kein anderer: Samstag

Der Samstag ist Wechseltag für Urlaubsdomizile in Dänemark und an deutschen Küsten. Während der Hochsaison kommt es an diesem Tag in beiden Fahrtrichtungen regelmäßig zu Staus bis in die Feriengebiete hinein. Wer flexibel ist, sollte deshalb einen anderen Reisetag wählen. So empfehlen sich auch für Ferienhausmieter Zwischenstopps bei der An- und Abreise z. B. in den komfortablen Businesshotels dänischer Städte, die während der Ferienzeiten oft mit familienfreundlichen Sonderangeboten locken. Oder man wählt ein preiswertes Familienzimmer in einem Danhostel, vielleicht im Danhostel Billund gleich neben dem LEGOLAND Park (S. 118).

Kro (S. 107) auf Fanø. Lange dachte man, diese individuellen Hotels wären chancenlos gegen moderne Apartmentanlagen (s. o.), die kleinere Wohneinheiten mit Hotelservice anbieten.

Ein breites Angebot an Hotels und ungewöhnlich viele **Privatpensionen** findet man in Skagen (S. 207). Privatzimmer sind ansonsten nicht so verbreitet wie z. B. an den deutschen Küsten. Wo es sie gibt, werden sie von den i-Büro vermittelt. Von den Bauernhöfen, die Touristen aufnehmen, bieten die meisten Apartments zur Selbstversorgung, ein Teil auch Bed&Breakfast.

Preiswerte Alternativen: Campingplätze und Jugendherbergen

Entlang der dänischen Nordseeküste gibt es weit über 100 **Campingplätze,** der Abstand zwischen zwei Plätzen beträgt selten mehr 10 km. Vom Dänischen Campingrat werden die Plätze mit bis zu fünf Sternen bewertet. Die beiden unteren Kategorien garantieren das Nötigste und wenden sich vor allem an Rundreiser.

Die meisten Plätze haben drei Sterne und bieten soliden Standard bei Sanitär- und Gemeinschaftsräumen. Den vierten oder gar fünften Stern gibt es für gehobene Ausstattung, besonders großzügige Spielplätze oder Spaßbad auf dem Platz. In der höchsten Kategorie müssen zudem alle Stellplätze mindestens 100 m^2 groß sein – mit **Klim Strand Camping** (S. 180) in der Region Han Herred und **Hvidbjerg Strand Camping** (S. 129) bei Blåvand erreichen zwei Plätze an der Dänischen Nordseeküste diese Top-Wertung und zählen damit zu den besten Campingplätzen Europas.

Die Mehrzahl der Plätze vermieten heute auch Hütten, der Standard reicht von ›basic‹ – also kaum mehr als einem Dach über dem Kopf – bis ›luxus‹ mit Küche und Dusche/WC.

Freies Campen, auch mit Wohnmobilen auf Parkplätzen, ist verboten, das Aufstellen von Zelten oder Wohnwagen auf dem Gelände gemieteter Ferienhäuser nur mit ausdrücklicher Genehmigung des Vermieters zulässig.

Die dänischen Pendants zu Jugendherbergen, die im Lande als **Danhostel**

vermarktet werden, zeichnen sich durch guten Service, komfortable Ausstattung und wenig Reglement aus. Küchen stehen zur Verfügung, ein üppiges Frühstücksbüfett wird aber überall angeboten, oft auch warmes Abendessen. Alle Danhostel besitzen einige Doppel- oder Familienzimmer, in den mit vier oder fünf Sternen ausgezeichneten Komfortherbergen – sechs von rund 20 entlang der Nordseeküste – haben die meisten Zimmer sogar Bad und WC.

Staunen und Erleben: Museen an der Küste

Man darf die dänische Nordseeküste nicht auf Strand und Dünen reduzieren. Dänemark ist ein Land voller Museen und moderner Erlebniszentren. Eine lange Tradition von Kunst- und Kultursponsoring durch Unternehmen und Privatpersonen, aber auch eine Wirtschaftslage, die der öffentlichen Hand Spielräume gibt, sorgen für Vielfalt und Qualität. Mindestens nationales, teils internationales Niveau haben entlang der Küste die Kunstmuseen von Tønder (20. Jh., Möbeldesign), Ribe (18./19. Jh.), Esbjerg (20. Jh.–heute), Herning (20. Jh.–Gegenwart, CoBrA-Kunst; grandioser Skulpturenpark), Holstebro (20. Jh., CoBrA, Kunst fremder Völker) und Skagen (Skagener Schule Ende 19./Anfang 20. Jh.).

Geschichte hautnah

Flintstein hauen, Fladenbrot in offener Feuerglut backen, Eisen schmieden,

Holzsplinte schlagen – es hat in Dänemark auch Tradition, Erkenntnisse der Archäologen durch konsequentes Nachleben von Geschichtsepochen mit zeittypischen Geräten zu prüfen. Daraus ist ein ganzer Zweig von Museen und Erlebniszentren entstanden, ›lebende Museen‹ nennt man sie im Lande. Entlang der Nordseeküste erlebt man die Steinzeit live im Freilichtmuseum Hjerl Hede (S. 155), die Eisenzeit im Hjemsted Oldtidspark (S. 83) bei Skærbæk und im Dejbjerg Jernalder (S. 138) bei Skjern und die Wikingerzeit im Ribe Vikingecenter Lustrupholm (S. 90) und im Bork Vikingehavn (S. 137) am Ringkøbing Fjord.

Treffpunkt für Kinder

Da meckere noch einer über die teure EU: Ab 2001 wurde an drei Küstenorten das Konzept »Treffpunkt« für Urlauberkinder entwickelt. Derzeit machen 14 Orte im Lande mit, fünf davon an der Nordsee. Im Juli, August und in der 42. Woche gibt es mit pädagogischer Betreuung täglich wechselnde Programme wie Bonbonmachen, Kutterfahrten, Leuchtturmbesuche und vieles andere. Den Grundbetrag (ca. 40 DKK) übernehmen viele Ferienhausvermittler, Campingplatzbetreiber und Hoteliers für ihrer kleine Gäste, zu zahlen sind Extrakosten für Material oder Eintritte. Infos über teilnehmende i-Büros und alle Angebote: www.treffpunkt.dk.

Mit Kindern an der dänischen Nordsee

Dänemark gilt als klassisches Familienferienland, Kinder sind eigentlich überall willkommen. An den Defiziten bei Angeboten für ältere Jugendliche und junge Erwachsene, die Umfragen ans Tageslicht brachten, wird gearbeitet.

Kindergerichte oder halbe Portionen in Restaurants sind üblich. Während der Saison sorgen viele i-Büros und einige Ferienhausvermittler für Kinderunterhaltung. Neben Freizeitparks stellen sich immer mehr klassische Museen mit Kinderabteilungen auf junge Besucher ein, und die modernen Edutainment-Center faszinieren schon durch ihren Auftrag alle Generationen.

Kindertraum Sommerland

Während LEGOLAND Park (S. 118) zur globalen Championsleague der Freizeitparks zählt, was Ableger in den USA, in England und in Süddeutschland zeigen, gehören andere Spaßparks an der Nordseeküste, die in Dänemark ›Sommerland‹ heißen, allenfalls in die 1. (Fårup Sommerland bei Blokhus, S. 184) oder 2. Liga (Rømø Lege- og Hesteland – dt.: Spiel- und Pferdeland – S. 96). Fårup spricht mit Go-Kart-Strecken, Rafting-Anlagen und anderem coolen Zeugs auch Teens mit gehobenen Fun-Ansprüchen an. Dort und im Rømø Sommerland kann man zudem in Spaßbädern mit angewärmtem Wasser toben: Planschbecken für die Kleinen und Rutschen – je länger, je kurvenreicher, je schneller, desto besser – für die Großen.

Mega-Rutsche im Fårup Sommerland

Strände ohne Ende

Fast die gesamten 400 km Strand entlang der dänischen Nordseeküste sind zum Baden geeignet. Top-Strände auszuwählen ist da schwer:
Rømø Südstrand (S. 99): Sand pur, Autos können nicht ganz ans Wasser, Nacktbadestrand.
Fanø (S. 101): Auf 14 km Länge bis zu 7 km breiter Strand. Autofreie Zonen sind markiert.
Blåvand (S. 123): Hvidbjerg Strand südlich des Leuchtturms, der beste Kinderstrand an der Nordsee – 6 km lang.
Vejers, Grærup, Børsmose, Kærgård, Henne, Hovstrup (S. 128, 130, 134): Mind. 100 m breite Sandstrände vor Dünen, flach im Wasser abfallend. Kurze Abschnitte für Autos freigegeben. Bei Hovstrup auch FKK Gelände.
Jammerbugt (Torup Strand bis Løkken, S. 179–185): ca. 50 km, mind. 100 m breit, relativ seicht abfallend, fast durchgängig vor Dünen. Im Süden weicher, ab Blokhus nordwärts harter Strand, dort für Autos freigegeben. Autofreie Uferzonen vorhanden.

Nur an wenigen Stellen ist Baden grundsätzlich verboten, dort wird es unmissverständlich mit Schildern angezeigt. Unzählige ›Blaue Flaggen‹, die nach strengen EU-Richtlinien für gute Umwelteinrichtungen und Wasserqualität vergeben werden, unterstreichen ansonsten die Qualität des Badewassers. Alle Strände werden regelmäßig kontrolliert; stellen Behörden gefährliche Verschmutzungen fest, sprechen sie Badeverbote aus.

Autostrände

Das grüne Image Dänemarks hat Bilder zugeparkter Strände aus der Prospektwelt weitgehend verbannt, und mancherorts werden befahrbare Flächen reduziert. Trotzdem glauben einige Tourismusmanager, dass gerade deutsche Gäste ihren Urlaubsort nach Möglichkeiten wählen, mit dem Auto ans Wasser fahren zu können.

Für Fahrzeuge freigegebene längere Strandabschnitte findet man auf den Inseln Rømø und Fanø, in Nordjütland

an der Jammerbugt zwischen Blokhus und Løkken sowie zwischen Tversted und Kandestederne an der Tannis Bugt.

Solange die meisten Strandbesucher mit dem Wagen kommen, ist die Freigabe von Sandflächen für Fahrzeuge ökologisch besser, als Parkraum in oder hinter den Dünen zu schaffen. Außerdem ist es an extrem breiten Stränden unrealistisch, dass Familien mit Kindern alles für den Strandtag erst durch die Dünen und dann kilometerweit über den Sand schleppen.

Problematisch wird es jedoch, wenn Strände mit Rennstrecken verwechselt werden und Autos nicht nur als Transportmittel, sondern als mobile Strandburgen dienen, die direkt am Wasser neben dem Badetuch abgestellt werden. Da erinnern Autostrände bei schönem Sommerwetter schon mal an Parkplätze von Einkaufszentren, und man versteht jene Dänemark-Urlauber, die gezielt ihren Urlaubsort nach der Nähe autoloser Strände aussuchen. Davon gibt es reichlich, vor allem im mittleren Abschnitt der Nordseeküste.

MODERNES LERNEN

Wie funktioniert eine Welle?

Der kleine Lennart Johan ist in seinem Element: Er schlägt Wellen. Kräftig treibt er sie mit einem Hebel an. Aus der langen Dünung werden kleine Brecher, die an den Scheiben der Simulationsanlage entlang laufen. Seine Cousinen Nele und Marie verfolgen staunend den Sturm hinter Glas. Die Kinder verbringen mit ihren Eltern einen Nachmittag im **Naturcenter Skagen Odde** (S. 196) – anfassen, mitmachen, experimentieren ist hier erwünscht, eigentlich Pflicht. Wasser, Sand, Wind und Licht prägen wenige Kilometer vor der Nordspitze Dänemarks die Landschaft, hier stehen sie im Mittelpunkt des Erlebniszentrums, das die Natur multimedial und interaktiv für alle Sinne fassbar machen will. Überall an der dänischen Nordseeküste stößt man auf ähnlich ambitionierte Projekte. Oft steckt eine Errungenschaft des Sozialstaates dahinter, die Überschüsse erwirtschaftet und das Geld für den ›Bau ferienrelevanter Attraktionen‹ für Familien mit Kindern unter die Leute bringen muss: Arbejdsmarkets Feriefond, die gesetzliche Urlaubsgeldkasse.

Im **Vadehavscentret** (S. 92) von Vester Vedsted kann man in einem Multimediaraum hinter lärmend geschlossenen Deichtoren den Schauer erleben, wenn eine Sturmflut über das Wattenmeer hereinbricht. Im **Kystcentret** (S. 151) von Thyborøn darf man Wellen machen und Sandstürme auslösen – die Strandküste und ihre Naturphänomene sind hier Thema. Nebenan im **Jyllands Akvariet** (S. 151) darf man Haie kraulen – bisher haben alle, die den Mut dazu hatten, ihre fünf Finger wieder komplett aus dem Wasser heraus bekommen. In Hirtshals präsentiert das **Nordsømuseet** (S. 192) ebenfalls Haie. Hier ziehen sie in Europas größtem Salzwasseraquarium eindrucksvoll ihre Runden hinter einer 6 x 12 m großen und 41 cm dicken Glasscheibe. Noch dicker sind die Wände der Atlantikwallbunker. Mit ihnen und ihrer Geschichte befasst sich das erst 2002 eröffnete Dokumentationszentrum des **Museumscenter Hanstholm** (S. 172) in den Resten von Nordeuropas größter Bunkeranlage aus dem Zweiten Weltkrieg. Hier kann man sich von einer quietschenden Munitionsbahn durch die Festung Hanstholm fahren lassen.

Baden ohne Ende

Viel besuchte Strände werden von Rettungsschwimmern bewacht. Sie zeigen mit Flaggen an, ob Baden erlaubt (grün) oder verboten (rot) ist. An unbewachten Stränden sollten Sie doppelt vorsichtig sein und immer beachten:
– Schwimmen Sie nie allein!
– Behalten Sie auch bei ruhigem Wasser immer Grund unter den Füßen.
– Entlang der Nordseeküste gibt es fast überall drei Sandbanksysteme vor dem Ufer. Schwimmen sie nie über das zweite hinaus.
– Sandbänke besitzen Strömungskanäle, durch die Wassermassen zurück ins offene Meer fließen; von Ferne sehen diese Stellen im Wasser verhältnismäßig ruhig aus. Geraten Sie in diese Strömung, bewahren Sie Ruhe und lassen Sie sich treiben, bis sie merkbar nachlässt. Schwimmen Sie dann parallel zur Küste bis hinter die Brandung, dort haben Sie beste Chancen wieder ans Ufer zu kommen.
– Unterschätzen Sie nie die Wucht einer Welle; werden Sie umgerissen, sollten Sie sofort wieder auf die Beine kommen. Bei Brandung sollte Ihnen das Wasser zwischen den Wellen nie über dem Bauchnabel stehen.
– Schwimmen Sie nie bei stark ablandigem Wind oder bei Ebbe.
– Luftmatratzen, Schwimmringe usw. gehören nie aufs Meer.
– Schwimmen Sie nie abtreibenden Gegenständen hinterher, befinden sich Menschen darauf, benachrichtigen Sie die Rettungswacht (Tel. 112).
– Lassen Sie kleine Kinder am Wasser nie unbeaufsichtigt.

– Lassen Sie Kinder nicht mit leichten Gegenständen (s. o.) am Ufer spielen.
Und noch zwei Regeln für den Strand selbst:
– Gefährden Sie mit Lenkdrachen (Kites) keine anderen Strandbesucher. Bedenken Sie, dass Kinder diese Fluggeräte bei starken Wind zwar immer gern ›halten‹ wollen, aber selten kontrollieren können. In einigen Küstenkommunen sind aufgrund von Unfällen mit abstürzenden Kites bereits Flugverbotszonen eingerichtet!
– Benutzen Sie am Strand keine Grillschalen, die direkt auf dem Sand aufliegen. Der erhitzt sich darunter so stark, dass es an den Stellen noch lange nach dem Grillen zu schweren Brandverletzungen kommen kann.

Klima und Reisezeit

An der Nordseeküste herrscht ein wechselhaftes Meeresklima. Weder schönes noch schlechtes Wetter halten sich sehr lange – Abwechslung ist die Devise. Wer Silvester/Neujahr an der dänischen Nordseeküste verbringt, sollte keinen Schnee erwarten, eher nasskaltes Wetter. Der Winter zieht Ende Januar ein und erstreckt sich über den Februar bis in den März hinein. Die Nordsee friert nie zu, allenfalls kann es zu Übereisungen an der Küste kommen. Nach der Statistik klettern die Temperaturen im Mai, der Frühling kommt spät, schnell und ist kürzer als in Mitteleuropa.
Der eigentliche Sommer reicht von Mitte/Ende Juni bis in den späten August. Durchschnittstemperaturen von

etwa 20 °C und Spitzentemperaturen von über 30 °C sind dann möglich, an der Nordseeküste sorgt aber fast immer Wind für Abkühlung. Die Wassertemperatur übersteigt nur in Super-Sommern die 20-Grad-Marke.

Die richtige Saison beginnt um Ostern, spätestens jedoch Anfang Mai. Mitte Juni erfolgt noch einmal ein Schub, und von Anfang Juli bis weit in den August läuft die ganze Tourismus-Maschinerie auf Hochtouren. Dann zahlt man fürs Wohnen die höchsten Preise und darf überall die längsten Öffnungszeiten erwarten. Ab Mitte August wird es wieder billiger, ein Haus zu mieten, im September werden die Öffnungszeiten wieder etwas zurückgenommen. In der zweiten Septemberhälfte klingt die Saison aus. Ein ›Zwischenhoch‹, zumindest was die Mietpreise der Ferienhäuser betrifft, gibt es noch einmal über Weihnachten und Neujahr.

Die 42. Woche

Die dänischen Herbstferien – im Lande ›Kartoffelferien‹ genannt – bilden für viele Museen und Attraktionen in Dänemark den Schlussakkord der Saison. Der Betrieb wird auf Hochtouren und mit Öffnungszeiten wie im Sommer gefahren, denn viele dänische Familien nutzen die Woche traditionell für gemeinsame Aktivitäten kultureller Art. Die dänischen Herbstferien sind immer in der 42. Kalenderwoche Mitte Oktober.

Ein Mangel hat sich in den 1990er Jahren deutlich gebessert: Man findet heute überall Shops, Lebensmittelläden, Museen, Erlebniszentren und Restaurants, die rund ums Jahr geöffnet haben, allenfalls mit eingeschränkten Zeiten gegenüber der Hauptsaison – aber das ist wohl weltweit üblich.

Biken, Kiten, Reiten – Aktivurlaub

Biken: Entlang der Nordseeküste besteht wie überall in Dänemark ein hervorragendes Netz mit Radwegen, die zu regionalen und landesweiten Routen verknüpft sind. Die Beschilderung zeigt ein weißes Fahrrad auf blauem Grund. Möglichst werden autofreie Wege oder Nebenstraßen genutzt.

Dänemarks nationale Fahrradroute 1, der **Westküstenweg,** folgt über 559 km der Nordseeküste von Tønder bis Skagen. Die als ›Vestkyststien‹ vorbildlich ausgeschilderte Strecke verläuft etwa zu einem Drittel über unbefestigte Damm- und Forstwege, teils mit Schotterbelag. Qualen bereitet manchmal der Wind, bei der Fahrt von Süden nach Norden erfahrungsgemäß seltener als umgekehrt. In Zusammenarbeit mit Tourismusorganisationen erschien das ›bikeline-Radtourenbuch Nordseeküsten-Radweg 4 – Von Tønder nach Skagen‹ mit Streckenbeschreibung und Kartenmaterial (Verlag Esterbauer, ISBN 3-85000-065-6, 11,90 €). Karten und Beschreibungen für weitere Fahrradrouten halten i-Büros bereit. Radfahrerliteratur über Dänemark vertreibt auch der Allgemei-

Paraglider-Paradies bei Lønstrup an der Jammerbugt

ne Deutsche Fahrradclub ADFC (online: www.adfc.de/shop).

Leihfahrräder werden in jedem touristisch erschlossenen Ort verliehen, oft vom i-Büro – auf jeden Fall weiß man dort, wo der nächste Verleiher ist.

Golfen: Golfen ist in Dänemark fast Volkssport. Gut 70 Golfanlagen stehen in Jütland zur Verfügung, einige auch entlang der Küste. Legere Umgangsformen und günstige Beiträge locken viele Golfer aus anderen Ländern, sich einem Club in Dänemark anzuschließen, um dann auf Plätzen zu Hause als Gastspieler die ein oder andere Runde putten zu dürfen. Einige Hotels (S. 154) bieten Pauschalangebote inkl. Greenfee, die sonst bei ca. 60 DKK beginnen. Umfangreiches Material für Golfer hält das dänische Fremdenverkehrsamt bereit.

Kajak-/Kanufahren: Die meisten Flüsse, die von Mitteljütland zur Küste fließen, u. a. Brede Å (Atlas S. 234 C 3), Ribe Å (S. 234 C 2), Skjern Å (S. 235 E 3), Storå (S. 235 E 1), Uggerby Å (s. 239 E 2), sind befahrbar. Die längste Tour mit fast 100 km ist auf der gerade renaturierten Skjern Å möglich (S. 138). Die i-Büros der jeweiligen Regionen informieren über Kanuverleiher und Naturschutzbestimmungen, die das Fahren einschränken können.

Reiten: Viele Reiterhöfe bieten Mietpferde für ca. 50–140 DKK pro Stunde. Populär sind Strand- und Dünenritte, z. B. auf Rømø (S. 93). Adressen von ausgewählten Reiterhöfen finden Sie in den Serviceabschnitten im Reiseteil dieses Buches, weitere für seinen Bereich nennt jedes i-Büro. Eine Hochburg für Reiterferien ist die Region Thy (S. 162), bei i-Büros dort kann man eine spezielle Reiterbroschüre bestellen.

Surfen: An Wind mangelt es nur selten an der dänischen Nordseeküste, beim Surfen wird er Anfängern oft schon zu viel. Am offenen Meer wie vor Rømø und Fanø, vor Hvide Sande und vor dem in der Szene legendären Klitmøller (S. 168) bringt der Wind auch einen beachtlichen ›white swell‹, der absolute Brettbeherrschung erfordert. Zum Glück gibt es hinter der Nordseeküste noch reichlich Wasser, um der Brandung auszuweichen: Im Ringkøbing Fjord (S. 135) oder im Limfjord.

Bei den konstanten Winden finden Wavesurfer gute Bedingungen an den großen Molen vor Hvide Sande, Agger Tange und Nørre Vorupør und können dort meterhohe Wellen abreiten.

Trendsportarten: Strandsegeln, Kite-Buggy-Fahren, Kite-Surfen, Paragliding, Kiten: Die breiten und harten Sandstrände von Rømø und Fanø sowie an der Jammerbugt gehören zu den besten Europas für Strandsegler mit ihren Segelbooten auf Rädern und für Kite-Buggy-Fahrer, die sich in ihren vierrädrigen Hightechflitzern von einem Lenkdrachen über den Sand schleppen lassen. Eine andere Variante, sich von Kites ziehen zu lassen, ist das Kite-Surfen, grob gesagt, eine Kombination aus Windsurfen und Paragliding. Letzteres ist in seiner Urform über den Steilklippen der nördlichen Jammerbugt zwischen Løkken und Lønstrup populär. Und irgendwie ist es doch auch schon ein Sport, wenn man selbst auf dem Boden bleibt und nur einen großen Drachen steigen lässt. Die breiten Strände von Rømø und Fanø locken dazu nicht nur Laien an, vor allem, wenn die **Drachenfestivals** auf beiden Inseln stattfinden, auf Fanø im Juni (S. 107) und auf Rømø im September (S. 99).

Wenn es Nacht wird in den Dünen: Nightlife

Hier mal eine ›Dorfdisse‹, die in der Saison täglich, aber sonst nur an wenigen Tagen im Monat geöffnet hat, dort ein Musikpub, der in der Saison Livemusik bietet und sonst eher Tristesse: Die Orte an der Küste, von Esbjerg und mit Einschränkungen Thisted einmal abgesehen, haben schlicht nicht die Größe, aus sich heraus ein nennenswertes Nachtleben zu füllen.

Das Angebot in den Küstenorten steigt proportional mit dem Anteil junger Gäste aus Dänemark und den anderen skandinavischen Ländern, wie in Blokhus und Løkken an der Jammerbugt (S. 178). Wieder die große Ausnahme ist Skagen (S. 198) mit seinem internationalen Publikum und den vielen Yachties, die nicht nur auf ihren Booten zu feiern wissen. Aber auch hier wird es schon im Laufe des August ruhiger, wenn im Norden die Urlaubszeit zu Ende geht und die munteren Skandinavier deutschen Gästen das Feld allein überlassen. Denn die ziehen es vor, die Abende in ihren Ferienhäusern zu verbringen, wie jeder Insider an der Küste weiß.

Petri Heil – Angeln auf See und an Seen

Dänemark ist ein Angelland. Petri Jünger müssen zwar Schutzzonen an Flussmündungen sowie Schonzeiten und Mindestgrößen beachten, aber im Prinzip kann man überall an Küsten, Flüssen und Seen die Rute auswerfen. Dazu braucht man grundsätzlich – ausgenommen Put & Take Anlagen – eine landesweit gültige **Angelkarte** (30 DKK/Tag, 90 DKK/Woche, 125 DKK im Jahr; Jugendliche unter 18 und Senioren über 67 Jahren frei), die man in Post-Shops, in Touristenbüros oder bei Veranstaltern von Angelfahrten bekommt. An allen Süßwasserrevieren sind in der Regel zusätzliche **Angelscheine** notwendig. Die bekommt man fast immer beim nächsten i-Büro.

Populär, aber teuer sind **Put & Take Anlagen,** im Prinzip Fischfarmen, in deren Zuchtbecken man angeln darf. Fänge sind nahezu garantiert. Oft sind auch gleich Grillplätze vorhanden.

Das dänische Fremdenverkehrsamt publiziert jedes Jahr eine ausführliche Broschüre, die Schutzbestimmungen, Angelreviere sowie Ausgangshäfen für

Hochseeangelfahrten nennt. Der Ferienhausvermittler Novasol (S. 225) bietet in seinen Katalogen spezielle Angelhäuser, mit Plätzen zum Ausnehmen der Fische, extra Räumen zum Unterstellen der Geräte sowie einer Truhe bzw. einem Gefrierschrank von mindestens 150 Liter zum Aufbewahren der Fänge.

Ein ordentlicher Fang

DIE ANDERE SEITE – STÄDTE IM OSTEN

Gute Verkehrswege und kurze Entfernungen von Küste zu Küste bringen Sie schnell von den Urlaubsregionen an der Nordsee in die Städte Ostjütlands; selbst dort, wo Jütland am breitesten ist, braucht man keine 3 Std. für die Fahrt.

Kolding – die Königliche

Kolding, mit knapp 54 000 Einwohnern die siebtgrößte Stadt Dänemarks, wird als alte Grenzstadt vom wehrhaften Schloss Koldinghus überragt, das seine Wurzeln im 13. Jh. hat. 1806 brannte es aus und wurde erst ab 1972 in einer genialen Verknüpfung der Ruine mit moderner Architektur restauriert. Das Gebäude dient als kulturhistorisches **Museum på Koldinghus**, ist aber selbst schon eine Attraktion – weniger äußerlich als im Inneren (Markdanersgade, Tel. 76 33 81 00, tgl. 10–17 Uhr). Das **Kunstmuseum Trapholt** östlich der Stadt über dem Nordufer des Kolding Fjord zählt zu den schönsten Museen für moderne Kunst in Dänemark und ist Schwerpunktmuseum für das international hoch angesehene dänische Möbeldesign (Æblehaven 23, Tel. 76 30 05 30, tgl. 10–17 Uhr).
Fahrzeiten: z. B. ab Blåvand oder Vejers ca. 75 Min. (100 km), ab Esbjerg ca. 45 Min. (73 km). **Bahnverbindung** Esbjerg – Kolding. **Turistbureau:** Akseltorv 8, 6000 Kolding, Tel. 76 33 21 00, Fax 76 33 21 20, www.visitkolding.dk.

Århus – die Rivalin

Dänemarks zweitgrößte Stadt (220 000 Einw.) ist als Kultur-, Ausbildungs- und Wirtschaftsstandort Jütlands Gegenpol zu Kopenhagen, zeigt gern großstädtisches Profil und vermarktet sich als ›Kleinste Großstadt der Welt‹. Sogar die Königin residiert im Sommer in der Stadt. Ist sie da, kann man vor Schloss **Marselisborg** täglich um 12 Uhr einen Wachwechsel ihrer Garde erleben.

Wer Einkaufen will, findet Mainstream-Shops entlang der Fußgängerzone **Strøget,** die sich vom Bahnhof durch das Zentrum zum ehrwürdigen **Dom** zieht. Dem Haus Gottes schräg gegenüber hat der Spielteufel Quartier im **Royal Scandinavian Casino** genommen (tgl. 14–04 Uhr, strenger Dresscode). Neben dem Casino taucht man in das **Latinerkvarter** ein, ein Szene-Viertel mit vielen Lokalen und Boutiquen der extravaganten Art. Nur Schritte entfernt boomt die junge Vergnügungsmeile **Vadestedet:** Ende der 1990er Jahre wurde die fast vergessene Århus Å aus ihren Rohren unter dem Pflaster einer Nebenstraße befreit und einer modernen Uferpromenade versehen, die inzwischen Modeläden, Kneipen und Restaurants säumen – im Sommer wird bis spät in die Nacht draußen serviert.

Zentrum des etablierten Kulturlebens ist das Konzerthaus **Musikhuset** mit auffälliger Glasfassade. Nebenan zitiert das Anfang 2004 eröffnete **Kunstmuseum ARoS** mit seinem weißen, über zehn Etagen geschwungenen Treppenhaus die Architektur des New Yorker Guggenheim und bemüht sich redlich um einen Platz in der Champions League europäischer Kunsttempel. ARoS besitzt im Fundus Werke aller Epochen dänischer Kunst, Schwerpunkte sind indes dänische und internationale Gegenwartskunst. Wahrzeichen ist der fünf Meter hohe, hyperrealistische ›Boy‹ des Australiers Ron Muecks, der zur Jahrtausendwende schon im Londoner Millennium Dome Aufsehen erregte (Aros Allé 2, Tel. 87 30 66 00, Di–So 10–17, Mi bis 22 Uhr).

Den Gamle By widmet sich als Freilichtmuseen der Stadtkultur des 16.–19. Jh. (Viborgvej 2, Tel. 86 12 31 88, Juni–Aug. 9–18, April–Mai, Sept.–Mitte Nov. 10–17, Mitte Nov.–Dez. 9/10–19 [Weihnachtsmarkt!], Jan.–März 11–15 Uhr). Über 70 Häuser aus allen Teilen Dänemarks sind hier wieder aufgebaut worden, in einigen wird regelmäßig traditionelles Handwerk demonstriert.

Auf einem Herrensitz 8 km südlich der Stadt präsentiert das **Forhistorisk Museum Moesgård** Dänemarks Frühgeschichte von der Stein- bis zur Wikingerzeit (Moesgård Allé 20, Højbjerg, Tel. 86 27 24 33, April–Sept. tgl. 10–17, sonst Di–So 10–16 Uhr). Beeindruckend die 2000 Jahre alte Moorleiche des Grauballemanden, der als Menschenopfer ins konservierende Moorbad geworfen wurde!
Fahrzeiten: z. B. ab Ringkøbing ca. 120 Min. (130 km), ab Esbjerg ca. 110 Min. (165 km). **VisitAarhus Velkomstcenter,** Banegårdspladsen 20, 8000 Århus C, Tel. 87 31 50 10, Fax 86 12 95 90, www.visitaarhus.com.

Aalborg – die Lebenslustige

Mit 120 000 Einwohnern ist Aalborg Nr. 4 unter Dänemarks Städten. Früher Reichtum spiegelt sich in der Innenstadt in mehreren Bauten, vor allem in Nordeuropas größtem Bürgerhaus aus der Renaissance, dem **Jens Bangs Stenhus.** Die **Jomfrue Ane Gade,** eine Gasse voller Kneipen und Restaurants im Zentrum, gilt als längste Theke Dänemarks. Und das Spaßviertel expandiert, so Richtung Limfjord, wo man im relativ zwanglosen **Casino Aalborg** sein Urlaubsgeld risikoreich anlegen kann (Ved Stranden 16, tgl. 20–4 Uhr). Aalborgs Rolle als dänische Karnevalshochburg (Mitte Mai!) unterstreicht Ähnlichkeiten mit Großstädten am Rhein.

Am Nordufer des Limfjord machen fast 700 Steinsetzungen **Lindholm Høje** zu Dänemarks bedeutendster Nekropole der Vorzeit (Vendilavej 11, Nørresundby, Gräberfeld frei zugänglich, Museum Ostern–Ende Okt. tgl. 10–17, Winter nur Di 10–16, So 11–16 Uhr). Am anderen Ufer, im Westen der Stadt, zeigt das **Aalborg Marine Museum** viel über die zivile Schifffahrt (Vestre Fjordvej 81, Tel. 98 11 78 03, Mai–Aug. tgl. 10–18, sonst 10–16 Uhr). Publikumsrenner sind jedoch ausgemusterte Schiffe der Marine, die zugänglich sind, darunter ein bis 1988 benutztes U-Boot. **Nordjyllands Kunstmuseum** legt das Hauptgewicht auf die Moderne, z. B. Surrealismus, Werke der CoBrA-Gruppe und Fluxus-Kunst (Kong Christians Allé 50, Tel. 98 13 80 88, Di–So 10–17 Uhr). Die Pläne für das Gebäude lieferte der finnische Architektur-Guru Alvar Aalto.
Fahrzeiten: z. B. ab Jammerbugt (Blokhus oder Løkken) ca. 40–60 Min. (35 bzw. 45 km). Ab dort gute **Busverbindungen** inkl. Nachtbusse Fr/Sa. **Turistbureau:** Østerågade 8, 9000 Aalborg, Tel. 99 30 60 60, Fax 98 16 69 22, www.visitaalborg.com.

67

UNTERWEGS
AN DER DÄNISCHEN
NORDSEEKÜSTE

Ein Leitfaden für die Reise und viele Tipps für unterwegs.

Genaue Beschreibungen von Städten und Dörfern, Sehenswürdigkeiten und Stränden, Ausflugszielen und Reiserouten.

Tipps für den Urlaub: Ausgesuchte Unterkünfte, Restaurants, Sportadressen und Freizeitaktivitäten.

An Wind mangelt es nur selten an der dänischen Küste

Die Wattküste

Windmühle
auf Mandø

Reiseatlas S. 234

DIE MARSCHEN – LAND HINTER DEICHEN

Flaches, gutes Bauernland, versteckt hinter Deichen, dem Meer abgerungen und dann immer wieder vor ihm verteidigt. Dazwischen Dörfer und kleine Städte, von weither sichtbar, denn »kein Hindernis verstellt den Blick«: Tønder, ein charmantes Einkaufsparadies hinter der Grenze, Møgeltønder, ein romantisches Dorf mit Prinzenschloss, und Ribe, eine ehrwürdige Handelsmetropole aus dem Mittelalter.

Die Tønder-Marsch

Reiseatlas: S. 234, C 4

Dort, wo das Wattenmeer auf festes Land trifft, entstehen Marschen. Land baut sich auf und wächst. Dazwischen entsteht ein Netz von Abflüssen, die Tennen, und lässt eine natürlich entstandene Marsch wie ein weit verzweigtes Flussdelta aussehen. Diesen Prozess kann der Mensch fördern oder künstlich in Gang setzen. Marschland ist naturgemäß feucht, aber auch fruchtbar – ideale, fette Viehweiden. Schützen Deiche das Marschland, wird es zu Kogland. Erste Deiche in der Tønder-Marsch entstanden 1553–56 entlang der Vidå von Tønder über das Grenzdorf Rudbøl bis Højer, die jüngsten vom Hindenburgdamm über die deutsch-dänische Grenze bis Emmerlev Klev 1981.

Aber wie sehr der Mensch sich auch bemüht, immer bleibt das Risiko, dass der Blanke Hans sich Haus, Hof, Land und manchmal sogar das Leben holt: 1362, 1615, 1634, 1727, 1825, 1874, 1881, 1904, 1909, 1911, 1923, 1958, 1962, 1976, 1981, 1990, 1999, 2002, 2005, 2006 – das sind nur die Jahre mit großen Sturmfluten. Vielerorts sind die höchsten Wasserstände an Flutsäulen abzulesen.

»Schön ist das Land, kein Hindernis verstellt den Blick« schreibt Egeberg Jensen 1922 in seiner Heimathymne über die Tønder-Marsch. Auf jeden Fall sind die landschaftlichen Höhepunkte hier ungemein flach: Karten zeigen um Tønder nur einstellige Höhenangaben, manchmal steht sogar ein Minuszeichen davor. Da ahnt man, wie markant sich Orte aus dieser Landschaft herausheben, vor allem, wenn sie wie Tønder den 47,5 m hohen Kirchturm der Kristkirke als Landmarke aus ihrer Mitte aufragen lassen.

Tønder: Einfach Spitze

Reiseatlas: S. 234, C 4

Tønder hat zwar nur wenig mehr als 8000 Einwohner, bietet als Oberzentrum der Region im äußersten Südwesten Jütlands und als wichtige Einkaufsstadt für den Grenzhandel jedoch weit mehr, als man von Orten dieser Größe erwartet.

Handel war schon früher eine Stärke der Stadt. Zwar ist das Meer heute über 10 km entfernt, aber bevor Mitte des 16. Jh. die ersten Deiche entstanden, besaß Tønder einen gut florierenden Hafen mit direktem Zugang zur Nordsee.

Den Verlust des Hafens konnte Tønder aber verschmerzen, man nutzte Rudbøl, später Højer (S. 81) als Ersatz, und ab dem frühen 17. Jh. bis weit ins 19. Jh. kam eine Ware hinzu, die die Stadt richtig reich machte: Spitze. Es waren die traditionell guten Handelsbeziehungen zu Holland, die diesen Trend aus Flandern, der anderen europäischen Spitzen-Hochburg, nach Tønder brachte.

Zwischen zehn- und fünfzehntausend Frauen und Mädchen aus der Region klöppelten in Heimarbeit, ruinierten dabei ihre Rücken und ihre Augen. Die jüngsten waren fünf Jahre alt, viele wurden später von der Schule ferngehalten und mit erniedrigenden Strafen zum Produzieren täglicher Mindestmengen gezwungen. Die Einnahmen reichten trotz aller Mühen allenfalls als Zubrot für die Familie, fehlte ein Hauptverdiener, war es nicht genug. Alleinstehende und vor allem allein erziehende Klöpplerinnen füllten Anfang des 19. Jh. die Armenhäuser der Region.

Den Löwenanteil an den luftigen Textilien verdienten die Spitzenhändler aus Tønder, die praktisch ein Monopol besaßen. Sie importierten den notwendigen Flachszwirn aus Flandern und schickten Handelsvertreter mit den fertigen Spitzen auf Reisen. Alte Gerichtsakten belegen, dass sie rigoros ihre Position verteidigten. So wurden Klöpplerinnen angeklagt, weil sie an ›fremde‹ Händler verkauft hatten oder weil sie Raubkopien von einem Muster gemacht hatten.

Vom Reichtum der Spitzenhändler zeugen Patrizierhäuser aus Barock und Renaissance mit prächtigen Portalen entlang der heutigen Fußgängerzone. Dazu gehört **Drohses Hus** (Storegade 14, Tel. 74 78 49 90, April -Dez. Mo–Fr 10–17, Sa 10–13 Uhr) von 1672 mit einer Außenstelle des Tønder Museum. Das zeigt hier Teile seiner Sammlung von Klöppelarbeiten und lässt regelmäßig die traditionsreiche Handarbeit demonstrieren.

In den Gassen zwischen Fußgängerzone und der Vidå sieht man die Kehrseite der Medaille: Kleine Häuschen mit Erkern an der Straße, hinter deren Fenstern Frauen das Tageslicht so lange wie möglich für ihre knifflige Klöppelarbeit nutzten – schönstes Beispiel ist die Uldgade.

Torvet, die gute Stube

Ein sehenswertes Ensemble historischer Bauten säumt den Marktplatz Torvet, jedes Jahr schon ab Mitte November Standort eines viel besuchten Weihnachtsmarktes. Auffälligster Bau ist das Haus Østergade 1 von 1668, besser bekannt als **Det Gamle Apotek**. Die Offizin, der alte Apothekenraum also, ist gleich rechts des Eingangs noch erhalten, in erster Linie beherbergt das Haus aber einen florierenden Souvenir- und Kunstgewerbeladen. Ein Raum ist rund ums Jahr mit Weihnachtsutensilien gefüllt, spätestens ab November überschwemmen sie das ganze Gebäude. Dann betreibt der Weihnachtsmann hier auch ein Sonderpostamt.

Gegenüber zeigt das älteste Haus der Stadt, **Klosterbagerens Hus** von ca. 1520, einen spätgotischen Giebel zum Torvet hin. Wo im Mittelalter Mönche ein entbehrungsreiches Leben führten, lockt heute das Kloster Caféen mit Kaffee, Kuchen und einfachen Frokost-Gerichten.

Nebenan, im alten **Rathaus** aus der Mitte des 17. Jh., ist das i-Büro zu Hause, und gegenüber sollte auf hohem Sockel ein Mann in roter Uniform eine siebenschwänzige Katze schwingen. Doch ist dem **Kagmanden**, Nachbildung der einzigen erhaltenen Staupe-Figur Dänemarks, die Peitsche so oft geklaut worden, dass sie nur zu besonderen Anlässen ›ersetzt‹ wird. Solche hölzernen ›Büttel‹ mahnten in alten Zeiten die Bürger an die Einhaltung von Recht und Ordnung, eine Botschaft, die offensichtlich nicht mehr richtig verstanden wird. Das Original von 1699 ist im Tønder Museum zu sehen.

Über die Häuser ragt der 47,5 m hohe Turm der **Kristkirke**. Ihr Inventar aus Barock und Renaissance spiegelt den Reichtum der Stadt in diesen Epochen wider. Ungewöhnlich für dänische Kirchen ist der Lettner, die Sängerempore, die den Chor vom Schiff trennt. Während die Gläubigen auf eine Bilderreihe mit biblischen Motiven schauen, erfreut sich der Geistliche auf seiner Seite an zwölf Frauenbildern – die Tugenden und die Jahreszeiten.

Stühle, Spitze, Silber, Surrealismus: Die Museen

Tønder besaß im Mittelalter eine Burg, die Mitte des 18. Jh. abgerissen wurde. Nur das Torhaus blieb und dient als Empfang für einen Museumskomplex (Kongevej 51, Tel. 74 72 89 89, Di–So 10–17 Uhr, Juni–Aug. auch Mo). Das **Tønder Museum** besitzt neben wertvollen Möbeln und Exponaten zur Klöppelkunst auch viele Arbeiten lokaler Silberschmiedekunst, dem zweiten Standbein des wirtschaftlichen Erfolges der Stadt. Dazu kommt die größte Sammlung friesischer und holländischer Fliesen außerhalb der Niederlande; die Fliesen sind durch intensiven Handel entlang der Nordseeküste in die Region gekommen.

Das angeschlossene **Sønderjyllands Kunstmuseum** begrüßt Besucher mit einer beeindruckenden blauen Rotunde und zeigt vor allem dänische Kunst des 20. Jh. Emil Nolde ist dort ebenso vertreten wie Asger Jorn und Per Kirkeby. Ein Schwerpunkt ist der dänische Surrealismus der 1930er und 1940er Jahre.

Die jüngste Abteilung des Tønder Museum ist in jeder Hinsicht herausragend: Der 40 m hohe **Wasserturm,** seit 1902 auf dem Gelände, wurde zu einem achtgeschossigen Ausstellungsgebäude umgebaut und zeigt ausschließlich Stühle des 1914 in Tønder geborenen Möbeldesigners Hans J. Wegner. Seine bekannteste Arbeit, schlicht ›Der Stuhl‹ genannt und unter

John F. Kennedy im Oval Office des Weißen Hauses berühmt geworden, ist dort zu sehen, ebenso wie rund 40 weitere Wegner-Stühle, viele davon bis heute produzierte Klassiker. Der Besuch des Turms bietet zudem herrliche Ausblicke über die Marsch, wie gesagt, »kein Hindernis verstellt den Blick«.

Luftschiffhafen Tønder

Beim **Zeppelinmuseet** (Gasværksvej 1/Ribe Landevej, Tel. 74 72 72 54, Mai–Okt. Sa, So 12–17 Uhr) im Norden der Stadt stutzt man: Was hat Tønder mit Zeppelinen zu tun? Einiges: Im Ersten Weltkrieg, als Tønder noch Tondern hieß und deutsch war, betrieb die kaiserliche Marine hier eine ihrer größten Luftschiffbasen. Die gigantischen Fluggeräte erforderten adäquate Bauten. Der größte von drei Hangars mit dem klangvollen Namen TOSKA maß 242 m in der Länge, 73 m in der Breite und 42 m in der Höhe.

Unter damaligen Luftschiffern war TOSKA indes berüchtigt: Drei der unhandlichen ›Zigarren‹ mit ihrer hoch brennbaren Füllung eckten beim Bugsieren an und gingen in Flammen auf, zwei fielen in der Halle einem britischen Bombenangriff am 19. Juli 1918 zum Opfer. Der machte Militärgeschichte: Es war der erste erfolgreiche Angriff gegen ein Landziel von Maschinen, die von einem Urahnen heutiger Flugzeugträger gestartet waren, von der H.M.S. Furious.

Für Tønder bedeutete der Angriff das Ende der Luftschiffära, die weitgehend intakten Hallen wurden bald nach Kriegsende demontiert, nur die Fundamente sind noch zu sehen. Geblieben sind Versorgungsgebäude, so auch Teile des ehemaligen Wasserwerks, die das Zeppelinmuseum jetzt nutzt. Gezeigt werden neben Fotos und Ausrüstungsgegenständen auch alte Uniformen sowie Modelle der Basis.

Tønder Turistbureau: Torvet 1, 6270 Tønder, Tel. 74 72 12 20, Fax 74 72 09 00, www.visittonder.dk.

Tønderhus: Jomfruestien 1, Tel. 74 72 22 22, Fax 74 72 05 92, www.hoteltoenderhus.dk. Zentral, gleich neben den Museen; DZ ca. 1000–1300 DKK.
Hostrups Hotel: Søndergade 30, Tel. 74 72 21 29, Fax 74 72 07 26, www.hostrupshotel.dk. Charmantes Hotel am Flüsschen Vidå, gutes Restaurant. DZ ca. 490–725 DKK.

Der Emil aus Nolde

Emil Hansen kam am 7. August 1867 in der damals preußischen und ab 1920 dänischen Bauernschaft Nolde östlich von Tønder zur Welt. Er fühlte sich zur deutschen Volksgruppe gehörig, war aber Zeit seines Lebens dänischer Staatsbürger. Ab 1902 benutzte er den Namen seines Geburtsortes als Künstlernamen: Emil Nolde. In Seebüll, gleich hinter der Grenze, liegt das weltberühmte **Nolde-Museum** (D-25927 Neukirchen, Seebüll, Tel. 04664/364, März–Okt. tgl. 10–18, Nov. 10–17 Uhr, Dez.–Feb. geschlossen. Eintritt: Erw. 8 €, ermäßigt 3 €).

Stigs Restaurant: Sønderlandevej 3, Tel. 74 72 00 46. Man fühlt sich nicht wie in einem Restaurant, sondern als persönlicher Gast bei Küchenchef Stig Henriksen zu Hause – mehr als 20 Gäste passen nicht in Stigs Wohnzimmer. Die Küche hat hohe Ansprüche und gehobene Preise, hechelt aber nicht jedem neuen Trend nach. Do, So und feiertags geschlossen.

Torvets Restaurants: Storegade 1, Tel. 74 72 43 73, Fax 74 72 43 73. Populäres Restaurant mit moderner Familienküche zu günstigen Preisen Ecke Marktplatz/ Fußgängerzone.

Die vier **Möbelhäuser** in Tønder liefern Waren ab 1000 € überall in Deutschland frei Haus inklusive Montage und sind trotzdem günstiger als viele Mitbewerber südlich der Grenze (nach Österreich und in die Schweiz auf Anfrage). Auf Klassiker der Moderne, darunter alle derzeit lieferbaren Wegner-Stühle (S. 74), ist **Møbelhuset II** (Vestergade 35–39, Tel. 74 72 20 81, www.mobelhuset-2.dk) an der Fußgängerzone spezialisiert.

Di und Fr findet im Zentrum ein **traditioneller Wochenmarkt** statt, auf dem sich Ferienhausgäste aus Südjütland gern mit Frischem vom Lande eindecken. Und auch sonst bemühen sich die Geschäftsleute von Tønder redlich, um ihre Stadt aufzuwerten: Alle Samstage von Anfang Juli bis in die erste Augusthälfte ca. 11–15 Uhr **Musik auf dem Marktplatz,** Mitte Juli in der Fußgängerzone ein historischer **Markt ›wie zu Omas Zeiten‹.** Anfang August heißt es an einem Samstag ›Gak Gak i Gågaden‹, d. h. ›Die Fußgängerzone spielt verrückt‹ – mit allerlei Fun seitens der Geschäfte, die bis ca. 22 Uhr geöffnet haben. Ab Mitte November der **Weihnachtsmarkt** auf Torvet. **Klöppelfestival:** Alle 3 Jahre (der nächste Termin voraussichtlich 5.-6. Juni 2010) Workshops, Ausstellungen und eine Messe rund um die Klöppelkunst.

Tønder Festival: Eines der bedeutendsten Festivals mit internationaler Folkmusik in Europa Do–So am letzten kompletten Augustwochenende. Es lockt jedes Jahr rund 20 000 Besucher zu den Konzerten auf mehreren Bühnen in der Stadt. Info Tel. 74 72 46 10 oder Tickets Tel. 74 72 10 00, www.tf.dk (dänisch/englisch).

Bahn: Station an der Bahnlinie Niebüll – Tønder – Esbjerg; **Busse** nach Møgeltønder und Højer.

Løgumkloster: Wo die Glocken klingen

Reiseatlas: S. 234, C 4

Die Kleinstadt **Løgumkloster,** gut 15 km nordöstlich von Tønder, entstand um ein 1173 gegründetes Zisterzienserkloster und lag schon etwas höher und damit sicherer auf einer Geestinsel am Rande des Marschlandes. Løgumkloster erlebte wie Tønder vom 16. bis ins 19. Jh. einen Klöppelboom, blieb aber immer eine Stadt der Kirche.

Vom ursprünglichen Kloster sind nur ein Teil des Ostflügels mit einer Sakristei und dem restaurierten Kapitelsaal sowie die nach den Ordensregeln schlichte aber beeindruckende **Kirche** erhalten. Der zweistöckige Renaissanceanbau auf der Westseite der Kirche, heute ein Priesterseminar der dänischen Volkskirche, hatte mit dem Kloster ursprünglich nichts zu tun, sondern wurde 1614 als **Jagdschloss** für die Gottorfer Herzöge gebaut. Erst wenige Jahrzehnte alt sind das benachbarte

Refugium und der nahe gelegene **Kong Frederik IX. Glockenturm.** Den nutzt die angesehene Kirchenmusikschule von Løgumkloster und ist damit eine von Vieren auf der Welt, an der man die Kunst des Glockenspiels lernen kann. 49 Glocken, die kleinste 16, die größte 1800 kg schwer, können geschlagen werden. Im Sommer wird der Turm bei Konzerten manuell bespielt.

Bei so viel Kirche wundert man sich, dass gerade diese Stadt eine enge Verbundenheit zu fahrendem Volk hat. Dafür steht auch die **Gauklerstatue** von Alice Buchhave am alten Markt. Eine der drei Figuren ist einer der in Dänemark typischen Leierkastenmänner mit Zylinder und Frack. Neben ihm steht Anders Bork Hansen, der ›Schaustellerpfarrer‹, der Anfang der 1960er Jahre die Tradition der Gauklergottesdienste zum Auftakt des **Kloster Mærken** begründete. Dieses Volksfest um den traditionellen Pferdemarkt von Løgumkloster ist für Dänemarks Schaustellerzunft das wichtigste Treffen der Saison: drei bunte Tage und Nächte mit Floh-, Vieh- und Jahrmarkt und einem großen Feuerwerk am letzten Abend.

🛏 **Løgumkloster Refugium:** Tel. 74 74 33 01, Fax 74 73 33 25, www.loegumkloster-refugium.dk. Ein von den Grundsätzen der dänischen Volkskirche geprägter Ort für Menschen, die einfach abschalten wollen. Halbpension je nach Zimmerstandard 690–790 DKK/Pers.

⊕ **Løgumkloster Kanoudlejning:** Lemmosevej 4, Tel. 70 25 22 12. Ca. 25 km lange Kanutouren auf der Brede Å bis Ballum Sluse (S. 83), auch mit Ab-

holservice, so dass man entspannt flussabwärts gleiten kann.

🎭 **Kloster Mærken:** Auf der Schlosswiese neben dem Zentrum, am Wochenende vor dem dritten Dienstag im August. *= 14. / 15. 08. 2010*

Møgeltønder

Reiseatlas: S. 234, C 4
Verlässt man Tønder nach Westen über Straße [419], passiert man bald nach dem Ortsausgang die Bauernschaft **Gallehus,** wo 1639 und 1734 die wichtigsten dänischen Kulturfunde aus der germanischen Eisenzeit (um 450 n. Chr.) gemacht wurden, zwei mit Tierdarstellungen überzogene Goldhörner, von denen das Tønder Museum eine Nachbildung besitzt. Die Originale wurden 1802 in Kopenhagen aus der königlichen Kunstkammer gestohlen und eingeschmolzen.

Am Ortseingang von Møgeltønder begrüßt das Wasserschloss **Schackenborg** nebst Schlosspark in prachtvollem Barock die Besucher (Schlosspark-Führungen: Mitte Mai–Ende Juni Sa, Hochsaison bis Ende Aug. Mi und Sa je 2 Touren gegen Mittag; genaue Daten und Anmeldung über das i-Büro Tønder).

Frederik III. gab das Gut seinem Reichsfeldherrn Hans Schack als Dank für dessen Verdienste in den Schwedenkriegen 1658–60 als Lehen. Der ließ 1664 das repräsentative, dreiflügelige Barockschloss bauen, das heute noch steht. Zehnmal wurde der Besitz dann in der Familie vererbt, in schöner Regelmäßigkeit von einem Hans auf einen

Otto Didrik und umgekehrt, dann blieb der elfte Lehnsgraf Hans Schack kinderlos. Er verwaltete zwar bis 1993 das Gut, hatte es aber schon 1978 Prinz Joachim vermacht, seinerzeit gerade 9 Jahre alt und noch die Nr. 2 unter den dänischen Thronanwärtern. Graf Schack hatte mit dieser Entscheidung die Prinzipien des mittelalterlichen Lehnsrechts wieder in Kraft gesetzt: Das Lehen fiel mangels direktem Erben an die Krone zurück. Plötzlich lag Møgeltønder im königlichen Rampenlicht, und es sollte noch viel, viel besser kommen.

Der Prinz und die Frauen

Als zukünftiger Gutsherr wurde Prinz Joachim zum Agrarökonomen ausgebildet. Um seine kaufmännische Seite zu stärken, ging er 1993 für eine dänische Reederei nach Fernost und kam mit einer Prinzessin zurück. Die charmante Alexandra Manley, eine in Hongkong geborene Marketingspezialistin mit multikulturellem Background – ein Großvater Brite, eine Großmutter Chinesin, die Mutter Österreicherin – eroberte die Herzen der Dänen im Sturm, als sie gleich ihre erste Ansprache in annähernd fließendem Dänisch hielt. Zur Hochzeit 1995 wurden für das bei königlichen Festtagen übliche Volksgeschenk landauf, landab 13 Mio. Kronen für die Rekonstruktion der barocken Parkanlagen und die Renovierung von Schloss Schackenborg gesammelt. Nachdem 1999 und 2002 zwei Söhne geboren waren, hätten die Dänen Joachim und seine Alexandra lieber als Thronfolger gesehen, denn der

eigentliche Kronprinz Frederik machte mit schnellen Autos – Spitzname ›Chromprinz‹ – und schnellen Beziehungen kaum eine königliche Figur.

Seit Frederiks Märchenhochzeit mit der Australierin Mary Donaldson im Mai 2004 sind die Rollen vertauscht: Der Kronprinz wurde ruhiger, während der geradezu als ›dröge‹ geltende Joachim nachholte, was er früher versäumt hatte: wilde Partys, junge Mädchen und Seitensprünge. Das Glück auf Schackenborg zerbrach, die Ehe wurde 2005 geschieden. Alexandra verließ Schackenborg und verlor Anfang 2007 gar den Titel Prinzessin, als sie wieder heiratete. Die Prinzen Nikolai und Felix leben mit ihr und ihrem neuen Partner in Kopenhagen, mit Joachim teilt sie jedoch das Sorgerecht für die Kinder. Møgeltønder fiebert derweil auf eine neue Prinzessin, seit Joachim die Osterfeiertage 2007 zusammen mit der jungen Französin Marie Cavallier bei seinen Eltern am Hofe verbrachte und die neue Beziehung damit höchst offiziell machte.

Dänemarks schönste Dorfstraße: Die Slotsgade

Gleich westlich des Schlosses beginnt die pittoreske **Slotsgade,** Dänemarks schönste Dorfstraße: Rechts und links drängen reetgedeckte Erkerhäuser in friesischem Stil an die Lindenallee mit ihrem holprigen Kopfsteinpflaster. Im **Schackenborg Slotskro** (S. 79) kann man die Gelegenheit nutzen, einmal bei einem echten Prinzen im Hause zu nächtigen oder zu dinieren. Besitzer des Kro ist in der Tat Prinz Joachim, nur

Møgeltønder

Haus in Møgeltønder

steht der weder hinter der Rezeption noch in der Küche, sondern hat das Haus verpachtet. Das Restaurant des Kro ist als Gourmet-Tempel weit über Südjütland hinaus bekannt.

Am anderen Ende der Slotsgade ragt die Dorfkirche über das Land, in katholischer Zeit dem Heiligen der Seefahrer Skt. Nikolaj geweiht. Im Kern romanisch und in der Gotik erweitert, bekam sie Anfang des 16. Jh. einen wuchtigen Westturm, der über lange Zeit auch Seezeichen war.

Bis 1970 gehörte die Kirche zum Schloss und somit den Grafen Schack. Die finanzierten das Gotteshaus über die Jahrhunderte, was die üppige Ausstattung erklärt. Die Kalkmalereien im Chor stammen aus dem 16. Jh., erlebten aber im späten 19. Jh. das Schicksal vieler Fresken im Lande: Sie wurden ohne viel Rücksicht auf das Alte restauriert. Der Kunstmaler und Restaurator August Wilckens malte sich gleich selbst ins Bild, auf einer Blume im Rankenwerk sitzend. Eine weitere Restaurierung nach 1970 führte die Kirche soweit möglich auf einen Zustand Mitte des 18. Jh. zurück.

Schackenborg Slotskro: Slotsgaden 42, Tel. 74 73 83 83, Fax 74 73

83 11, www.slotskro.dk. Die Zimmer – Familienzimmer wie Suiten vorhanden – verteilen sich auf mehrere Häuschen an der Slotsgade und kosten ca. 1200–1900 DKK. Das Gourmet-Restaurant gehört zum obersten Preissegment.

Geteiltes Dorf Rudbøl

Reiseatlas: S. 234, C 4
Typisches altes Marschland mit Dänemarks einzigen Warfthöfen sieht man bei einem Schlenker von Møgeltønder über den Grenzort Rudbøl nach Højer. In Rudbøl teilt die deutsch-dänische Grenze die Dorfstraße, auf der Ostseite gehören die Häuser zu Deutschland, auf der Westseite zu Dänemark. Und wenn gerade kein Auto kommt, können Sie sich sogar grenzüberschreitend aufstellen: Die Grenzsteine mit den Buchstaben D für Dänemark und DRP für Deutsches Reich Preußen, die seit 1920 diese Linie markieren, sind im Asphalt zu erkennen.

Immer höher: Die Deiche im Westen

Reiseatlas: S. 234, B 4
Die Straße von Rudbøl nach Højer folgt dem Verlauf der Vidå auf den ältesten Deichen, sie wurden hier Mitte des 16. Jh. gebaut. Westlich von Højer, wo der Grenzfluss durch Sperrwerke kontrolliert in die Nordsee mündet, kann man ihre Nachfolger sehen. Ein erstes neues Deichsystem wurde 1861 fertig, an ihm regelt die ältere **Højer Sluse** den Durchfluss der Vidå. Hinter Sperrwerk

Regeln im Watt

Das Wattenmeer steht als bedeutender europäischer Naturraum in allen drei Anliegerstaaten unter besonderem Schutz, so auch in Dänemark. Selbst wer nur zu einer Wattwanderung aufbricht, muss sich über Regeln zum Naturschutz, Sperrgebiete und Zeiten mit Zugangsbeschränkungen informieren, denn Unwissenheit schützt nicht vor Strafe. Besonders rigide sind die Beschränkungen für Wassersportler und Jäger. Informationen dazu in allen i-Büros der Region sowie im ›Vadehavets Natur Net‹ auf www.vnn.dk.

und Deich dokumentiert am Ufer des Flusses ein frei zugängliches **Mini-Freilichtmuseum** die Lebens- und Arbeitsbedingungen der Binnenfischer, die auf den Flüssen und Seen des Marschlandes ihr Auskommen hatten.

Vor der Højer Sluse liest man von einer Sturmflutsäule die höchsten Wasserstände ab, die hier gemessen wurden. 1976 trieb ein Hochwasser mit einem Pegelstand von 4,92 über Normal Null 20 000 Menschen aus der Tønder-Marsch auf die Höhen der Geestinsel ein paar Kilometer nördlich. Das gab den Anstoß für den Bau des jüngsten Deichsystems, das 1981 mit einer Deichkrone von 7,45 m über Normal Null fertig gestellt wurde. Dabei entstanden hinter den neuen Deichen, anders als bei ihren Vorgängern, keine Ackerflächen, sondern im **Margrethe**

Kog ein künstlicher 260 ha großer Salzwassersee als Naturschutzgebiet, der im Rhythmus der Tiden voll läuft und sich wieder leert. So behielten Küstenvögel den Lebensraum, den sie bei Deichbauten sonst oft verlieren. **Tøndermarskens Naturcenter** (Tel. 74 78 92 22, April–Okt. tgl. 10–18 Uhr) gleich neben der Vidå Sluse bietet mit einer modern konzipierten Ausstellung einen Einblick in das Ökosystem auf beiden Seiten der Deiche.

Damit keine falschen Erwartungen aufkommen: Das Dänische *sluse* entspricht im Deutschen zwar auch einer Schleuse, meint an der Vidå aber ein Sperrwerk – Schiffe werden hier nicht durchgeschleust. Aufgabe des Sperrwerks ist es, unter normalen Bedingungen die Vidå ungehindert ins Watt strömen zu lassen, aber bei Gefahr dicht zu machen und das Mündungsloch im Deich zu schließen.

Højer: Hinter Deichen

Reiseatlas: S. 234, C 4

Die Kleinstadt Højer wirkt mit ihren vielen reetgedeckten Friesenhäusern und -höfen – viele davon denkmalgeschützt – sehr ländlich. Sogar das alte **Rathaus** ist als einziges in Dänemark reetgedeckt und deshalb für Hochzeiten äußerst populär (Kirkegade 1–3, Tel. 74 78 23 27, S. 217). Der **Hindrichsensche Hof,** ein dreigeschossiger Kaufmannshof mit einem wuchtigen Reetdach in der Nørregade, und nicht weit davon entfernt die **Højer Mühle,** 1857 im holländischen Stil gebaut und mit 25 m Höhe die größte ihrer Art in Nord-

europa, sind die im wahrsten Sinne des Wortes herausragenden Sehenswürdigkeiten im Ort. Bis 1970 war die Mühle in Betrieb, inzwischen sorgfältig restauriert, beherbergt sie das **Højer Mølle & Marsk Museum** (Møllegade 13, Tel. 74 78 29 11, April–Okt. 10–16 Uhr) zum Leben in der Tønder Marsch, zu den Deichen und den Sturmfluten.

Højer Turistkontor: Møllegade 12, Tel. 74 78 29 93, Fax 74 78 28 93, www.visithoejer.dk.

Marskens Bondegårdsferie: Hohenwarte, Siltoftvej 2, Tel. 74 78 93 83, Fax 74 78 90 83, www.hohenwarte.dk. Mit gut 90 Betten den ›Ferien auf dem Bauernhof‹ schon fast entwachsen; Tiere gibt es aber noch. Doppelzimmer mit Frühstück ca. 460 DKK ohne, 550 DKK mit Bad; andere Mahlzeiten werden angeboten, Selbstverpflegung ist möglich. Auch Familienzimmer für bis zu 6 Pers. Reit- und Pferdewagentouren möglich.

Højer besitzt eine muntere **Kunsthandwerkerszene** u. a. mit Textilkünstlern und einem Bernsteinschleifer, das i-Büro hat eine Broschüre mit Lageplan der einzelnen Ateliers. Eher Deftiges produziert die Wurstfabrik **Højer Pølser,** deren Produkte in ganz Dänemark bekannt sind und die einen Fabrikverkauf in der Søndergade 1 betreibt (Mo–Fr 9–17, Sa 9–12 Uhr).

Das **Højer Internationale Træskulptur Symposium** lockt jedes Jahr in Woche 24 rund ein Dutzend Künstler aus aller Welt in die Stadt und ihr Umland. Sie bearbeiten – in der Regel unter freiem Himmel – jeder einen Eichenstamm. Am letzten Tag werden die Objekte versteigert.

Am 2. Wochenende im September findet der traditionsreiche **Fåremarked** statt, der Schafmarkt, ein viel besuchter Viehmarkt mit Volksfestcharakter.

Über die ›Marsch-Alpen‹ nach Norden

Reiseatlas: S. 234, B 4–B 3
Nördlich von Højer hebt sich eine Geestinsel aus dem flachen Einerlei, eine kaum merkliche Anhöhe aus Sand und Kies, die schon während der letzten Eiszeit als Insel zwischen den Schmelzwasserströmen hervorlugte, aber mit Höhen von über 20 m in den Marschen fast alpin wirkt. Bei der Fahrt nach Norden bietet sich von der ein-

sam stehenden romanischen Kirche von **Hjerpsted** ein exzellenter Blick auf das Wattenmeer und Dänemarks einzige, langsam verschwindende Hallig **Jordsand.**

Nördlich **Ballum,** das am Rande der Geestinsel in sicherer Höhe liegt, breitet sich die typischste aller Marschen aus. Fast 600 ha groß, absolut flach, von der in den 1980er Jahren renaturierten Brede Å durchschlängelt und seit Jahrhunderten als fettes Weideland unter dem Namen Ballum Enge bekannt. Stopp! Nicht absolut flach: Friesen hatten schon im Mittelalter acht Warften aufgeschüttet, auf denen sie ihr Dorf **Misthusum** bauten, wenige Kilometer südwestlich von Skærbæk. Die ›Große Manntränke‹ von 1634 holte je-

An der Vidå bei Højer

doch das Dorf und 44 seiner Bewohner. Aus Steinen der alten Häuser entstand später das malerische **Markmandens Hus,** das auf einer Warft über die Umgebung ragt. Es diente lange dem Markmand als Unterkunft, wenn er im Sommer Viehherden auf den fetten Marschweiden bewachte. Direkt an der Hauptstraße informieren im alten Schleusenwärterhaus ein paar Schautafeln über die Marschen und ihre Natur. Die moderne Sturmflutsäule daneben erinnert an Misthusums Untergang 1634: Auf der Spitze überrollt eine Welle ein Haus. Auch der Ring für die Sturmflut 1999 hängt beängstigend hoch. In Sichtweite stößt die bei Kanuten (S. 77) beliebte Brede Å mit einem Sperrwerk durch die heutigen Deiche ins Watt. Neben der Zufahrt bietet **Ballum Slusekro** ein paar Zimmer und deftige Küche (Tel. 74 75 11 79) – weit und breit das einzige bewohnte Haus.

Skærbæk ist Festlands-Einkaufsort für die Ferieninsel Rømø (S. 93). Zudem locken ein Spaß- und Freizeitzentrum mit großem Hallenbad und der **Hjemsted Oldtidspark** (Hjemstedvej 60, Tel. 74 75 08 00, Juli/Aug. und Woche 42 (S. 62) tgl. min. 11–18 Uhr, sonst je nach Jahreszeit 4–6 Tage die Woche 11–16 Uhr, ab Woche 43 bis Ende Nov. geschlossen, Eintritt je nach Aktivitäten 40–90 DKK/Erw.; Details: www.hjemsted.dk.). Ein unterirdisches Museum präsentiert jene Eisenzeitfunde, die man hier in den 1970er Jahren gemacht, aber weitgehend im Boden belassen hat. Rundherum lebt die Eisenzeit mit vielen Aktivitäten für Kinder auf. In dieser Epoche, in der die Römer Europa beherrschten, lebten die Menschen im Norden zwar abseits des historischen und kulturellen Rampenlichts, aber nicht kulturlos.

Ribe: Einfach uralt

Reiseatlas: S. 234, C 2
Die Ursprünge dieser ältesten Stadt Dänemarks werden von Archäologen auf 705 n. Chr. datiert, damals war Ribe ein Umschlagplatz am Kreuzungspunkt der Handelswege zwischen Nord- und Südeuropa sowie von der Nord- zur Ostsee. Händler machten die Stadt zum Gateway für Innovationen in den Norden: Mit den neuen Moden, Techniken und Trends kam auch das Christentum. Ansgar, als Missionar des Nordens in die Geschichte eingegangen, baute hier 826 eine erste bescheidene Holzkirche in der Welt Thors und der anderen nordischen Götter. Keine 100 Jahre später war Ribe Bischofssitz. Den ersten Purpurträger erschlugen die Anhänger des alten Glaubens noch, aber bald hatte sich der neue mit neun Klöstern und 13 Gotteshäusern in der Stadt etabliert.

Aber auch die Krone war präsent: Ab Mitte des 12. Jh. gab es einen Königshof, Anfang des 14. Jh. entstand Burg **Riberhus** [1]. Deren Mauern sind in den Häusern Ribes aufgegangen, da sie ab Mitte des 17. Jh. als Steinbruch dienten. Zurück blieben nur die mächtigen Wälle, die Gräben und wenige Fundamente. Zu diesem Zeitpunkt war Ribes Glanzzeit längst Geschichte.

Die Reformation beendete die Aktivitäten der Kirche, und der königliche Hof stellte seine Reisetätigkeit ein –

DAGMAR, KÖNIGIN DER HERZEN

Sie kam als Königstochter Dragomir aus Böhmen, heiratete 1205 in Ribe den Dänenkönig Valdemar Sejr und wurde nach den Maßstäben der modernen Klatschpresse eine Königin der Herzen. Nach der Hochzeitsnacht verlangte Dagmar, wie sie in Dänemark heißt, zur Morgengabe von ihrem Valdemar die Abschaffung der Kettenhaft im Lande. Und dieser Linie blieb sie treu, hatte immer ein Ohr für die Schwachen und Armen.

Dagmars Güte und Milde machten sie beim Volk beliebt wie keine andere Königin des Mittelalters, und bis heute ist das traurige Lied von ihrem frühen Tod, ›Dronning Dagmar ligger udi Ribe syg‹ (Königin Dagmar liegt krank in Ribe), ein populäres Volkslied. Es berichtet vom legendären Nonstop-Ritt ihres Valdemar quer durch Jütland an ihr Totenbett und von dem Wunder, das dann geschah: Dagmar starb in den Armen einer Freundin, als der König gerade in die Stadt ritt. So wurde er mit der Nachricht empfangen, dass sie schon tot sei. Als Valdemar an ihren Leichnam trat, erwachte Dagmar aber noch einmal, richtete sich von der Bahre auf und sagte ihm ein letztes Lebewohl.

Jeden Tag um 12 und um 15 Uhr klingt das Dagmar-Lied als Glockenspiel vom Bürgerturm des Doms über die Stadt. Und auch sonst ist Dagmar in Ribe präsent: Etwa aus ihrer Zeit stammt das Sandsteinrelief über dem Südportal des Doms. Die Figurengruppe, aus der heraus der Jungfrau Maria ein Kreuz gereicht wird, zeigt einen gekrönten Kopf, nach gängigen Deutungen Valdemar Sejr. Neben ihm Dagmar und seine zweite Frau Berengaria von Portugal. Der Jüngling, den Jesus an die Hand genommen hat, wäre dann der 1231 bei einem Jagdunfall getötete älteste Sohn Valdemars aus der Ehe mit Dagmar. Jüngeren Datums ist die Skulptur auf den alten Wällen von Riberhus. Sie zeigt die junge Dagmar, wie sie, im Bug eines Schiffes stehend, in ihre neue Heimat kommt – eine Arbeit von Anne-Marie Carl Nielsen aus dem Jahr 1913.

ausgerechnet Kopenhagen, am anderen Ende des Reiches, wurde Haupt- und Residenzstadt. Sandflug nahm Ribe dann den direkten Zugang zum Meer. Alle Waren mussten von nun an vor der Küste umständlich von Hochseeschiffen auf Wattschuten umgeladen werden. Dazu kamen Sturmfluten, Stadtfeuer, Kriege: 1580 brannten 213 Häuser nieder, 1634 stand das Wasser meterhoch in der Stadt. Nach der Markierung auf der Sturmflutsäule am Hafen müssen es 6 m über Normal gewesen sein, im Dom zeigt eine Kerbe an der Säule hinter der Kanzel einen Stand von knapp 2,5 m über dem Boden. Nach dem verlorenen Krieg gegen Preußen 1864 fand sich das dänische Ribe dann plötzlich im letzten Winkel des Königreichs wieder, vom Meer an einer und von preußischem Gebiet an zwei Seiten umschlossen – in Rejsby, 10 km südlich von Ribe, steht neben der Straße [11] noch der preußisch-dänische Grenzstein.

Und als wäre das alles nicht genug, wurde ab 1868 gerade einmal 25 km entfernt Esbjerg (S. 108) aus dem Dünenboden gestampft. Binnen weniger Jahre lief die junge Stadt am Meer der alten in den Marschen den Rang ab und hat heute gut zehnmal so viele Einwohner. Etwas bewirkte die Stagnation: Neues konnte nicht bezahlt werden, so blieb das Stadtbild in einer Geschlossenheit bewahrt, wie nirgendwo sonst in Dänemark; selbst auf europäischer Ebene kann Ribe sich mit anderen historischen Städten messen – ein Stück Weltkulturerbe.

Seit rund 100 Jahren wird aktiv Denkmalschutz betrieben, seit den 1960ern kann praktisch keine Fassade und kein Dach in der Altstadt mehr verändert werden; 110 Häuser sind geschützt. Auf dem alten Rathaus nisten gern Störche, haben sich in den letzten Jahren aber rar gemacht. Ob Meister Adebar aktuell wieder den Weg nach Ribe gefunden hat, zeigt die Webcam auf www.jv.dk/storkesiden.

Der Dom: Moderne Kunst auf alten Mauern

Das Bild der Stadt wird vom fünfschiffigen **Dom** [2] bestimmt (Kernöffnungszeit tgl. 11–15, Juli–Mitte Aug. –17 Uhr, jedoch jederzeit Einschränkungen wegen kirchlicher Handlungen möglich; tagesaktuelle Öffnungszeiten auf www.ribe-domkirke.dk; Turmbesteigung 10

DKK/Erw.). 1134–1225 entstand sein romanischer, damals noch dreischiffiger Kern aus Eifeltuff- und Wesersandstein, Belege für gute Handelsbeziehungen der Stadt nach Süden. Auch die Baumeister kamen aus deutschen Landen, haben eines aber nicht bedacht: Der Dom versinkt im weichen Boden des Marschlandes. Ursprünglich auf einer Warft gut 3 m über dem umliegenden Gelände gebaut, steht er jetzt in einer Senke, 2,5 m unter Straßenniveau. Das aber ist natürlich auch etwas gestiegen, denn Ribe steht auf einer dicken Kulturschicht seiner eigenen Vergangenheit.

Der Untergrund brachte dem Dom arge statische Probleme. Die ursprünglichen Westtürme brachen zusammen, später auch Teile des nördlichen Querschiffs. Der kantige Bürgerturm aus rotem Backstein ersetzte 1333 einen zuvor in die Weihnachtsmesse gestürzten Vorgänger und büßte 1593 selbst seine Spitze ein. Um erneute Einstürze zu vermeiden und weil Geld für den Wiederaufbau fehlte, bekam der verbliebene Stumpf ein Flachdach mit Balustrade – heute Ribes bester Aussichtspunkt, 52 m oder 248 Treppenstufen über dem Boden. Diesen Blick nutzten Ribes Wächter, um nach Feinden, Feuern und Fluten Ausschau zu halten.

Der kleinere Turm an der Südseite könnte aus der Romanik stammen, ist aber nur eine Rekonstruktion aus dem frühen 20. Jh., ebenfalls Ersatz für ein Einsturzopfer. Original romanisch ist das Tympanon, das Bild über dem Türsturz am Portal des südlichen Querschiffs. Dieses fein aus hartem Granit gearbeitete Bild von der Kreuzabnahme ist zusammen mit dem jüngeren Sandsteinrelief im Ziergiebel (S. 84) darüber das kulturhistorisch bedeutendste Detail am Äußeren des Doms.

Im Inneren mischen sich die Stile: Über romanischen Arkaden und dem ebenso romanischen Triforium fällt das Licht durch Obergadenfenster mit typischen Spitzbögen der Frühgotik, die auch das Deckengewölbe prägt.

Das reiche Interieur aus der Zeit vor der Reformation ging indes ebenso verloren wie die meisten Ergänzungen aus der Renaissance und dem Barock, die einer umfangreichen Renovierung 1882–1904 zum Opfer fielen: Die wollte den mittelalterlichen Gesamteindruck wieder herausarbeiten.

Aus den frühen Epochen sind nur einige Grabplatten erhalten, darunter die für die Könige Erik Emune (1134–37) und Christoffer I. (1152–59), einige Epitaphen sowie eine Kanzel des späten 16. Jh. Beeindruckend wird das Innere jedoch durch die mutige Renovierung der 1980er Jahre. Damals gab man einem modernen Künstler, dem CoBrA-Maler Carl-Henning Pedersen, den Auftrag, die Chorapsis neu zu gestalten. Allein diese Entscheidung ließ konservative Geister Sturm laufen, und durch die Ausführung fühlten sie sich nur bestätigt: »Blasphemie«, stöhnten nicht wenige. Pedersen fügte in eine Blendarkade sieben große bunte Wandmosaike mit biblischen Motiven, warf farbenfrohe Fabelwesen auf das Deckengewölbe und gestaltete die Glasfenster kongenial. Das Zetern der Kritiker ist längst verstummt und der Meinung gewichen, dass nur die Zukunft entscheiden kann, ob diese moderne Kunst in so ehrwürdigem Rahmen einen dauerhaften Platz hat.

Über holpriges Pflaster: Ribes Altstadt

Hinter dem Chor des Doms strecken am **Torvet** ③, dem Zentralplatz von Ribe, zwei ehemalige Kaufmannshöfe ihre schmucken Backsteinfassaden in die Höhe. Den einen, **Porsborg** genannt, belegt das i-Büro, den anderen das romantische **Hotel Dagmar** ⑰. Beide Häuser gehören zu Ribes Neubauviertel aus der Zeit direkt nach dem großen Stadtbrand 1580.

Auf der anderen Seite der hier beginnenden Fußgängerzone noch ein Haus aus dem späten 16. Jh. zum Einkehren: das **Restaurant Weis' Stue** ④. Es wirkt mit seinem fein gegliederten Fachwerk zwar älter als seine Gegenüber, ist aber jünger. Ribes Nachtwächter sammelt auf dem Platz vor Weis' Stue und Dagmar im Sommer allabendlich die Gefolgschaft, die mit ihm einen Stadtrundgang macht.

Von der Fußgängerzone biegt bald die **Fiskergade** ⑤, die ›Fischerstraße‹ ab. Zusammen mit ihren Querstraßen – deren Namen alle auf *slippe,* ›Gässchen‹, enden – gehört sie zum fotogensten Teil Ribes. Parallel zur Fiskergade verläuft am Ufer der Ribe Å **Skibbroen** ⑥, die ›Schiffbrücke‹, Ribes kleiner Binnenhafen. Das grobe Kopfsteinpflaster füllt sich von Mitte Mai bis Ende August jeden Mittwoch mit den Ständen eines bunten Blumen-, Obst- und Flohmarktes, und vor dem gemütlich-rustikalen Wirtshaus **Sælhunden** ㉓, dem ›Seehund‹, stehen bei schö-

Die Frühlingssonne lockt ins Straßencafé vor Weis' Stue

nem Wetter Bänke und Stühle für Gäste bereit. Am Kai liegt ein für heutige Augen ungewöhnliches Schiff, die ›**Johanne Dan‹,** ein traditionelles Wattschiff mit extrem flachem Rumpf und Seitenschwertern.

Folgt man der Ribe Å, staunt man bald an der **Sturmflutsäule** 7, wie hoch das Wasser hier bei Sturmfluten stand: 1904 ganz unten, dann 1909, 1911, 1825 und ganz oben 1634. Geht man am Fluss weiter, gelangt man an die Wälle der Burg **Riberhus** (S. 84).

Kunst und Wikinger jenseits der Ribe Å

Am anderen Ende von Skibbroen kann man über die hier dreiarmig fließende Ribe Å in das augenscheinlich jüngere Viertel der Stadt wechseln. Wirklich nur augenscheinlich, denn Archäologen

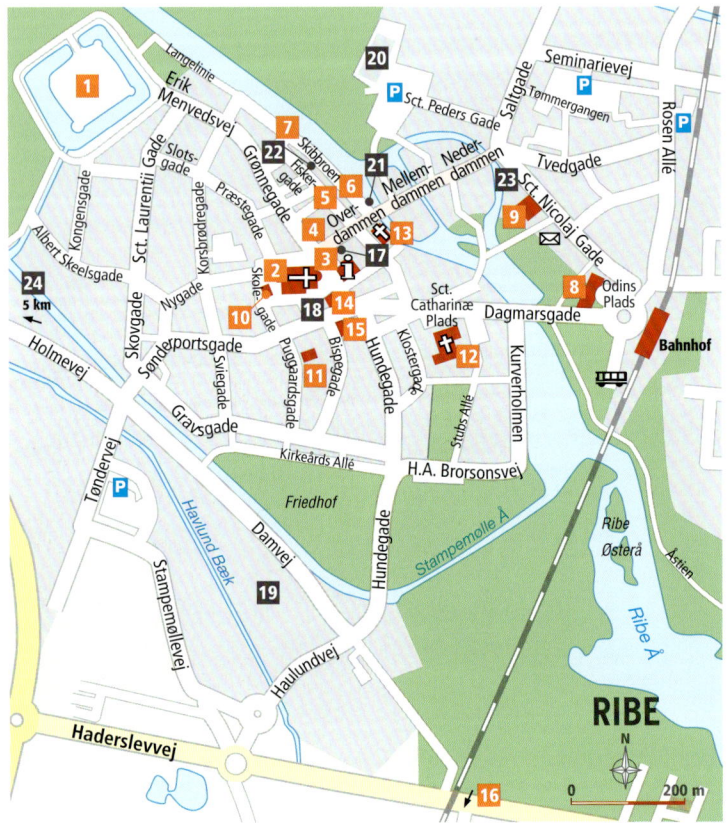

haben nachgewiesen, dass hier am Nordufer der Ribe Å, etwa wo die Sct. Nicolaj Gade verläuft, die Wiege der Stadt stand, eine Budengasse von Händlern der Wikingerzeit.

Was die Spatenzunft aus der Erde holte, bildet den großen Fundus des Museums für Wikingerzeit und Mittelalter **Ribes Vikinger** [8] (Odins Plads 1, Tel. 76 88 11 22, tgl. außer Mo 11–16,

Juli/Aug. –17 Uhr, Jan. bis Mitte Febr. geschl.). Das präsentiert nicht nur Fundstücke in Vitrinen, sondern setzt ganz auf eine modern konzipierte Erlebniswelt mit Nachbauten mittelalterlicher Alltagsszenen und virtuellen Zeitreisen. Und wenn man erschöpft in die Gegenwart zurückkommt, darf man sich im Museumscafé mit Blick auf die Altstadt erholen.

Sehenswürdigkeiten

1. Riberhus
2. Dom
3. Torvet
4. Restaurant Weis' Stue
5. Fiskergade
6. Skibbroen
7. Sturmflutsäule
8. Ribes Vikinger
9. Ribe Kunstmuseum
10. Hans Tausens Hus
11. Tårnborg
12. Sct. Catharinæ Kirke
13. Quedens Gård
14. Det Gamle Rådhus
15. Haus der Maren Spliid
16. Ribe Vikingecenter
    Lustrupholm

Übernachten/Essen & Trinken

17. Hotel Dagmar
18. Hotel Den Gamle Arrest
19. Ribe Byferie
20. Danhostel Ribe Vandrerhjem
21. Kolvig Café og Restaurant
22. Restaurant Sælhunden
23. Café Valdemar Sejr
24. Kammerslusen

Konservativeren Museumstraditionen folgt das **Ribe Kunstmuseum** 9 (Sct. Nicolaj Gade 10, Tel. 75 42 03 62; Mitte Juni–Aug. tgl. 11–17 Uhr, sonst Di–Sa 13– und So 11–16 Uhr, Januar geschl.) mit einer sehr guten Gemäldesammlung, die vor allem Werke der Periode vom Goldenen Zeitalter Anfang des 19. Jh. bis zum Ende des Durchbruchs der Moderne Anfang des 20. Jh. zeigt, darunter auch wichtige Arbeiten der Skagenmaler. Daneben sammelt das Museum lokale Kunst.

Pfeffersäcke, Kuttenmänner, Purpurträger

Südlich von Dom und Fußgängerzone, vor allem in Sønderportsgade, Puggaardsgade aber auch in der Sortebrødregade – der ›Dominikanergasse‹ – war Ribes Upperclass zu Hause: Kaufleute, Kirchenmänner und Klosterbrüder. Das **Hans Tausens Hus** 10 Ecke Domplatz/Skolegade, in dem der Lutherschüler und Reformator Dänemarks Hans Tausen Mitte des 16. Jh. ein Jahrzehnt lebte, die **Tårnborg** 11 (Puggaardsgade) von ca. 1550, die eher an einen ländlichen Herrensitz denn an ein Stadthaus erinnert, und der für die Straße namengebende **Puggaard** von ca. 1400, heute Teil einer Schule, sind Beispiele herrschaftlicher Bauten, die den Stadtbrand 1580 überstanden. Alle drei dienten im Laufe ihrer Geschichte einmal Kirchenoberen als Domizile.

Sonst ist außer dem Dom wenig aus der Blütezeit des Katholizismus erhalten geblieben, ausgenommen die **Sct. Catharinæ Kirke** 12 mit angeschlossenem Kloster am Sct. Catharinæ Plads (Tel. 75 42 05 34, Mai–Sep. tgl. 10–12, 14–17 Uhr, sonst 10–12, 14–16 Uhr; während kirchlicher Handlungen Zugang nur zu religiösen Zwecken). 1228 von Dominikanermönchen gebaut, stürzten die beiden ersten Klosterbauten an dieser Stelle über Bodensenkungen zusammen. Die jetzigen Gebäude mussten in den 1970er Jahren aufwendig gestützt werden: Der ganze Komplex wurde mit überdimensionalen Wagenhebern, die man unter das freigelegte Fundament geschoben hatte, wieder gerade gerückt. Durch die Kirche gelangt man in den Innenhof mit dem alten Kreuzgang.

Finsteres aus dem Mittelalter

Wo die Sortebrødregade auf die Fußgängerzone trifft, reicht der **Quedens Gård** 13 tief in den Häuserblock hinein. Die Fachwerkteile entlang der Sortebrødregade entstanden nach dem Stadtbrand 1580, das massive Vorderhaus gut 200 Jahre später. Die kulturhistorische Sammlung im Quedens Gård wird derzeit restauriert und ist nur zu besonderen Anlässen zugänglich.

Det Gamle Rådhus 14 (Von Støckens Plads 6, Tel. 76 88 11 22, Mai, Sept. Mo–Fr, Juni–Aug. tgl. 13–15 Uhr) kam erst 1709 in den Gemeindebesitz, hatte da aber schon mehr als 200 Jahre auf dem markanten Treppengiebel, den für gewöhnlich ein Storchenpaar als Heimstatt nutzt. Bis zur Kommunalreform 2007 galt das Gebäude als ältestes Rathaus Dänemarks, jetzt dient es nur noch für Empfänge und als romantischer Rahmen für Trauungen. Ob sich Brautleute vor dem Ja-Wort allerdings den alten Schuldkerker ansehen, dürfte fraglich sein: Er dient als Minimuseum und zeigt neben mittelalterlichen Waffen vor allem Folterwerkzeug und Henkerutensilien.

An finsterstes Mittelalter erinnert auch eine Gedenktafel am **Haus der Maren Spliid** 15 (Sønderportsgade 3/ Ecke Bispegade): »Hier wohnte Schneider Laurids Spliid, dessen bedauernswerte Frau Maren am 9. November 1641 auf dem Galgenhügel von Ribe wegen Hexerei verbrannt wurde.« Ein Konkurrent ihres Mannes hatte sie denunziert. Ihre gesellschaftliche Stellung, ein vier Jahre währendes Verfahren und die Einmischung des abergläubischen Königs Christian IV. zu ihren Ungunsten machten sie zum bekanntesten Opfer des Hexenwahns im Lande.

Die friedlichen Wikinger von Lustrupholm

2 km südlich der Stadt wächst im **Ribe Vikingecenter Lustrupholm** 16 (Lustrupvej 4, Tel. 75 41 16 11, Mai–Juni, Sept., dän. Herbstf. Mo–Fr 10–15.30, Juli–Aug. tgl. 11–17 Uhr) in bester Tradition ›arbeitender Museen‹ ein Handelsplatz der Wikingerzeit, so wie Ribe es in seinen Anfängen selbst war. Hier erlebt man die Menschen der Wikingerzeit nicht als hörnerhelmtragende Rüpel, sondern als Handwerker, Händler und Hobbyjäger, als Bäcker, Bauern und Baumeister. Für Kinder wird Geschichte altersgerecht erlebbar. Sie können mit Pfeil und Bogen hölzerne Wildschweine oder Hirsche jagen, auf echten Islandpferden reiten oder Münzen schlagen. Ganz Mutige dürfen den Profis bei den Falknervorführungen zur Hand gehen, einen dicken Lederhandschuh überstreifen und einen der Vögel, mit denen schon die Nordleute vor 1000 Jahren zur Jagd gingen, darauf landen lassen. Ein Muss, wenn man in der Region Urlaub macht!

Ribe

Ribe Turistbureau: Torvet 3, 6760 Ribe, Tel. 75 42 15 00, Fax 75 42 40 78, www.visitribe.dk. Der **Ribepass** (im i-Büro, 20 DKK) gewährt bei den meisten Sehenswürdigkeiten 20 % Rabatt.

Dagmar 17: Torvet 1, Tel. 75 42 00 33, Fax 75 42 36 52, www.hoteldagmar.dk. Dänemarks ältestes Hotel mit zwei Restaurants (s. u.) und 50 romantischen Zimmern. DZ mit Frühstück 1145–1545 DKK.

Den Gamle Arrest 18: Torvet 11, Tel. 75 42 37 00, Fax 75 42 37 22, www.dengamlearrest.dk. Das Hotel war wirklich einmal Knast, die Zellen wurden geringfügig zu einfachen Zimmern (ab 590 DKK) umgestaltet, die ehemalige Direktorenwohnung zu den besseren mit Bad (ab 790 DKK).

Ribe Byferie 19: Damvej 24, Tel. 79 88 79 88, Fax 79 88 79 98, www.ribe-byferie.dk. Ferienpark im Stil einer kleinen Stadt mit bestens ausgestatteten Wohneinheiten für 4–7 Pers. Nur 5 Min. Fußweg vom Dom; gute Fitness- und Serviceeinrichtungen, Kinderclub, freier Eintritt in nahes Schwimmbad inkl.; Mindestmietzeit 3 Tage ab 1590 DKK, Woche ab 2660 DKK, zahlreiche Sonderangebote.

Danhostel Ribe Vandrerhjem 20: Sct. Pedersgade 16, Tel. 75 42 06 20, Fax 75 42 42 88, www.danhostel-ribe.dk. Moderne, zentrumsnahe 4-Sterne Herberge mit 40 Zimmern (alle mit Bad/WC) für je 1–5 Pers. Juli–Ende Herbstferien pauschal 500 DKK/Zimmer (bis 4 Pers.), sonst nach Personenzahl gestaffelt. Im Sommer auch preiswerte Schlafsaalplätze; Frühstück 50 DKK extra. Gute Gemeinschaftsräume. Die Familienzimmer der jüngsten Generation bieten Hotelstandard und einen Fünf-Sterne-Blick auf die Altstadt.

Das Restaurant des **Hotel Dagmar** 17 (s. o.) zählt zur gastronomischen Oberklasse in Dänemark, entsprechend hoch die Preise. Moderater sind die im **Vægterkælderen,** dem gemütlichen Kellerlokal des Hauses, in dem solide dänische Kost geboten wird.

Kolvig Café og Restaurant 21: Mellemdammen 13, Tel. 75 41 04 88. Charmantes Café und Restaurant auf der ›Insel‹ in der Ribe Å gegenüber Skibbroen, mit Terrasse am Fluss und und guter Küche zu gehobenen Preisen (So nur Juli u. Aug.).

Sælhunden 22: Skibbroen 13, Tel. 75 42 09 46. Kleine Räume, tiefe Decken, draußen ein Biergarten am alten Watthafen, dazu deftige Portionen zu moderaten Preisen – da würde jeder Seehund satt.

Café Valdemar Sejr 23: Sct. Nicolaj Gade 6, Tel. 75 42 42 03. Kneipe, Café, ›Spillested‹ am Nordufer der Ribe Å, schön gelegen und unkonventionell mit großem Garten, in dem Kinder auch toben dürfen. Nur wenige, kleine Gerichte, aber reichlich Bier. Gegen Gebühr kann Mitgebrachtes gegrillt werden. Oft Livemusik.

Kammerslusen 24: Bjerrumvej 30, Tel. 75 42 07 96, Fax 75 42 29 32. Das idyllisch an der Ribe Å gelegene Ausflugslokal bietet dänische Küche zu moderaten Preisen; die Spezialität ist gebratener Aal, wer es süßer mag, kommt So zum Kuchenbüfett.

Kunsthandwerk und **Souvenirs** findet man in Läden entlang der Fußgängerzone Overdammen – Mellemdammen – Nederdammen. Mitte Mai–Aug. Markt am Watthafen Mi Vormittag.

Zwischen den Kirchen – Dom und Sct. Catharinæ – findet man nette Kneipen wie **Stenbohuset** (Stenbogade 1, Tel. 75 42 01 22) und **Strygejernet,** das ›Bügeleisen‹ (Dagmarsgade 1, Tel. 75 41 13 51), beide oft mit Livemusik.

Nachtwächterrundgänge als romantische Stadtführungen Mai–Mitte Sept. und dän. Herbstf. tgl. 22, Juni–

Aug. auch 20 Uhr ab Torvet (bisher nur dän./engl.). Juli–Anfang Aug. **Geistertouren** Mi 21 Uhr ab Museum Ribes Vikinger mit lauter Geschichten, nach denen Kinder garantiert nicht schlafen können.

 Wikingermarkt am Ribe Vikingecenter Sa und So des ersten Maiwochenendes. Mitte Mai **Tulpenfest**, alljährliches 4-tägiges Volksfest mit einem Straßenumzug mit blumengeschmückten Festwagen am letzten Tag.

Bahn: Station an der Regionalbahn Niebüll – Tønder – Esbjerg.
Parkplätze gibt es in der historischen Altstadt nur wenige, besser parkt auf den Großparkplätzen am Stadtrand.

Gram: Wo das Meer früher war

Reiseatlas: S. 234, C 2 (außerhalb)
Dänemarks heutige Küste ist erdgeschichtlich im Babyalter. Es gab Zeiten, da stand praktisch das ganze Land unter Wasser. In Gram, 22 km östlich von Ribe, bringen Faltungen und Landhebungen an einigen Stellen Zeugnisse dieser frühen Perioden an die Oberfläche. Hier begann man im 17. Jh., Ton abzubauen, und die Grube **Gram Lergrav** entpuppte sich bald als eine der ergiebigsten Fossilienfundstätten Dänemarks: Man hatte die rund 6 Mio. Jahre alten Ablagerungen eines Meeres aus dem frühen Tertiär ›angeknabbert‹, darin enthalten u. a. Walskelette, Muscheln, Krebse, Haizähne usw.

Zahlreiche Funde zeigt direkt neben der Lehmgrube das 2005 eröffnete naturhistorisch-paläontologische **Midtsønderjyllands Museum** (Lergravsvaj 2, Gram, Tel. 74 82 10 00, www.gram mus.dk; tgl. 13–16, Mai–Aug. 10–17 Uhr, Kombitickets für Museum und Grube 50 DKK/Erw.). Wer im fast schwarzen Lehm der Grube nach Fossilien buddeln will, sollte Gummistiefel und Kleidung tragen, die auch dreckig werden darf. Waschplätze vorhanden.

Vester Vedsted: Wo das Meer heute ist

Reiseatlas: S. 234, B/C 2
Am Westrand von Vester Vedsted duckt sich hinter dem Deich das **Vadehavscentret** (Okholmvej 5, Vester Vedsted, Tel. 75 44 61 61, www.vadehavscentret. dk; Feb.–Nov. tgl. 10–16, April–Sept. 10–17 Uhr; für 100 DKK/Erw. werden Kombitickets Museum und Mandø-Bus [S. 100] angeboten).

In der modernen und auch für Kinder spannenden Präsentation lernt man, wie das Watt funktioniert, welche Würmer, Schnecken, Muscheln, Fische und Vögel dort leben und welche Bedeutung diese Halbwelt aus Land und Meer als Kinderstube und Esszimmer für die Meeresfauna der Nordsee hat. In einem Multimediaraum kann man sogar eine Sturmflut über sich hereinbrechen lassen – einfach schauerlich. Selbst Erwachsene lernen immer noch etwas dazu. Oder wussten Sie, dass neben dem Seehund noch ein Meeressäuger, der Schweinswal (S. 19), regelmäßiger Gast im Wattenmeer ist, und dies besonders im Juni und Juli, wenn die Jungen zur Welt kommen? Vom Vadehavscentret ist es nur noch ein Katzensprung zu den Deichen und zum echten Wattenmeer.

UNGLEICHE SCHWESTERN IM WATT

Dänemark besitzt drei Inseln im Wattenmeer: Rømø, über einen Damm zu erreichen und deshalb bei Tagesausflüglern äußerst beliebt; Fanø, dank obligatorischer Fährfahrt exklusiver und auch eine anspruchsvolle Kundschaft ansprechend; Mandø, von den Gezeiten abhängig und ein Traum für Naturschwärmer: Auf die Insel kommt man nur, wenn die Wege über den Meeresgrund trocken fallen.

Rømø: Festgemacht

Reiseatlas: S. 234, B 3

Rømø ist seit Ende der 1940er Jahre über den 9200 m langen **Rømø-Damm** mit dem Festland verbunden und damit die einzige Insel im europäischen Wattenmeer, die jederzeit mit einem Auto erreicht werden kann. Dies lockt an schönen Sommertagen bis zu 100 000 Tagesbesucher aus weitem Umkreis, die sich zu den Gästen gesellen, die auf der Insel ihr Quartier haben – etwa 1,2 Mio. Übernachtungen pro Jahr weist die Statistik aus. Platz ist aber reichlich: Fast 130 km², im Westen von einem der breitesten Strände der Welt gesäumt. Bis zu 4 km Sand erstrecken sich dort zwischen Dünen und Meer.

Die nicht einmal mehr 700 ständigen Inselbewohner – Rømserne – sind im Sommer in der Minderzahl. Auf dem größten Campingplatz ihrer Insel könnte jeder einzelne einen eigenen Stellplatz belegen, und es wären immer noch über 300 zu vermieten. Bei so wenigen Bürgern ist Rømø nicht selbständig, sondern gehört mit der Kleinstadt Skærbæk auf dem Festland, wo der Hjemsted Oldtidspark (S. 83) zur Attraktivität der Region beiträgt, seit Anfang 2007 zur Kommune Tønder.

Das Erlebnis Rømø beginnt schon bei der Fahrt über den **Rømø-Damm** [1]. Bei Hochwasser schwappen rechts und links Wellen ans Fundament, bei Niedrigwasser werden Bemühungen sichtbar, mit Lahnungen dem Watt Land abzuringen. Und während der Vogelzüge im Frühjahr und Herbst ist der Damm ein populärer Platz zur Beobachtung der gefiederten Invasion.

Viel Sand am Strand

Überquert man vom Damm kommend die Insel nach Westen, fährt man bei **Lakolk** [2] auf den Strand. Wer mit dem Auto direkt ans Wasser will, biegt dann nach Norden ab; Richtung Süden ist nur eine mit Holzpflöcken begrenzte Piste hinter den Dünen befahrbar, die nach 9 km auf eine weitere Strandzufahrt trifft; von hier ist eine Fahrspur zum **Sønderstrand** freigegeben. Sie durchquert ein flaches Sandwatt, das bei sehr hohen Wasserständen voll laufen kann. Zwischen Lakolk und dem Süden der Insel sieht man deutlich, wie der Strand wächst und eine neue Dünenkette entsteht.

Hinter dem Strand liegen an einigen Stellen drei Dünenketten hintereinander, dazwischen Strandsümpfe und sogar kleine Seen – wertvolle Biotope. Weiter östlich dann Heide und spärlicher Wald, gefolgt von Marschland mit bescheidener Landwirtschaft, und bald ist die Insel auch schon wieder überquert, das Watt beginnt – Rad und Wanderweg erschließen an vielen Stellen diese raue, archaische Landschaft.

Sand weht nicht erst heute über Rømø, doch flog er mal in mehr, mal in weniger großen Mengen. Im 16. und 17. Jh. war es besonders schlimm. Landwirtschaft, zuvor die Lebensgrundlage, wurde unmöglich. Die Rømserne wichen aufs Meer aus. Einmal das Salz der Seefahrt geleckt, fanden sie Gefallen daran und wurden schnell begehrte Seeleute. Viele fuhren als Schiffsoffiziere oder gar Kapitäne unter fremden Flaggen, bevorzugt unter der holländischen. Groß im Geschäft waren die Männer von Rømø beim Walfang im nördlichen Eismeer.

Wale, Walfänger und Walknochen

Die Thadens aus Toftum stellten einige Kapitäne und wurden reich damit. Ihr prächtiger Hof in der Bauernschaft Toftum im Norden der Insel, den sie Mitte des 18. Jh. bauen ließen und bis 1950 kaum verändert im Familienbesitz behielten, ist als **Nationalmuseets Kommandørgård** ③ (Juvrevej 60, Tel. 74 75 52 76, Mai–Sept. Di–So 10–18, 14 Tage um Ostern und Okt. Di–So 10–15 Uhr) zugänglich. Zum Museum gehört die benachbarte **Toftum Gamle Skole,** eine Zwergschule, in der von 1784 bis 1874, also bis in Rømøs preußische Zeit, ehemalige Kapitäne die Kinder der Umgebung unterrichteten – ob Seemannsgarn das Hauptfach war? In **Juvre,** gleich nördlich von Toftum,

Strandreiten auf Rømø

schützt der **Hvalbenshegn** 4 , ein unscheinbares, aber höchst ungewöhnliches Relikt der Walfängerzeit, ein Grundstück: Weil Holz Mangelware war, wurde 1772 der Gartenzaun aus den wuchtigen Unterkieferknochen von Walen gebaut.

Mit reichlich Walknochen musste sich Rømø noch in jüngster Zeit auseinandersetzen. Zwei spektakuläre **Walstrandungen** 1996 und 1997 spülten insgesamt 27 Pottwale an Rømøs Strand, einzelne bis zu 25 Tonnen schwer. Wale stranden immer wieder an den Küsten der Nordsee, in so großer Zahl aber seit über 200 Jahren nicht. Liegen Pottwale einmal auf Grund, werden sie bei Ebbe von ihrem eigenen Gewicht erdrückt. Warum die jungen Walbullen in die für sie tödlich flachen Gewässer von Rømø schwammen ist ungeklärt: Der fatale Irrtum kann ihnen weit weg im Nordmeer bei der Futtersuche passiert sein, dann schwammen sie einem Instinkt folgend konsequent nach Süden. Andere Erklärungsversuche ziehen Giftstoffeinleitungen oder die ›akustische Verschmutzung‹ der Nordsee in Betracht. Neuere Forschungen haben bestätigt, dass vor allem militärische Sonarsysteme das Orientierungsorgan der Wa-

le derart schädigen, dass die Tiere wie bei einem Tinnitus in hilfloser Verwirrung enden (www.earthportals.com/beachedwhales).

Mit Skeletten der Wale von Rømø wurden überall in Dänemark Museen und Edutainment-Center ausgestattet, seit 2007 hängt nun endlich auch eines auf der Insel selbst im Nationalmuseets Kommandørgård (S. 94). Zudem ist ein imposanter Schädel am **Naturcenter Tønnisgård** 5 in Tvismark zu bestaunen. Das Center, das sich das reetgedeckte Dach eines über 200 Jahre alten Kapitänshofes mit dem i-Büro teilt, zeigt auch in seiner Ausstellung einiges zum Thema Wale und Walstrandungen.

Vom Kirchhof zum Sommerland

Der Walfängerzeit begegnet man wieder auf dem **Friedhof von Kirkeby** 6: An der Nordmauer erinnern verzierte Gedenksteine an verstorbene oder verschollene Kapitäne. Es war Usus, sich schon zu Lebzeiten einen solchen *Kommandørsten* im Ausland, gern in Holland, bei bekannten Steinmetzen schlagen zu lassen. Nur die Todesdaten blieben offen, was bei genauem Hinschauen auffällt, denn sie sind selten so sorgfältig gearbeitet wie der Rest. In der Kirche nebenan hängen prächtige Votivschiffe, von Kapitänen in Seenot versprochen und dann gespendet, wenn sie es gerade noch einmal schafften, dass ihr Grabstein nicht aufgestellt werden musste.

Kurz vor dem Ortseingang setzt der Freizeitpark **Rømø Lege & Hesteland (Spiel & Pferdeland)** 7 (Tel. 74 75

	Sehenswürdigkeiten
1	Rømø-Damm
2	Lakolk
3	Nationalmuseets Kommandørgård
4	Hvalbenshegn
5	Naturcenter Tønnisgård
6	Friedhof von Kirkeby
7	Rømø Lege & Hesteland
8	Fischereihafen
9	Fähranleger ›Syltexpress‹

	Übernachten/Essen & Trinken
10	Rømø Golf & Wellness
11	Ferienpark Rim Rømø
12	Aparthotel & Camping Kommandørgården
13	Pension Hos Else og Keld
14	Lakolk Strand Camping
15	Restaurant Havneby Kro
16	Ristorante Buona Sera

51 22, Mitte Mai bis Woche 42 Do–Mo 11–16, Mitte Juni–Anfang Sept. tgl. 11–20 Uhr) auf das, was Kinder mögen: Streichelzoo, Spaßbad, Wasserrutsche, Kletterburg, Bötchenfahren und Ähnliches.

Havneby selbst ist ein nüchterner Ort, Fischerdorfromantik darf man aber auch nicht erwarten, denn der **Fischereihafen** 8 entstand erst in den 1960ern. Auf dem äußersten Südostzipfel der Pieranlagen liegt der **Fährterminal** 9 des ›Syltexpress‹ (S. 99). Die Fähre schippert in 40 Minuten nach Sylt mit Optionen für Ausflüge auf die deutsche Nachbarinsel. Ziel ist dort der Hafen von List mit den Scampi- und Schampusbuden von Gosch.

Juvre Sand

Militärisches Sperrgebiet

Juvre Enge

Nørreland

Juvre

Thadesvej

Vestervej

Juvrevej

4

3

Bolilmark

Toftum

Tvismark
Plantage

Nørre
Tvismark

1

Rømødæmningen

14

16

Vesterhavsvej

Havnebyvej

2

5

Tvismark

Lakolk

Lakolk Sø

Råbjergvej

Kongsmark

Vadehavet

Småfolksvej

13

Esbjerg
Sø

Kirkeby
Plantage

Sønderland

6

Kromose

Kirkeby

Grammarksvej

Vråby Plantage

Stagebjerg

12

7

Pirmvevej

Langdalsvej

Bysrebjergvej

Østerby

Nørre Frankel

Havneby

Havsand Lå

Sønderbyvej

Vestergade

15

Havsand

Molby

Sønderstrandvej

11 **10** **8** **9**

Sønderstrand

RØMØ

N

0   2 km

Turistforeningen for Rømø-Skær-bæk / Rømø Turistbureau: Havne-byvej 30, Tvismark, Tel. 74 75 51 30, Fax 74 75 50 31, www.romo.dk. Postleitzahl für die ganze Insel: 6792 Rømø.

Rømø Golf og Wellness 10: Ve-stergade 31, Havneby, Tel. 70 23 77 47, Fax 70 23 77 46, www.rgw.dk. Die seit 2006 in Teilen und frühesten Ende 2007 ganz fertige Luxus-Ferienanlage im Rei-henhausstil bietet direkten Zugang zu ei-nem 27-Loch-Golfplatz hinter den Dei-chen, zu einem äußerst geschmackvoll und großzügig eingerichteten Wellness-Center sowie zum Restaurant ›Gourmet‹ mit der derzeit besten Küche auf der In-sel. Die Designer-Apartments kosten je nach Größe und Saison ca. 6700–10000 DKK/Woche, Kurzaufenthalte möglich.

Ferienpark Rim Rømø 11: Vestergade 159, Havneby, Tel. 74 75 57 75, Fax 74 75 57 36, www.rim-romo.dk. Ferienpark mit Dorfcharakter nah am Wattenmeer; über 200 Wohnungen zu Wochenpreisen je nach Saison und Standard ab ca. 2200 bis 6000 DKK; Kurzaufenthalte möglich.

Kommandørgården 12: Havnebyvej 201, Østerby, Tel. 74 75 51 22, Fax 74 75 59 22, www.kommandoergaarden.dk. Multifunk-tionsunterkunft auf der Wattseite mit Ho-telzimmern (ca. 795–1045 DKK), Apart-ments (Woche ab ca. 3600 DKK) und ei-nem familienfreundlichen Campingplatz mit Hütten. Zum Komplex gehören neben einem ausgezeichneten Restaurant mit moderaten Preisen, einer Bar mit Tanz am Wochenende und Disco für die Kids auch ein Wellness-Center, das Rømø Spiel- und Pferdeland und ein Reiterhof.

Hos Else og Keld 13: Havnebyvej 110, Tel. 74 75 51 06, Fax 74 75 63 61. Urge-mütliche Pension (DZ ca. 500–575 DKK, Rabatt ab 3. Tag) auf einem Bauernhof mit einem super Frühstück; Kochgelegenheit für Gäste.

Ferienhäuser: Rømø besitzt weit über 1000 Ferienhäuser, vermittelt durch alle großen Ferienhausvermieter (S. 225) so-wie lokale Anbieter wie das **Rømø Tu-ristbureau** oder **Rømø Holidays,** Vester-vej 34, Toftum, Tel. 74 75 52 75, Fax 74 75 66 00, www.romo-holidays.de.

Campingplätze: Sehr groß und munter, aber am nächsten zum Weststrand gele-gen: **Lakolk Strand Camping** 14, Lakolk, Tel. 74 75 52 28, Fax 74 75 53 52, www. lakolkcamping.dk.

Havneby Kro 15: Havneby, Skansen 3, Tel. 74 75 66 44. Gutbürgerliches (Fisch-)Lokal, günstig. Am nahen Fische-reihafen 8 bietet **Otto & Ani's Fisk** (Ha-vnepladsen, Tel. 74 75 53 06) ebenfalls preiswerte Fischgerichte und verkauft fri-schen Fisch im eigenen Laden.

Ristorante Buona Sera 16: Im Lakolk Bu-tikscenter (s. u.), Tel. 74 75 55 23. Guter Italiener, auch Take-away-Service.

Neben der Zufahrt zum La-kolk Strand, angrenzend an einen der größten Campingplätze Nord-europas und mit gigantischem Parkplatz, bietet das **Lakolk Butikscenter** eine grell-bunte Mischung aus Boutiquen, Lebensmittelläden, gut sortierten Kite-Shops, einer Disco sowie Cafés, Imbiss-Stuben und Restaurants der ›Foto-über-dem-Tresen-Kategorie‹, die, abgesehen vom Ristorante Buona Sera (s. o.), eher niedere kulinarische Gelüste befriedigen.

Naturcentret Tønnisgård: Havne-byvej 30, Tvismark (am i-Büro), Tel. 74 75 52 57. Natur- und Kulturwanderun-gen auch in Deutsch, einige Touren spe-ziell für Kinder; Renner bei deutschen Ur-laubern: : Bunkertouren zu Resten des At-lantikwalls aus dem Zweiten Weltkrieg.

Strandsport: Windsurfen (südl. Zufahrt Lakolk Strand) sowie **Kite-Buggy** fahren und **Strandsegeln** (nördl. bzw. südl. Zufahrt Sønderstrand) ist nur in ausgewiesenen Arealen erlaubt. Nach kurzer Einführung können selbst Anfänger mit ›blokarts‹ – im Gegensatz zum Strandsegler mit Lenkstange – über den Sand flitzen. Verleih am Sønderstand bei Wind Toys DK, Tel. 74757647, www.windtoysdk. com, ab ca. 70 DKK für 15 Min; auch Verleih von Kitewings u. a.

Baden: Gute Strände liegen nördlich (mit Auto) und südlich (autofrei) der Strandzufahrt bei Lakolk sowie geradewegs westlich der Strandzufahrt vom Sønderstrandvej im Süden der Insel; dort dürfen alle Hüllen fallen.

Reiten: Der Reiterhof **Rømø Ranch** am Strand von Lakolk südlich der Zufahrt (Borrebjergvej 7, Tel. 74755411) bietet Reitunterricht sowie Ausritte auf dem Strand in Gruppen oder für geübte Reiter auch solo, außerdem Ponyreiten für die Kleineren. Verschiedenste Ausritte von 2 bis 8 Std. Dauer mit Islandpferden auf Rømø, auf Mandø (s. rechte Spalte) sowie auf der Megasandbank Koresand (S. 100) organisiert **Rømø Islændercenter,** der Reiterhof des Kommandørgården (s. Unterkunft). Auch Optionen für Reiterferien inkl. Unterkunft.

Rømø Jazz an einem Wochenende in der ersten Junihälfte in Lakolk mit sehr traditionellem, aber hochkarätigem Jazz. Programm: www.romo-jazz.dk.

Hafenfest mit Tanz, Musik und etwas Jahrmarkt in Havneby Anfang Aug.

Drachenfestival am ersten vollständigen Wochenende (Fr–Sa) im September auf dem Strand von Lakolk mit internationaler Beteiligung.

Bahnhof Skærbæk an der Strecke Niebüll – Tønder – Esbjerg. Häufige **Busverbindungen** Skærbæk – Rømø sowie auf der Insel bis Havneby.

Fähre Havneby – List (Sylt), 40 Min., bis 7 x tgl. (Syltexpress [9]), Tel. 7375 53 03 oder in Deutschland Tel. 01803 10 30 30. Sonderangebote für Tagesausflüge.

Mandø: Tidenabhängig

Reiseatlas: S. 234, B 2–B 3

Ab dem Vadehavscentret (S. 92) von Vester Vedsted startet ein- oder zweimal am Tag ein übergroßer Trecker, an den ein oder mehrere Anhänger für Passagiere gehängt werden: der Mandø-Bus. Solange der Wasserstand es erlaubt, fährt er auf dem Meeresboden zur Insel Mandø, eine Alternative ist der Låningsvej, ein Weg über eine aus grobem Schotter aufgeschüttete Piste, die bei Flut ebenfalls unter Wasser steht.

Wer mit dem eigenen Wagen auf die Insel will, sollte nur den Låningsvej benutzen, aber auch den mit Vorsicht: Informieren Sie sich sorgfältig über sichere Zeiten, denn immer wieder werden Fahrzeuge von der Flut überrascht, in den meisten Fällen mit Totalschaden und hohen Bergungskosten verbunden, für die keine Versicherung aufkommt.

Mit dem unbezähmbaren Meer hat man auf Mandø zu leben gelernt: Die erste ›Große Manntränke‹ 1362 machte die Insel von Fanø selbständig und die zweite 1634 verschlang das alte Inseldorf, ein neues wurde an seinem heutigen Platz angelegt. Auch der ist nur relativ sicher: Die ersten Inseldeiche aus dem 19. Jh. brachen 1911 und 1923, ein neuer von 1937 brach 1981 gleich an mehreren Stellen.

Heute trotzen diesen Bedingungen ganzjährig nicht einmal mehr 60 Menschen, Tendenz fallend: 1994 wurde die Grundschule geschlossen, die wenigen verbliebenen Kinder müssen nach Vester Vedsted zum Unterricht.

Für Gäste dient mitten im Dorf der kooperative Inselladen ›**Mandø Brugs**‹ als ›Mädchen für Alles‹. Außerdem bietet die kleine Insel einige Ausstellungen zu ihrer Natur und Kulturgeschichte. Das Wattenmeer ist Thema einer frei zugänglichen Naturausstellung im **Mandø Center,** während das **Mandø Museum** in einem alten Skipperhaus, **Mandø Huset** (Sdr. Strandvej 6A; jeweils 45 Min. vor Rückfahrt des Busses zum Festland), eine volkskundliche Inselsammlung zeigt. Frei zugänglich ist die **Mandø Mølle** (S. 70), eine Hollandmühle aus dem 19. Jahrhundert mit historischem Innenleben am Ortseingang. Fotogen zeigt am Weststrand, gleich unterhalb des Mandø Centre am Zugang zum Wattenmeer, eine **Sturmflutsäule** Wasserstände von Katastrophenfluten.

Megastrand Koresand

Mandø liegt anders als Rømø und Fanø mitten im Watt. An den Inselstrand vor den Dünen lecken die Wellen nur bei Flut, bei Niedrigwasser bleibt ein Schlick- und Sandwatt zurück. Aber fehlt Mandø der Sandstrand am offenen Meer wirklich? Vor den Deichen streckt sich Dänemarks, vielleicht der Welt breitester Sandstrand Koresand fast 10 km Richtung Südwesten. Die Gipfel dieses Hochsands werden nur bei extremsten Sturmfluten überspült,

während die flachen Areale direkt vor Mandøs Wiesen schon bei normalem Hochwasser und während Nipptiden sogar bei Niedrigwasser ›Land unter‹ sind – Koresand macht sich damit zweimal am Tag selbständig.

Ab Mandø werden regelmäßig Fahrten mit Trecker und Leiterwagen in diese bizarre Welt angeboten. An manchen Stellen glaubt man sich in einer unendlichen Sandwüste, dann steht man plötzlich wieder am Meer. Bernstein findet man – vom kundigen Treckerfahrer geleitet – bei fast jeder Fahrt, und am Rande der Rinne Juvre Dyb, die Koresand von der Nordspitze Rømøs trennt, liegen oft Seehunde. Besuche auf Koresand in eigener Regie, vor allem, wenn sie sich über eine ganze Tide erstrecken, sollte man nur nach Absprache mit Ortskundigen realisieren.

Mandø besitzt kein offizielles i-Büro, die Rolle nimmt der Dorfladen wahr: **Mandø Brugs,** Mandø Byvej 1, Mandø, Tel. 75 44 51 02, www.mandoetourist.dk. Zuständig sonst Ribe Turistbureau (S. 91).

 Mandø Center: Vestervej 1, Tel. 75 44 53 54, Fax 75 44 53 58. Das moderne Inselcenter besitzt eine kleine Cafeteria (günstig) und wenige Zimmer, das Doppel für 500 DKK. **Mandø Kro:** Mandø Byvej 26, Tel. 75 44 60 83, Fax 75 19 80 83. Preiswerte Küche und 16 Zimmer, das Doppel für 450 DKK. Buchung von **Ferienhäusern** und Reservierungen für den einfach ausgestatteten **Campingplatz** über Mandø Brugs (s. o.).

Mandø Bus: Fahrplan tidenabhängig, Info Tel. 75 44 51 07 oder mobil 40 76 76 79, www.mandoebussen.dk; im

Sommer sind immer Tagesausflüge mit mehrstündigem Inselaufenthalt möglich. Anfragen nach sicheren Zeiten für Selbstfahrer: Mandø Bus, i-Büro Ribe oder Mandø Brugs.
Exkursionen zum Koresand ebenfalls tidenabhängig; Infos, Buchung sowie Abfahrt am Mandø Brugs.

Fanø: Das Seereiseziel

Reiseatlas: S. 234, A 2–B 2
Fanø ist mit 55 km^2 nur wenig mehr als halb so groß wie Rømø, hat aber gut viermal so viele Einwohner. Von den knapp über 3200 Menschen leben gut 80 % in Nordby im Norden der Insel, das sind die Fanniker, sorgfältig zu unterscheiden von den etwa 400 Sønderhoninger aus dem malerischen Sønderho im Süden.

Das Bad des Königs

Als Mitte des 19. Jh. die ersten Urlauber auf die Insel kamen, orientierten sie sich nach Osten an die Wattküste. Bald jedoch wurde der raue Charme der Westküste entdeckt und diese immer »stärker besucht von Leuten, die sich mit den brackigen, kleinen Wellen des Sundes nicht mehr begnügen, sondern den Anprall der salzreichen Brandung der Nordsee selbst gegen ihren Rücken fühlen wollen«, wie Henrik Pontoppidan 1890 bemerkte.

Um die Jahrhundertwende blühte Fanø Vesterhavsbad – heute kurz **Fanø Bad** 1 – so richtig auf, weil ein blaublütiger Promi-Gast das Geschäft belebte: Dänenkönig Christian IX., bekannt als Europas Schwiegervater – ein

Sohn auf dem griechischen, ein Enkel auf dem norwegischen Thron, die älteste Tochter verheiratet mit Englands Edward VII., die zweite mit Zar Alexander III. – machte hier mit Teilen seiner Familien Ferien. Von der mondänen Eleganz des Fanø Vesterhavsbad sind nur ein paar kleinere Villen hinter den Dünen erhalten, heute prägen moderne Apartmentanlagen und Ferienhäuser das Bild.

Als der Rausch der Geschwindigkeit in den 1920er Jahren die Autowelt erfasste, konkurrierte Fanøs Strand mit den Salzseen von Utah. So fuhr der Engländer Malcolm Campbell auf der Insel seine ersten Rekorde, in den USA schaffte er später als erster Mensch mehr als 400 km/h. Als ein Kind unter den Zuschauern bei einem Unfall getötet wurde, hatte die Raserei ein Ende. Heute gilt eine Höchstgeschwindigkeit von 30 km/h auf den Strandpassagen.

Sønderho: Konservierte Boomtown

Erst im 18. Jh. erhielten die Bewohner von Fanø lange entbehrte Privilegien, die die Wirtschaft ihrer Insel aufblühen ließen, vor allem Schiffbau und Handel: Aus den armen Landpächtern wurden stolze Schiffsbauer, Reeder und Kaufleute. Bis zum Niedergang der Segelschifffahrt und dem Bau des Hafens in Esbjerg Ende des 19. Jh. verließen über 1000 Segler die Werften der Insel, und die auf Fanø registrierte Handelsflotte war die zweitgrößte Dänemarks, nur von der Kopenhagens übertroffen.

Zu Beginn der goldenen Jahre liefen die Geschäfte in Sønderho besser, später übernahm Nordby die Führungsrolle und behielt sie. Die wirtschaftliche Stagnation bedeutete für Sønderho eine Art Denkmalschutzprogramm, seit 1928 kümmert sich sogar ein Verein darum. So ist Sønderho heute eine reetgedeckte Idylle, die Straßen eng und winkelig, wurden nie dem Autoverkehr angepasst. Im Sturz vieler Türen und Fenster der typischen Langhäuser taucht jener Fries in den Farben Grün, Weiß und Schwarz – Geburt, Leben und Tod – auf, der fast ein Wahrzeichen von Fanø ist.

Romantischer Höhepunkt des Dorfes ist der **Sønderho Kro** 12, seit 1722 der Dorfkrug. Er duckt sich hinter dem Deich am Südostende der Insel, früher lagen davor die Segler dicht an dicht auf Reede; einen richtigen Hafen gab es nie. Ein paar Meter östlich kann man sich an eine **Sturmflutsäule** 2 lehnen und ablesen, wann einem das Wasser bis zum Halse gestanden hätte …

Schatten des Geldes

Solange alles gut ging, brachte die Seefahrt den Familien Wohlstand, aber es ging nicht immer gut: 14 Votivschiffe in der **Dorfkirche von Sønderho** 3 (So–Fr 8–16 Uhr) zeugen von Rettungen aus höchster Not. Und ein Stück den Landevej nach Norden belegt das Denkmal für die verschollenen Männer aus Sønderho die Gefahren hinter dem Wirtschaftswunder. Allein im Katastrophenwinter 1825 verloren 40 Frauen ihre Männer und mehr als 100 Kinder ihre Väter. Das reiche Sønderho wurde in weitem Umkreis nur ›Stadt der Witwen und Waisen‹ genannt.

Sehenswürdigkeiten

1 Fanø Bad
2 Sturmflutsäule
3 Sønderho Kirke
4 Hannes Hus
5 Rettungsstation
6 Fanø Kunstmuseum
7 Fanø Skibsfarts- og Dragtsamling
8 Fanø Museum
9 Hundesäule
10 Pælebjerg
11 Vogelkojen

Übernachten/Essen & Trinken

12 Sønderho Kro
13 Fanø Krogaard
14 Hotel Fanø Badeland
15 Nordby Kro
16 Hos Apel
17 Café Nana's Stue
18 Café Restaurant Ambassaden

Auch der Mann von Hanne Sørensen kam von einer Fahrt nach Island nicht zurück, da war sie gerade 34 Jahre alt. Hanne trauerte und ließ das gemeinsame Heim in Sønderho erstarren. Auch ihre Tochter Karen, die später darin lebte, änderte fast nichts. So kam das Objekt 1965 an eine Stiftung und ist heute als **Hannes Hus** 4 ein kulturhistorisches Museum: So lebten die Skipper von Fanø im 19. Jh. (Øster Land 7, Tel. 75 16 40 90, Juli–Aug. tgl., Juni und Sept. Sa/So 15–17 Uhr).

Um die Sicherheit in den Gewässern rund um die eigene Insel sorgten sich die Sønderhoninger aber auch: Ab

FANØ

0   3 km

1889 gab es eine **Rettungsstation** [5] an dem Weg, der bis heute vom Dorf durch die Dünen zum Weststrand führt. Das für die dänische Küste typische Walmdachhaus mit dem großen grünen Tor und den beiden überkreuzt aufgemalten Spitzflaggen beherbergt eine Ausstellung über die gefährliche Arbeit der Rettungsmänner an der Küste (Juli u. Aug. Sa, So 15–17 Uhr).

Kunst beim Kaufmann, Fliesen in der Molkerei

Dass die Seefahrerei nicht alles im Leben ist, auch nicht in Sønderho, zeigt das **Fanø Kunstmuseum** [6] im Kromanns Hus (Nordland 5, Tel. 75 16 40

44, Ostern–Okt. Di–So 14–17 Uhr) mit Werken jener Maler, die ab Mitte des 19. Jh. regelmäßig zum Arbeiten auf die Insel kamen. Kromanns Hus war früher Dorfladen. Der wurde im Stil des 19. Jh. erhalten und dient als Eingang.

Das ist nicht die einzige ›Umnutzung‹ in Sønderho: In den Räumen der alten Genossenschaftsmolkerei können Sie sich bei Bier oder Kaffee und Kuchen im **Café Nana's Stue** [17] über niederländische und friesische Fliesenkunst informieren: Das Lokal beherbergt die **Fanø Fliesesamling** (Öffnungszeiten des Cafés, in der Hochsaison tgl., sonst Fr–So ab 12 Uhr). Die kleinen quadratischen Kunstwerke brachten Seeleute auf die Insel.

Nordby – Fanøs Stadt

Das größere Nordby hat als Standort einer bedeutenden dänischen Seefahrtsschule und als Heimat vieler aktiver Seeleute die seefahrerische Tradition bewahrt. Das Städtchen besitzt auch romantische Winkel mit reetgedeckten Häusern, aber nicht in der Geschlossenheit wie Sønderho.

Die Seefahrt der Männer und wie ihre Frauen unterdessen das Familienleben auf der Insel organisierten sind Themen im **Fanø Skibsfarts- og Dragtsamling** [7] (Hovedgade 28, Tel. 75 16 22 72, tgl. außer So Mai–Sept. 11–16, sonst 11–13 Uhr, Dez./Jan. geschlossen). Schiffsmodelle, historische Fotos und die auf Fanø noch sehr populären Trachten werden gezeigt, ebenso Modelle der Fanø-Orte Mitte des 19. Jh. und zwei komplett eingerichtete Zimmer eines Kapitänshauses.

Gefährliches Galgenriff

Søren Jessen Strand, Fanøs etwa 5 km langer Nordwestarm, ist von Süden zugänglich und wird nur bei Sturmfluten überspült. Im Norden wird die Sandbank jedoch vom Rest der Insel durch den Priel Hamborgerdybet getrennt – der ist lebensgefährlich und kann nicht durchquert werden. Noch tückischer ist **Galgerev** vor der Südwestspitze: Bei Niedrigwasser lockt die Sandbank zu Spaziergängen, wird bei Flut aber 1,5 m hoch überspült. Dabei läuft das Wasser zuerst zwischen das ›Galgenriff‹ und den Hauptstrand. Der Tidenhub um Fanø beträgt durchschnittlich etwa 160 cm.

Beim Trachtenfest auf Fanø

Unscheinbarer wirkt das kulturhistorische **Fanø Museum** ⑧ (Skolevej 2, Nordby, Tel. 75 16 61 37; Juli–Aug. Mo–Fr 11–16, Juni, 1. Hälfte Sept. und Woche 42 Mo–Sa 11–14 Uhr), das auch ›Souvenirs‹ zeigt, die Fanøs Seeleute aus aller Welt mitgebracht haben.

Ein spezielles Souvenir bekam sogar ein Denkmal: Die **Hundesäule** ⑨ gegenüber dem Fähranleger von Nordby. Hundefiguren aus feinstem Porzellan, von Chinafahrern mitgebracht, waren ursprünglich Statussymbole und wurden für jeden sichtbar ins Fenster gestellt. Bald bekamen sie noch eine symbolische Aufgabe, denn ›sie schauten immer nach ihrem Herrn‹. Blickten sie aus dem Fenster, war der Mann unterwegs, blickten sie ins Zimmer, war er daheim – wen immer das interessieren mochte. Diese Symbolik diente bald den Huren in den Häfen als Zeichen, ob sie frei oder besetzt waren, und da die Frauen offiziell keinen Lohn für ihre Liebesdienste nehmen durften, verkauften sie die Hunde, die schon lange nicht mehr aus chinesischen Manufakturen, sondern aus englischen Fabriken stammten, zu etwas überhöhten Preisen an ihre Freier. Aus illegalen Gunst- wurden somit legale Kunstgewerblerinnen. Die Skulptur von

Poul Isbak heißt offiziell ›De To Hunde‹, aber irgendwie ist es auch das einzige Denkmal für Hurenlohn auf der Welt.

Das Zwischenland

Um Sandflug zu bremsen, wurde ab 1892 zwischen Nordby und Sønderho inmitten einer kargen Heide- und Dünenlandschaft die **Fanø Klitplantage** angepflanzt. Heute ist der Forst von markierten Wegen durchzogen. Den Blick über Wald und Dünen verschafft der Aufstieg auf den 21 m hohen **Pælebjerg** [10].

Im Osten, auf der Wattseite am Ufer der Albue Bucht, existieren noch zwei von einst vier ›**Vogelkojen**‹ [11]. Aber keine Sorge: Seit 1931 werden diese Anlagen mit ihren großen Vogelreusen nicht mehr zur finalen Jagd von Enten benutzt (Albue Fuglekøje Saison Di, Do und Sa 13.30–17 Uhr, geringer Eintritt; Sønderho Fuglekøje freier Eintritt).

 Fanø Turistbureau: Færgevej 1, Nordby, 6720 Fanø, Tel. 70 26 42 00, Fax 70 26 42 01, www.visitfanoe.dk.

 Sønderho Kro [12]: Kropladsen 11, Sønderho, Tel. 75 16 40 09, Fax 75 16 43 85, www.sonderhokro.dk. Der zur exklusiven Relais & Châteaux-Hotel-Kette gehörende Traditionskro in Sønderho machte schon als Motiv auf ganzseitigen Anzeigen eines dänischen Schnapsherstellers überall in Mitteleuropa Furore: So romantisch stellt man sich eben Dänemark vor. 14 Zimmer, mit Frühstück ca. 1100–1680 DKK. Gourmet-Pakete mit Übernachtung, Frühstück und 3-Gänge-Menü sind populär. Die Küche

des Hauses zählt zur Spitze, die Preise sind entsprechend hoch. Spezialitäten sind Kräuterschnäpse, die Wirt Niels Steen Sørensen selbst ansetzt, sowie Würstchen oder Lammkeulen aus dem eigenen Räucherofen.

Fanø Krogaard [13]: Langelinie 11, Nordby, Tel. 75 16 20 52, Fax 75 16 23 00, www.fanoekrogaard.dk. Kro mit über drei Jahrhunderten Geschichte auf dem Dach und viel Atmosphäre darunter nicht weit vom Fähranleger. Saison 895–1095 DKK, Familiensuite für 4 Personen 1395 DKK. Die Küche bietet Deftiges und Traditionelles zu moderaten bis gehobenen Preisen, Kaffee und Kuchen gibt's auch. Im Sommer sitzt man auf der Terrasse mit Blick über den Sund Richtung Esbjerg, Samstagmittag sogar bei Live-Jazz.

Fanø Badeland [14]: Strandvejen 52, Fanø Bad, Tel. 75 16 60 00, Fax 75 16 60 11, www.fanoebadeland.dk. Modernes Apartmenthotel mit hauseigenem Spaßbad und anderen Sporteinrichtungen, ideal für junge Familien. DZ mit Frühstück 825 DKK/Tag, Apartments für 4–6 Personen je nach Saison ca. 2800–6000 DKK/Woche. Angebotspakete auch für Kurzaufenthalte.

Ferienhäuser: Die weit über 2000 Ferienhäuser auf Fanø werden nur zum Teil über die großen Vermieter angeboten (S. 225), viele auch über lokale Anbieter, darunter das **Fanø Turistbureau** oder **Danibo – Fanø Sommerhusudlejning** (Langelinie 9 B, Nordby, 6720 Fanø, Tel. 75 16 36 99, Fax 75 16 29 29, www.danibo.dk) mit gut 700 Objekten auf der Insel.

Camping: Es gibt sieben Campingplätze mit einer Kapazität für insgesamt mehr als 4000 Gäste. Wildes Zelten oder Schlafen im Camper ist auf der ganzen Insel verboten und wird konsequent verfolgt.

 Sønderho Kro und **Fanø Krogaard** S. 106.

Nordby Kro 15: Strandvejen 12, Nordby, Tel. 75 16 35 89). Gehobene, nicht gerade billige Kochkunst am Rande von Nordby. In der Saison aber mittwochs ein für die Qualität recht günstiges Fischbüfett.

Hos Apel 16: Hovedgade 60, Nordby, Tel. 75 16 11 44, Mi–Sa Frokost und Abendessen. Im Zentrum von Nordby, die innovativste Küche, aber durchaus bezahlbar.

Café Nana's Stue 17: (S. 104) Sønder Land 1, Sønderho, Tel. 75 17 40 25. Richtig schnuckelig vom Frokost über die Kaffeezeit bis zum Abendessen. Hier kann man gut und zu moderaten Preisen essen, häufig Livemusik hören und sich alte Fliesen ansehen.

🔒 **Glaspusteriet Fanø:** Hovedgaden 47, Nordby, Tel. 75 16 48 00. Glaskünstlerin Charlotte La Cour lässt sich bei der Arbeit über die Schulter schauen (Mitte Feb. bis Woche 42 Mo–Fr 11–16, Sa 11–14 Uhr) und verkauft Arbeiten in der angeschlossenen Galerie.

Fanø Fisk: Havnevej 4, Nordby, Tel. 75 16 25 10. Fischladen für frischen und geräucherten Fisch.

Fanø Bryghus: Strandvejen 5, Nordby, Tel. 76 66 01 12. Bei der Telefonnummer muss man einfach einen Brand löschen – bisher stehen dafür drei Spezialbiere der kleinen Boutiquebrauerei zur Verfügung (tgl. 11–18, Fr, Sa –20 Uhr).

🍷 **Café Restaurant Ambassaden** 18: Hovedgade 57, Nordby, Tel. 75 16 22 11. Ambitionierte Küche, die dänische Traditionen achtet, aber über den nationalen Tellerrand schaut; im Sommer schöne Openair-Plätze. Sehr kinderfreundlich! Moderate bis gehobene Preise.

⊘ **Surfen, Strandsegeln, Kite-Buggy-Fahren** und der Einsatz von besonders lauten und schweren Drachen ist auf ein Strandareal im mittleren Inselteil

beschränkt. Das i-Büro veranstaltet im Sommer geführte – auch auf Deutsch – **Natur- und Geschichtswanderungen.** Die Themen: Watt, Heide und Vögel, Befestigungen des Atlantikwalls. Es gibt spezielle Touren für Familien mit Kindern.

🎏 Das **Drachenfestival** (Mitte Juni) hat sich mittlerweile über die ganze Länge des Strandes ausgeweitet. Da zu diesem Termin durchschnittlich über 5000 Drachenpiloten auf die Insel kommen, ist es eines der größten und buntesten Festivals seiner Art weltweit.

Fannikerdage in Nordby am 2. kompletten Juliwochenende und der **Sønderhodag** am 3. Julisonntag an der alten Mühle von Sønderho sind Brauchtumsfeste mit viel Musik, Tanz und traditionellen Trachten.

Fanø Musikfestival: Konzertreihe in der Kirche vor Nordby mit renommiertem Klassikprogramm (aktuelle Daten: www.fanokoncerter.dk) jeweils dienstags im Juli und August.

Sønderho Guitarfestival: Konzerte in der Sønderho-Kirche donnerstags im Juli und August. Programme und Tickets (ca. 100 DKK) über das i-Büro.

Buntes Straßentheaterfestival Ende Juli–Anfang August.

🔄 **Fähre** ab Esbjerg; Überfahrt 12 Min., Juni–Aug. alle 20, sonst alle 40 Min. **Scandlines,** www.scandlines.de (Buchungen online möglich), Tel. in Deutschland 01805 11 66 88 (14 Cent/Min), in Dänemark 33 15 15 15. Reservierungen sind vor allem für samstags in der Saison dringend zu empfehlen. Für Exkursionen von der Insel aufs Festland billige Touristentickets beim i-Büro.

Bus: Auf der Insel guter Service mit zahlreichen Abfahrten zwischen Nordby und Sønderho, die meisten über Fanø Bad und den Strand bis Rindby.

ÖLDORADO ESBJERG

Keine 150 Jahre alt und schon Dänemarks fünftgrößte Stadt: Esbjerg ist modern, wirtschaftsstark und selbstbewusst, nennt sich mal ›heimliche Hauptstadt‹, mal ›Kulturhauptstadt im Westen‹, der Hafen nicht minder bescheiden ›Gateway Scandinavia‹: Skandinaviens Tor zur ganzen Welt. Gleich nördlich des Hafens beginnt wieder das Ferienland mit Stränden, Dünen und dem letzten Zipfel Wattenmeer.

Esbjerg: Aus Not verordnet

Reiseatlas: S. 234, B 1

1868 unterschrieb Christian IX. ein Gesetz über die Anlage eines neuen Nordseehafens, den Dänemark für die stetig steigenden Exporte von Landwirtschaftsprodukten nach England dringend brauchte. Vier Jahre zuvor hatte der verlorene Krieg gegen Preußen dem zollfreien Zugang zu den Häfen an der Westküste der Herzogtümer Schleswig und Holstein ein Ende bereitet. Sonst besaß das Land zu diesem Zeitpunkt keinen nennenswerten Hafen an der Nordsee. Grådybet, die Rinne im Wattenmeer, die sich um Fanøs Nordspitze windet und weit in den Sund hinter der Insel hinein reicht, gab den Ausschlag für die Wahl Esbjergs. Grådybet ist tief genug für Hochseeschiffe und kommt nah ans Festlandufer heran.

Als erstes Hafenbecken, das heute der Stadt am nächsten liegt, wurde 1874 **Dokhavn** fertig, später kamen **Sønder-** und **Færgehavn** hinzu, dann die Becken im Norden. So wuchs einer der größten Handelshäfen Skandinaviens heran. Außerdem ist Esbjerg unbestritten die Nummer eins als Servicehafen der dänischen Öl- und Gasförderung in der Nordsee – etwa 2000–3000 Arbeitsplätze bietet allein dieser Bereich. Fast immer sieht man Versorgungsschiffe an den Kais, manchmal dümpeln ganze Plattformen im Hafen, und über der Stadt dröhnen die Helikopter, die zwischen Esbjergs Airport und den Förderanlagen in der Nordsee hin und her pendeln. Neben dem nach wie vor wichtigen Agrarexport – Kühlhäuser und Silos dominieren das Hafenbild – boomt der Container- und Frachtverkehr. Rückläufig ist indes der Fährverkehr nach England, seit auf der Route nicht mehr zollfrei verkauft werden darf.

Hafen im Wandel

Esbjerg, einst auch einer der bedeutendsten Fischereihäfen Europas, hat seine Konsumfischerei fast vollständig aufgegeben. Die Überfischung der Nordsee und die daraus folgenden rigorosen Quotenregelungen machten das Geschäft unrentabel. Stattdessen hat sich im Norden des Hafengebietes eine nicht unumstrittene Industrie etabliert: ›999‹, einer der weltweit größten Produzenten von Fischprotein, verarbeitet hier für den direkten Konsum ungeeignete Fischarten, sogenannten Industriefisch. Die Endprodukte werden u. a. als Viehfutter, Nahrungsergänzung für Sportler und sogar bei der Weinherstellung benutzt. Naturschützer kritisieren, dass die dafür in großem Umfang gefangenen Kleinfische als wich-

tiges Element der Nahrungskette im Meer ausfallen.

Die vergangenen Zeiten leben an einigen Mittwochsterminen in der Hochsaison (Daten beim i-Büro) wieder auf, wenn in der alten **Auktionshalle** 1 Fischauktionen für Touristen stattfinden – nicht nur für Besucher attraktiv, sondern auch für viele alte Fischer ein beliebtes Ereignis. Aber Vorsicht: Winken Sie nicht den netten Leuten aus dem Nachbarferienhaus zu, die Sie gerade in der Menge entdeckt haben … Zum Ersten. Zum Zweiten. Zum Dritten. Der 10-Kilo-Prachtheilbutt gehört Ihnen. Na gut, jetzt können Sie die Nachbarn zum Fisch einladen.

Flohmarkt auf dem Torvet von Esbjerg

Sehenswürdigkeiten

1. Auktionshalle
2. ›Horns Rev‹
3. Fiskernes Mindelund
4. Østergade
5. Musikkonservatorium
6. Marktplatz Torvet
7. Esbjerg Vandtårn
8. Musikhuset Esbjerg
9. Stjernedrys
10. Skt. Nikolaj Kirke
11. Esbjerg Museum
12. Fiskeri- og Søfartsmuseet/
    Saltvandsakvariet
13. ›Mennesket ved Havet‹

Übernachten

14. Hotel Britannia
15. Scandic Olympic
16. Palads Hotel Cab Inn
17. Danhostel Esbjerg
18. Hjerting Badehotel

Essen & Trinken

19. Sand's Restauration
20. Dronningen Louise
21. Jensen's Bøfhus

Nightlife

22. Industrien
23. Multihus Tobakken

Ein paar Meter nördlich der Auktionshalle im Bassin 2 liegt als Museumsschiff fest vertäut der Welt größtes Feuerschiff aus Holz, die 1912 vom Stapel gelaufene ›Horns Rev‹ 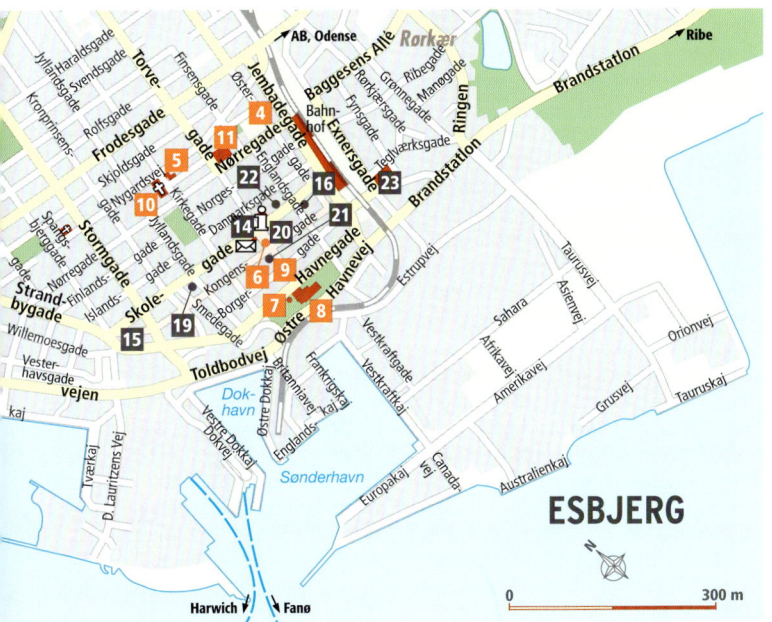2 (Rødspættekaj, Mai–Aug. tgl. 11–16 Uhr). Die Ausstellung an Bord will das Schiff wie in seiner aktiven Zeit zeigen, als es vor Blåvands Huk über einer der gefährlichsten Sandbänke der Nordsee im Einsatz war, über dem Horns Rev (S. 125). Gleich in der Nachbarschaft startet die Hafenbarkasse ›MS Sønderho‹ zur Sælsafari (Seehundtouren mit Hafenrundfahrt, 105 Min., Juli u. Aug. Mo–Do 2–3 x). Ein weiteres Schiff, das ab dem Fischereihafen mit Touristen ausläuft, ist die ›E.1 Claus Søren-

ocn‹. Der 1931 vom Stapel gelaufene Kutter des Fischereimuseums (S. 114) demonstriert regelmäßig Fangmethoden in Grådybet oder in der Ho Bugt (Hochsaison, genaue Termine und Tickets im i-Büro).

Ein paar Meter landeinwärts auf Höhe der nördlichsten Ausläufer des Hafens gemahnt neben dem Hjertingvej die Gedenkstätte **Fiskernes Mindelund** 3 daran, dass die Arbeit auf dem Meer ein harter, manchmal brutaler Broterwerb ist. Hinter jedem der Namen auf der Granitwand steht ein Fischer aus Esbjerg, der nach 1900 auf See umkam und auf den eine Frau oder eine Familie wartete, wie die Skulptur dort zeigt.

Architekturgeschichte kompakt und kopiert

Natürlich bekam der neue Hafen ab 1868 auch seine Stadt. Deren Straßen füllte bald ein faszinierender Querschnitt durch die europäische Architekturgeschichte, denn in der muntersten Bauphase blühte in Dänemark der Historismus: Florentinische Renaissance trifft am Anfang der **Østergade** 4 auf zackige dänische Backsteingotik. Am ehemaligen E-Werk und heutigen **Musikkonservatorium** 5 paart sich – Wiener Schick der Zeit stand Pate – griechisch inspirierter Klassizismus mit Jugendstilelementen. Die **Jugendherberge** am Stadtrand zeigt indes Neobarock, und am zentralen **Marktplatz Torvet** 6 sieht es aus, als hätten Architekten einen regelrechten Retro-Wettstreit betrieben: Wer kann besser in der Vergangenheit räubern?

Am ältesten wirkt das **Ting- og Arresthus** – das Gerichts- und Arresthaus, heute i-Büro – von 1892, das an eine mittelalterliche Burg erinnert; Formen der Gotik sind streng und konservativ umgesetzt, als hätte schon das Gebäude Respekt vor den Richtern hervorrufen sollen. Das Eckhaus von 1906 schräg gegenüber bedient sich der dänischen Backsteingotik und erinnert eher an einen Herrensitz irgendwo in Ostjütland oder auf Fünen denn an ein **Postamt**. Den Vogel schießt das **Bankgebäude** daneben mit seiner auffälligen Fassade in geradezu verspielter Siena-Gotik ab, 1896 entstanden. Auf der anderen Seite des Platzes zeigt sich schließlich das **Café-Restaurant Dronningen Louise** im Look der Neo-

renaissance. Zu diesem Ensemble passt dann ganz gut das **Reiterstandbild** mitten auf dem Platz, das Christian IX. zeigt, der zu Esbjergs Gründerzeit auf dem dänischen Thron saß.

Durch die Lage auf einer Anhöhe noch betont, ragt zwischen City und Hafen im Stadtpark Byparken der **Esbjerg Vandtårn** 7 auf, ein Wasserturm von 1897. Mit seinen vier Seitentürmchen kopiert er ungeniert das mittelalterliche Nassauer Haus in Nürnberg. Von seiner Spitze ist die Aussicht auf Stadt, Hafen, Watt und über die Insel Fanø bis zur Nordsee phantastisch (April–Okt. Sa, So, Juni–Mitte Sept. tgl. 10–16 Uhr).

Esbjergs moderne Seiten

Der Blick vom Turm nach unten fällt indes auf Modernes: Dänemarks Architekturstar Jørn Utzon und sein Sohn Jan bauten hier 1997 das **Musikhuset Esbjerg** 8 mit zwei Sälen. In den Neubau mussten die Utzons ein seit den 1960ern vorhandenes Gebäude integrieren, das **Esbjerg Kunstmuseum** (Havnegade 20, Tel. 75 13 02 11, tgl. 10–16 Uhr). Das zeigt dänische Kunst ab dem ›Modernen Durchbruch‹ der 1920er Jahre bis zur Gegenwart. Ein Schwerpunkt ist der Konstruktivismus, dessen wichtigster dänischer Vertreter Robert Jacobsen (1912–93) gut vertreten ist.

In ganz andere Welten kann man vorstoßen, bummelt man im Dunkeln zwischen Torvet und Musikhuset: In das Pflaster dieses Abschnitts der Torvegade sind 288 ›Sterne‹ zur Lichterskulptur **Stjernedrys** 9 eingelassen

Robben hinter Glas im Fischereimuseum von Esbjerg

und bilden Sternzeichen aus dem Nachthimmel über Esbjerg vom 1. 1. 2000 um 00:01.

Neben Jørn Utzon ist noch ein dänischer Architekt, der einer Weltstadt seinen Stempel aufdrückte, in Esbjerg vertreten: Johan Otto von Speckelsen (1929–87) entwarf für Paris den 110 m hohen Triumphbogen der Menschheit – La Grande Arche – und für Esbjerg 1969 die katholische **Skt. Nikolaj Kirke** 10 (Kirkegade 58, Zugang bei kirchlichen Handlungen beschränkt), ein spartanisch wirkender Kubus.

Ihr gegenüber das schon erwähnte erste E-Werk der Stadt. Das bekam 1998 nach aufwendiger Renovierung eine neue Bestimmung als **Vestjysk**

Musikkonservatorium 5 (Kirkegade 61/H. C. Ørstedsgade) und ist wahrlich eine Architekturperle geworden, Außen wie Innen. Dort, wo früher Turbinen surrten, ist heute ein Konzertsaal, künstlerisch extravagant gestaltet und ob seiner Akustik hoch gelobt. Auch das **Café Ørsted** des Konservatoriums lohnt einen Besuch, dort gibt es oft kleine Konzerte. Wahrzeichen des Konservatoriums ist die Zeit-Installation **Uret** (›Uhr‹) von Thorbjørn Lausten auf dem Vorplatz zur H. C. Ørstedsgade hin.

Bernstein und Robben

Die H. C. Ørstedsgade ist dabei, Esbjergs Kultur- und Museumsmeile zu werden: Vom Konservatorium führt sie auf das **Esbjerg Museum** 11 zu. Es besitzt u. a. eine große Bernsteinsammlung sowohl von Natur- als auch von Schmucksteinen – die ältesten sind gut 10 000 Jahre alt – und trägt damit zu Recht den Untertitel Vestjyllands Ravmuseum, ›Westjütlands Bernsteinmuseum‹ (Torvegade 45, Tel. 76 16 39 39, tgl. 10–16 Uhr, Sept.–Mai Mo geschl.).

Das mit Abstand am meisten besuchte Museum der Stadt, **Fiskeriog Søfartsmuseet/Saltvandsakvariet** 12, liegt 4 km nördlich des Zentrums. Der Name ›Fischerei- und Seefahrtmuseum/Salzwasseraquarium‹ sagt schon einiges darüber, was man erwarten darf: Neben mehr als zwei Dutzend Aquarien mit Getier aus den dänischen Gewässern, einem Saal mit Szenen aus Fischerei und Seefahrt und einem sehr konventionellen Raum zur

Schifffahrt gibt es ein weitläufiges Freigelände mit Schiffen, Wracks, Küstensiedlungen, einem kleinen Hafen, einer Rettungsstation und sogar einem Atlantikwallbunker. Besuchermagnet ist jedoch das Freiluftbecken der Robben und dies besonders zur Fütterungszeit tgl. 11 und 14.30 Uhr (Tarphagevej, Tel. 76 12 20 00, tgl. 10–17, Juli–Aug. bis 18 Uhr).

Männer und Mäuse

Nur ein paar Schritte vom Museum entfernt hocken über der Uferbefestigung am Sædding Strand vier strahlend weiße Männer, jeder 9 m hoch und mehrere Tonnen schwer, moderne Brüder der Steinskulpturen auf den Osterinseln. Auf den ersten Blick einander zum Verwechseln ähnlich, gibt es im Detail doch Unterschiede – achten Sie einmal auf die Zehen. Svend Wiig Hansen (1922–97), einer der Großen der dänischen Gegenwartskunst, schuf 1995 diese Skulptur **Mennesket ved Havet** 13, ›Der Mensch am Meer‹.

Wer nördlich der Stadt auf der Straße [463] unterwegs ist, gestaltet sogar Kunst, am besten sichtbar bei Dunkelheit: Ein paar hundert Meter westlich der Abfahrt 75 von der Autobahn E 20 liegt neben der Straße der **Lyshøjen,** Dänemarks größtes Kunstwerk. Der Hügel hat einen Durchmesser von 180 m und ist übersät mit Strahlern, die Licht in den Himmel werfen. Die sind mit Fühlern in der Straße verbunden, und je dichter der Verkehr, desto heller das Licht. Im Volksmund ist Lyshøjen übrigens auch als ›Mäusehügel‹ bekannt, denn die kleinen Nager lieben offensichtlich die Wärme, die die Strahler in die Erde abgeben.

Strandpromenade und Kirchenkunst: Hjerting

Verlässt man Esbjerg nach Norden, dann findet man schon zu Füßen der Männerskulptur ein erstes Stück Strand, und bald rollt man über die Promenade von Hjerting, Esbjergs Badeort und deutlich älter als die Stadt. Die Szenerie bietet hier ein für die dänische Nordseeküste ungewohntes, eher ein mediterranes Bild: Nur eine kleine Mauer trennt den schmalen Sandstrand von der Straße, über die an heißen Sommertagen gern junge Männer im Cabrio cruisen.

Dort, wo die Hauptstraße das Meer schon ein paar hundert Meter hinter sich gelassen hat, fällt die **Hjerting Kirche** durch ihre moderne Architektur ins Auge, Attraktion wird sie dank ihrer künstlerischen Ausgestaltung. Fenster, Altarleuchter und die Figurengruppe an der Altarwand aus vergoldetem Eisen und Schrott mit Szenen aus der Karfreitagsgeschichte schuf kein geringerer als Robert Jacobsen (S. 112). Das ist Kirchenkunst, die jedes Museum für Moderne Kunst gern an den Wänden hätte.

Esbjerg Turistkontor: Skolegade 33, 6700 Esbjerg, Tel. 75 12 55 99, Fax 75 12 27 67, www.visitesbjerg.dk.

Hotel Britannia 14: Torvegade 24, Tel. 75 13 01 11, Fax 75 45 20 85, www.britannia.dk. Modernes Businesshotel, sehr zentral; DZ regulär ca. 1200

Weltmarke Hjerting Laks

Hjerting ist Jütlands Lachsmetropole. Viel zu diesem Ruf trägt ein Unternehmen bei, das seit 1916 inzwischen in vierter Generation Lachs sowie andere maritime Leckereien räuchert und weltweit verkauft: **Hjerting Laks.** Die moderne Großräucherei bietet einen günstigen Direktverkauf ›on demand‹: Man bestellt mindestens einen halben Tag vor Abholung (Bytoften 3, Mo–Fr 10–16 Uhr) per Telefon (75 11 52 22), Fax (76 13 23 46), Internet (www.hjerting-laks.dk) oder durch Abgabe eines Bestellscheins im Büro. Alle Produkte werden auf Wunsch für längere Transporte eingeschweißt.

DKK, oft Sommer- und Wochenendrabatte.

Scandic Olympic 15: Strandbygade 3, Tel. 75 18 11 88, Fax 75 18 11 08. Ordentliches Businesshotel am Nordende der Fußgängerzone; DZ regulär 1250 DKK, große Rabatte in den Sommerferien und an Wochenenden.

Palads Hotel Cab Inn 16: Skolegade 14, Tel. 75 18 16 00, Fax 75 18 16 24, www.cabinn.com/esbjerg. Ein altes Hotel mit dem neuen Discount-Konzept einer Kette, die mit genormten Zimmern im Stil von Schiffskabinen in Dänemark recht erfolgreich ist – klein, funktional, preiswert. Die einfachsten Zimmer online schon ab ca. 525 DKK, es gibt aber auch ›Suiten‹ für knapp unter 1000 DKK.

Danhostel Esbjerg 17: Gl. Vardevej 80, Tel. 75 12 42 58, Fax 75 13 68 33, www.

115

danhostel.dk/esbjerg. Großzügige Aufenthaltsräume und viele Familienzimmer (nur ohne Bad/WC), z. B. 4 Pers. 480 DKK, Frühstück 50 DKK/Pers extra.

Hjerting 18: Strandpromenaden 1, Hjerting (7 km nördl.), Tel. 75 11 70 00, Fax 75 11 76 77, www.hotelhjerting.dk. Traditionsreiches Badehotel (DZ bzw. Suiten ca. 825–1500 DKK; Sommerangebote online).

🍴 **Green Garden:** Im Hotel Britannia 14. Gourmetrestaurant der gehobenen Preisklasse, immer ein Fisch- und ein vegetarisches Menü auf der Karte; günstiger das **Café Bøgen** im selben Haus; im Sommer Gartenlokal.

Gourmetrestaurant Strandpavillonen: Im Hotel Hjerting 18. bietet viel Fisch auf der Karte; teuer.

Josef Kunstpavillonen: Havnegade 20, Tel. 75 12 64 95. Restaurant im Musikhaus/Kunstmuseum 8 mit traumhaftem Blick über den Hafen. Bei Veranstaltungen im Musikhaus oft ausgebucht.

Sand's Restauration 19: Skolegade 60, Tel. 75 12 02 07. Ein Muss: Viel Atmosphäre, dänische Küche, mittags berühmt für seine Frokost-Gerichte; moderate Preise. Im Sommer auch Gartenlokal.

Dronningen Louise 20: Torvet 19, Tel. 75 13 13 44. Café-Restaurant mit moderaten bis gehobenen Preisen, mittags günstige Frokostgerichte; im Sommer Sa 13–16 Uhr oft Live-Jazz.

Café Ørsted: Mensa im Musikkonservatorium 5, Mo–Fr 8–16 Uhr während der Vorlesungszeit Sept.–Mitte Juni sowie bei allen Konzerten im Hause; preiswerte Mittagsgerichte.

Jensen's Bøfhus 21: Torvegade 10, Tel. 75 18 18 70, tgl. ab 11–ca. 22 Uhr. Filiale der erfolgreichen und preiswerten Familienrestaurant-Kette mit betont lockerem Service und deftigen Fleischportionen. Für Nimmersatte: Jensen's Originale Barbecue Ribs für ca. 150 DKK werden nachgelegt, bis der Gast kapituliert. Und Kids lieben das Soft-Ice-Büfett mit diversen Streuseln und Saucen – für 34 DKK schlecken bis zum Schlechterwerden.

🛍 Fußgängerzone **Kongensgade** mit großem Angebot quer durchs Zentrum, billige Verramscher-Läden zum Süd-, edlere zum Nordende hin.

Wochenmarkt Mi u. Sa 8–13 Uhr auf dem Rathausplatz, **Flohmarkt** Mitte Juni–Anfang Sept. Mo auf Torvet.

Fabrikverkauf der Räucherei **Hjerting Laks** (S. 115).

Für Kinder: Der international für seine hochwertigen aber teuren Kinderschuhe bekannte Hersteller Bundgaard ist in Esbjerg zu Hause und verkauft Ware mit kleinen, oft nicht erkennbaren Fehlern aber deutlichen Preisnachlässen über den Schuhladen **August Hansen Sko** (Jernbanegade 64, Tel. 75 12 10 05) nahe dem Bahnhof.

🍺 An Skolegade und Torvet mehrere Kneipen und Discos mit Öffnungszeiten an Wochenenden bis 5/6 Uhr, u. a. der Nachtclub im Dronningen Louise (s. o.) 20 und **Industrien** 22 (Skolegade 27a, Tel. 75 13 61 66; Do–Sa bis 5, sonst bis ca. 24 Uhr), ein Treffpunkt mit alternativem Touch. Oft Livemusik.

🏖 **Baden:** Schmaler, lebhafter Sandstrand in Hjerting (8 km nördl.; Windsurfer sollten die strengen Naturschutzregeln in der Ho Bugt beachten!).

🎭 Esbjerg besitzt drei ausgezeichnete Spielstätten für Theater und Musik, die ein weites Kulturspektrum abdecken: **Musikhuset Esbjerg** 8: Havnegade 18, Tickets Tel. 76 10 90 10, www.mhe.dk. Sowohl für Hochkultur als auch für größere Popkonzerte.

Mullihus Tobakken 23: Gasværksgade 2, Tickets Tel. 75 18 00 00, www.tobakken .dk. Ausstellungen, Theateraufführungen, Konzerte und kleine Festivals von Folk über Jazz bis Rock.

Vestjysk Musikkonservatorium 5: Kirkegade 61, Tel. 76 10 43 00, Programm www.vmk.dk. Konzertsaal und Café Ørsted; im Café gibt es traditionelle Konzerttermine Do 20 Uhr und Fr 12.10 (!) Uhr sowie So 15 Uhr (Vorlesungszeit Sept.– Mitte Juni), aber nicht jede Woche werden alle Termine gefüllt.

Musikfstivals: Esbjerg erlebt jedes Jahr mehrere **Openair- und Zeltkonzerte** meist mit Rockmusik sowie die **Esbjerg Festuge** im August (Woche 33) mit einem breiten, internationalen Programm. In den beiden letzten Augustwochen hat sich seit 1999 das **Esbjerg International Chamber Musik Festival,** ein internationales Kammermusikfestival, im Musikkonservatorium etabliert; Programm unter www.eicmf.dk oder über das i-Büro erhältlich.

Bahn: Wichtigste Station für Südwestjütland, mehrmals tgl. nach Kopenhagen und im Sommer Verbindung nach Niebüll.

Fähren: Nach Fanø (S. 101) und England (Harwich).

Flughafen: 10 km östlich.

Ho Bugt: Jedes Watt hat ein Ende

Reiseatlas: S. 234, A 1

Der **Marbæk Forst** ist ein wunderschönes Naherholungsgebiet mit markierten Wanderwegen, zwei idyllischen Seen, mehreren prähistorischen Fundstätten und einer abwechslungsreichen Küste. Von deren Anhöhen lässt sich die Ho Bugt gut überblicken, der nördlichste Zipfel des europäischen Wattenmeers und im Frühjahr und Herbst ein bekannter Rastplatz der Zugvögel. Mittendrin die Insel **Langli,** die vor 1634 die Spitze einer Landzunge war.

Heute ist die Insel in Staatsbesitz und ein Forschungsobjekt mit strengen Zugangsregeln: Die Insel darf nur Mitte Juni bis Mitte September über einen Ebbeweg (ca. 1,5 Std. Fußweg) betreten werden, am besten auf geführten Naturwanderungen (Details bei den i-Büros Oksbøl oder Blåvand, S. 128).

Unterschiedlich strenge Zugangsregeln gelten für die Naturschutzzonen auf der Halbinsel **Skallingen,** die die Ho Bugt von der Nordsee trennt. Der Weststrand ist von markierten Parkplätzen aus zugänglich.

Die große Sturmflut 1634 veränderte hier die Landkarte radikal. Noch im Mittelalter schwenkte die Küste bei Blåvands Huk (S. 124) scharf nach Osten und verlief geradewegs auf Hjerting zu. Am Ufer lag Sønderside, nach zeitgenössischen Beschreibungen der größte Fischereihafen an Jütlands Küste und zudem ein wahres Sodom und Gomorrha. Da passte es einigen Puritanern ganz gut in die Propaganda, dass sich das Meer bei der ›Großen Manntränke‹ 1634 den ganzen Ort holte. Danach erst wuchs Skallingen heran. Immer wieder wollte man mit Küstenbefestigungen die Formen der Halbinsel stabilisieren, aber alle Versuche scheiterten. Heute darf sie sich ohne Rücksicht auf die Kartographie entwickeln. Skallingen ist nur von Norden über Oksbøl und Blåvand zu erreichen, und da beginnt dann die Haffküste.

BILLUND UND DER NOPPENSTEIN

Gibt es in unseren Breiten Kinder, die nie mit Spielzeug aus Billund in Berührung kommen? Kaum! In der Kleinstadt im zentralen Jütland entstand aus einer Schreinerwerkstatt, die in den 1930er Jahren Holzspielzeug für den Haustürverkauf fertigte, ein Weltunternehmen mit global 4500 Mitarbeitern und Produktionsstätten in zahlreichen Ländern: 1934 führte Firmengründer Ole Kirk Christiansen ein Kunstwort für seine Produkte ein: LEGO, gebildet aus *leg godt,* auf Deutsch ›spiele gut‹. In den 1950ern gab Ole Kirks Sohn Godtfred Plastiksteinen, die die Firma im Programm hatte, jene Noppen, die für den Zusammenhalt sorgten – der legendäre LEGO Stein war geboren. Zweimal wurde er zum ›Spielzeug des 20. Jahrhunderts‹ gekürt. Weil Kinder des 21. Jh. mit dem Häuslebaue allein aber nicht mehr zufrieden sind, können sie heute computergesteuerte Roboter mit den Noppensteinen konstruieren oder in Welten eintauchen, die sich an Buch- und Filmhits wie Harry Potter und Star Wars anlehnen. Trotzdem begann das neue Jahrtausend für den Konzern mit einer Krise. Kjeld Kirk Kristiansen, Enkel des Firmengründers, ist zwar noch größter Anteilseigner und laut Forbes Liste der Milliardäre der reichste Däne, doch gab er das operative Geschäft 2004 in die Hände eines familienfremden Managers.

Das Hauptquartier des LEGO Konzern blieb trotz aller Globalisierung in Billund. Als dort immer häufiger nach Fabrikbesichtigungen gefragt wurde, schuf man sich einen überdimensionalen Showroom: Am 7. Juni 1968 öffnete LEGOLAND Billund. Auf 300 000 Besucher hoffte man im ersten Jahr, über 600 000 kamen. Zwar gab der LEGO Konzern im Rahmen seiner Konsolidierung 2005 die Parks – inzwischen gibt es weltweit vier sowie seit 2007 einen Indoor-Ableger in Berlin – an ein Unternehmen ab, das auf den Betrieb von Freizeitparks spezialisiert ist, aber die Anbindung an LEGO Produkte bleibt ebenso wie die Zielgruppe: 2- bis 12-Jährige und ihre Familien.

In den LEGOLAND Park Billund kommen rund 1,5 Mio. Gäste pro Saison. Dort warten schnelle Achterbahnen und Karussells, eine Stadt aus dem Wilden Westen, eine verwunschene Königsburg, durch die ein Drachen mit seinen Besuchern auf dem Rücken rast, ein Viking River Splash, den kaum jemand ganz trocken übersteht, ein X-treme Racer, der voll auf Speed setzt, die Atlantis Unterwasserwelt, in der die Taucher aus Legosteinen, die Haie aber echt sind, und für die jüngsten Besucher das DUPLO Land. Und die Noppensteine sind überall dabei, fast 60 000 000 sollen es sein. Und wer selbst je mit LEGO Steinen gespielt und gebaut hat, spaziert im Miniland fasziniert durch dänische und deutsche Städte, wandert an norwegischen Fjorden, betrachtet amerikanische Wolkenkratzer in Augenhöhe, schaut am Kopenhagener Schloss Amalienborg durch die Fenster und wartet im Kennedy Space Center auf einen Raketenstart. Diese kleine Welt im Maßstab 1 : 20 bzw. 1 : 40 ist das, was LEGOLAND einzigartig macht. Damit sich Eltern nicht nur als notwendiges Begleitpersonal fühlen müssen, können sie sich zwischendurch eine großartige Sammlung mit historischem Spielzeug ansehen, mit Puppen, mechanischen Figuren und Fahrzeugen, Glanzbildern sowie dem Elfenschloss TITANIA'S PALACE. Dieses Puppenhaus der Superlative, in dem der filigrane Pfauenthron der Elfenkönigin sogar mit echten Diamanten, Rubinen und Smaragden besetzt ist, schuf Anfang des 20. Jh. ein exzentrischer Brite in 15-jähriger Kleinarbeit – das übersichtlichste Schloss in Europa.

LEGOLAND **Park:** 7190 Billund, www.legoland.dk. Osterferien bis letztes Oktoberwochenende tgl. 10–18, Sa, So und Ferienzeiten bis 20, 2. Juliwoche–Mitte August bis 21 Uhr. Eintritt 3–12 und ab 60 Jahre 199 DKK/27 €, 14–59 Jahre 229 DKK/31 €. Sehr günstig sind Zweitages- und Saisonkarten. An den Kassen und im Park kann mit Euro bezahlt werden. Im Vorverkauf erworbene Tickets verkürzen Wartezeiten am Eingang (S. 216). Erfahrungsgemäß sind in der Hochsaison die Wochenenden etwas ruhiger als die Tage mitten in der Woche!

Information: Zimmervermittlung und i-Büro für Billund bietet die Information im LEGOLAND Park gleich neben dessen Haupteingang (Tel. 75 33 13 33), virtuell zur Region: www.visitbillund.dk.

Fahrzeiten mit dem PKW z. B. ab Rømø ca. 120 Min. (108 km), ab Blåvandshuk ca. 90 Min. (77 km), ab Ringkøbing Fjord 80–120 Min. (75–100 km), ab Blokhus an der Jammerbugt ca. 3 Std. (250 km). Rund um Billund ist der Park gut ausgeschildert.

Der Ribe-Dom in Billund

Die Haffküste

Ausflugsziel für die ganze
Familie: Der Wikingerhafen
von Bork

Reiseatlas S. 234–236

DÄNEMARKS WESTEND

Blåvand, Vejers Strand, Grærup Strand, Børsmose, Henne Strand, Ho, Jegum, Hovstrup – ganz im Westen Dänemarks warten rund ums Jahr Tausende Ferienhäuser auf Gäste. Strand, Dünen und ewig anrollende Wellen der Nordsee sind ihr wichtigstes Kapital, die Wälder und Heiden im Hinterland ein Bonus. Service, Kultur und dänische Lebensart bieten Kleinstädte im Hinterland, allen voran Varde.

Varde: Einkaufsstadt im Hintergrund

Reiseatlas: S. 234, B 1

Von den Ferienhaussiedlungen im äußersten Westen Dänemarks sind es maximal 30 Minuten mit dem Auto nach Varde. Die Kommune Varde, die bis an die Küste reicht, hat fast 50 000 Einwohner, das eigentliche Städtchen nur etwa 13 000. Es bietet aber beim Shopping wie bei der Kultur mehr, als man von einem Ort dieser Größe in Mitteleuropa erwarten würde.

Vardes Wurzeln liegen im frühen Mittelalter, als um eine Furt in der Varde Å, die heute idyllisch durch einen Grüngürtel am Südrand des Zentrums entlang fließt, eine Siedlung entstand; 1442 gab es Stadtrechte. Ungewöhnlich häufig tobte der rote Hahn über Vardes Dächern, 1789 und 1821 gingen insgesamt 131 Häuser in Flammen auf. Abgesehen von der ansehnlichen Kreuzkirche, die zum Teil aus der Romanik stammt, fehlt es deshalb an

Bauten aus der Zeit vor diesen Stadtbränden. Was in den Jahren danach gebaut wurde, sorgt indes für ein charmantes Stadtbild. Die Kirche ragt neben dem zentralen Torvet auf, dem Marktplatz, der sich im Sommer mit Straßencafés, viel Livemusik und Flohmärkten besonders lebendig zeigt. Das älteste und schnuckeligste Häuschen am Platze ist die ehemalige Marktkneipe **Sillasens Hus** von 1795, in dem auch heute ein Café und Wein-Restaurant mit Delikatessen-Shop residiert. Vom Torvet aus ziehen sich die **Fußgängerstraßen Vestergade** und **Kræmergade** durch das Zentrum, Parkplätze am Rande gibt es reichlich.

Östlich der Innenstadt taucht man in Vardes grüne Lunge **Arnbjerg Anlæget** ein. Am Rande des Parks füllt im **Varde Museum** (Lundvej 4, Tel. 75 22 08 77, tgl. 12–17 Uhr) eine der breitesten kunst- und kulturhistorischen Sammlungen der dänischen Provinz mehr als drei Dutzend Räume: Von prähistorischen Funden über Design –

Möbel, Keramik, Silber – bis zu moderner Kunst reicht das Spektrum. Mit derselben Eintrittskarte darf man noch ein kurzes Stück die Straße hinunter das **Jugendhuset i Varde** (Lundvej 39, Tel. 75 22 15 18, tgl. Mai–Okt. 11–17, sonst 11–15 Uhr) besuchen, ein sorgfältig renoviertes Jugendstilhaus des frühen 20. Jh. Es zeigt die mystisch wirkenden Malereien des Post-Surrealisten Otto Frello, der 1924 nahe Varde auf einem Bauernhof geboren wurde und jetzt in Kopenhagen lebt. Sein Werk erlebte durch große Retrospektiven zu seinem 80. Geburtstag eine Renaissance weit über die Grenzen seiner Heimatstadt hinaus. Außerdem präsentiert das Jugendhuset Produkte – viele vom Jugendstil geprägt – der 1843–1953 bestehenden Terrakottafabrik P. Ipsens Enke. Wie in der dänischen Keramik- und Fayencen-Industrie üblich, arbeiteten für das Unternehmen immer wieder namhafte Designer, Künstler und Architekten.

Inmitten der Arnbjerg Anlægget sind Sie plötzlich Gulliver: **minibyen i varde** (Tel. 75 22 32 22; Mitte Mai–Okt. mind. 10–16, saisonal bis 17 oder 18 Uhr) präsentiert ein von älteren Handwerkern liebevoll und detailgenau rekonstruiertes Varde aus der Zeit um 1860 im Maßstab 1:10. Inzwischen säumen fast 300 Gebäude die Gassen, und jedes Jahr kommen neue hinzu.

Vardes Tradition als Garnisonsstadt erklärt die Existenz eines weiteren Museums im Westen der Stadt: **Varde Artillerimuseet** (Vestervold 11, Tel. 75 22 15 94, tgl. Feb.–April 11–15, Mai–Okt. 11–17 Uhr; Nov.–Jan. geschlossen) zeigt Artilleriewaffen und ihre Geschosse von mittelalterlichen Kanonen bis automatische Haubitzen der Gegenwart, Tableaus mit Schlachtszenen, Uniformen und Ausrüstungen dänischer Artilleristen.

Turistbureau Varde: Skansen 4, 6800 Varde, Tel. 75 22 32 22, Fax 75 22 33 27, www.visitvarde.dk.

Hotel Arnbjerg: Arnbjerg Allé 2, Tel. 75 21 11 00, Fax 75 22 12 64, www.arnbjerg.dk. Traditionshotel mit modernem Hoteltrakt und romantischem Restaurant am Rande der Arnbjerg Anlægget; DZ 995 DKK, günstige Wochenend- und Sommerangebote mit Halbpension; freitags oft Tanz für die ›silberne‹ Generation.

Varde bietet die ganze Palette des ›Danish Design‹ für den Haushalt im gut sortierten Laden der Kette **Inspiration** (Vestergade 13).

Bahn: Station an der Linie Esbjerg – Struer; Privatbahn nach Nørre Nebel (S. 131).

Blåvandshuk: Auf der Stirn des Teufels

Reiseatlas: S. 234, A 1
Dänemarks westlichster Landpunkt heißt Blåvands Huk. Der moderne Ferienort, der sich hier zwischen Dünen und Heide ausbreitet, ist gemeinhin als **Blåvand** bekannt, obwohl längst mit der Nachbargemeinde Oksby verschmolzen. Bis zur Kommunalreform am 1.1.2007 gab es ganz im Westen Dänemarks die selbständige Gemeinde Blåvandshuk mit dem 2700-Ein-

wohner-Städtchen Oksbøl als ›Ober-zentrum‹ für ein Dutzend Ferienhaus-orte am Meer und im direkten Hinter-land, von denen sonst keiner die 1000-Einwohner-Grenze erreicht. Jetzt in der Groß-Kommune Varde fusioniert, resi-diert in Oksbøl das i-Büro (S. 128) für die Altgemeinden Blåvandshuk und Blaabjerg (S. 130). Außerdem ist Oks-bøl seit Ende des 19. Jh. Garnisons-stadt. Hier wird der benachbarte Trup-penübungsplatz (S. 127) verwaltet, die Soldaten fallen im Alltag aber kaum auf.

Oksbøl: Lagerstadt mit Bernsteinzimmern

Reiseatlas: S. 234, A 1
Von Oksbøls uralten Anfängen zeugt die romanische **Ål Kirke** (tgl. 8–16 Uhr) am Nordrand. Sie entstand im frühen 12. Jh. aus rheinischem Tuffstein, eine deutliche Erweiterung bereits im 13. Jh. belegt schnelles Wachstum der Ge-meinde. Berühmt ist die Kirche für Fragmente eines etwa 900 Jahre alten Frieses mit Szenen eines Ritterkamp-fes an der Nordwand.

Am Torvet, dem großen zentralen Platz in Oksbøl, findet man zwei Mu-seen: **Blåvandshuk Egnsmuseum** (Kirkegade 1, Tel. 75 27 21 59, 15.6.–15.9. sowie Oster- und Herbstferien tgl., sonst Do, So 14–17 Uhr) ist ein ty-pisches Heimatmuseum mit einer bun-ten Sammlung von Steinzeitfunden bis hin zu Produkten der Neuzeit. Weitere Themen sind die militärischen Aktivitä-ten der Wehrmacht im Zweiten Welt-krieg rund um Blåvands Huk und das Leben deutscher Flüchtlinge im Lager Oksbøl wenig später.

Das 1998 eröffnete **Ravmuseet i Osbøl** (Vestergade 25, Tel. 75 27 07 03, Mai–Okt. tgl. 11–17, sonst bis 16 Uhr) ist eines der besten Museen zum The-ma Bernstein in Europa. Es besitzt selbst mehrere Zimmer voller Bern-stein, informiert aber auch über das berühmteste aller Bernsteinzimmer und darüber, was es sonst Wissens-wertes und Mystisches rund um den Halbedelstein gibt, der eigentlich gar kein Stein ist, sondern fest geworde-nes Harz. Dabei beschränkt man sich nicht auf sein Vorkommen in Jütland, sondern schaut global.

2005 fand eine der weltweit größten Sammlungen von Feuerwehrfahrzeu-gen im **Museet Danmarks Brandbiler** in Oksbøl eine neue Heimat, die aber durch Querelen in der Kommunalver-waltung bei Redaktionsschluss dieser Auflage nicht gesichert war (Industrivej 18, Tel. 76 54 20 00, aktuelle Öffnungs-zeiten kennt das i-Büro).

Blåvands Huk: Ganz im Westen

Reiseatlas: S. 234, A 1
Holländische Seefahrer gaben Däne-marks westlichstem Landpunkt auf 8° 5' Ost den Namen. ›Huk‹ war für sie ei-ne Ecke, und genau so stellt sich die Landschaft dar. An **Blåvands Huk** wechselt der Strand markant die Rich-tung, aber auch den Charakter: Nach Norden dem offenen Meer und seiner kräftigen Brandung ausgesetzt, nach Südosten schmaler und von sanfteren Wellen gestreichelt. Hier fehlen gefähr-liche Strömungen, so dass der Strand für Kinder besser geeignet ist.

Leuchtturm auf dem Kap Blåvands Huk

Was des einen Freud, ist des anderen Leid: Der Strandabschnitt wird durch eine der gefährlichsten Untiefen der Nordsee geschützt, dem **Horns Rev.** Die Holländer wiederum gaben ihm den Spitznamen Duyvels Horn, ›Teufels Horn‹. Die Sandbank streckt sich vor Blåvands Huk 40 km ins Meer.

Kein Wunder also, dass auf ›Hukket‹, wie die Einheimischen das Westkap nennen, 1888 ein erster Leuchtturm entstand. 1900 ersetzte ihn ein ungewohnt viereckiger, knapp 40 m hoher Riese. **Blåvandshuk Fyr** steht exponiert auf einer Düne und schickt sein Licht bei klarer Sicht 50 km weit in die Nacht hinaus. Solange Regen oder Schnee die oberen seiner 170 Stufen nicht zu glatt werden lassen, darf man den Turm tgl. 10–15 Uhr besteigen.

Seit 2002 sieht man aber nicht nur die Gischt der Wellen, die sich über der Sandbank brechen, bis zum Horizont weiß blinken, sondern auch Rotoren von Windkraftanlagen des Offshore-Energieparks Horns Rev (S. 26).

Maulesel und Zugvögel

Auf verfremdete Zeugnisse eines älteren Großbauprojektes stößt man bei einer Strandwanderung vom Leuchtturm nach Süden. 1995 setzte der britische Maler und Bildhauer Bill Woodrow vier Bunkern des Atlantikwalls stählerne Köpfe und Schwänze von Mulis auf.

UNFREIWILLIG IM FERIENLAND

Im April 1945 befand sich fast eine halbe Million Flüchtlinge auf dänischem Boden. Die meisten waren über die Ostsee aus den deutschen Ostgebieten gekommen. Eigentlich sollten sie nach Kriegsende zusammen mit den geschlagenen Besatzungstruppen sofort das Land verlassen. Um die Lage in Deutschland aber nicht weiter zu destabilisieren, forderten die Alliierten Dänemark auf, Flüchtlinge vorläufig zu behalten und zu versorgen. So blieben rund 200 000 Deutsche in Auffanglagern, und die gerade befreiten Dänen mussten noch bis 1949 Angehörige der ehemaligen Besatzungsmacht durchfüttern – in den ersten Nachkriegsjahren verschlang diese Aufgabe bis zu 40 % des nationalen Haushalts.

Das 400 ha große Lager in Oksbøl war zeitweilig Westjütlands größte Stadt. Bis zu 38 000 Menschen lebten hier, vornehmlich Frauen und Kinder sowie einige ältere, aber praktisch keine jüngeren Männer – mehr als 600 Fraternisierungsfälle und fast 70 deutsch-dänische Kinder dokumentieren, wie Defizite der Bevölkerungsstruktur ausgeglichen wurden.

Das Lager stand unter weitgehender Selbstverwaltung der Insassen. Wahlen bestimmten einen Gemeinderat. Soweit keine schwere Gewalt im Spiel oder Dänen beteiligt waren, wurden Kriminalfälle von deutschen Polizisten bearbeitet, die Beschuldigten kamen vor deutsche Richter. Nur Außenbeziehungen, etwa die Versorgung, sowie die Bewachung lagen in Händen der Dänen. Im Bildungsbereich, zu dem auch die politische Umschulung Erwachsener gehörte, wurden sie von deutschen Emigranten unterstützt. Für etwas Abwechslung sorgte ein Theater, das trotz seiner mehr als 900 Plätze mehrmals am Tag bis auf den letzten Platz gefüllt war; die Flüchtlingsströme hatten viele professionelle Musiker sowie einen Theaterdirektor aus Dresden nach Oksbøl verschlagen.

Die letzten Flüchtlinge verließen am 15. Dezember 1948 Oksbøl Richtung Deutschland. Vom Lager, das sich vom Ort in den heutigen Forst Ål Klitplantage hinein erstreckte, blieben nur wenige Gebäude stehen, darunter das ehemalige Lazarett, jetzt eine Jugendherberge. Wenige Meter entfernt erinnert der alte Lagerfriedhof, der auch der größte deutsche Soldatenfriedhof in Dänemark ist, an die mehr als 1300 Deutschen, die in Oksbøl zwischen April 1945 und Ende 1948 starben. Die meisten waren von der Flucht geschwächte Kleinkinder und Alte.

Hier darf man Kunst gern interpretieren: Tragen die genügsamen Tiere ihre unkaputtbaren Betonkörper ins Meer oder sollen Bunker sich Maulesel gleich nicht vermehren können, wie es in einer lokalen Broschüre heißt, oder sind sie schlicht und einfach das Produkt, wenn sich die sprichwörtliche Dummheit eines Esels mit übertriebenem Stolz eines Hengstes paart?

Im September und Oktober gelten rund um Blåvands Huk die Strände und die vielen Feuchtgebiete hinter den Dünen als ideale Beobachtungsplätze für den Vogelzug aus arktischen Gebieten gen Süden. Eine Vogelwarte unterhalb des Leuchtturms registriert die gefiederten Besucher professionell, das angeschlossene **Blåvand Naturcenter** bringt Naturphänomene mit einer kleinen Ausstellung (Fyrvej 81, Blåvand, Tel. 75 27 94 02, Mai–Sept., gratis) und regelmäßigen Naturführungen (Termine und Themen beim i-Büro) Laien näher.

Lokalkolorit von gestern und heute vermitteln das **Blåvand Redningsbådsmuseum** (Fyrvej 25, Blåvand, Tel. 75 22 08 77, Juli–Aug., Herbstf. Mi, So, Juni Sa, So 15–17 Uhr) in einer ehemaligen Küstenrettungsstation sowie das **Blåvand Museum** (Blåvandsvej 30, Blåvand, Tel. 75 22 08 77, Mitte Juni–Mitte Sept. sowie Oster- und Herbstf. tgl. 14–17 Uhr) in der alten reetgedeckten Schule von Oksby gleich neben der Kirche.

Seefahrer und Soldaten

Reiseatlas: S. 234, A 1
Das kleinere **Ho** an der Wattseite der Halbinsel Skallingen war im ausgehen-

den Mittelalter der bedeutendste Ort der Region. An seine mit der ›Großen Manntränke‹ 1634 verschwundene Seefahrertradition erinnert in der romanischen **Ho Kirke** Dänemarks ältestes Votivschiff aus dem frühen 17. Jh.

In den Dünen zwischen Blåvand und Ho verstecken sich Reste einer deutschen Bunkeranlage aus dem zweiten Weltkrieg, die mit vier 38-cm-Kanonen, jede gut 20 m lang und 110 t schwer, die Zufahrt nach Esbjerg sichern sollte. Das Dritte Reich war indes schneller am Ende als die Stellung fertig: Die Kanonen blieben irgendwo in der Etappe hängen, weil die Tragfähigkeit einer kleinen Eisenbahnbrücke über die Varde Å die Anlieferung verhinderte. Versuche, die Betonkolosse zu sprengen, scheiterten, und so machte man aus der Not eine Tugend: Als **Tirpitz-stillingen** (Tane Hedevej, Blåvand, Tel. 75 27 84 27, Mai–Okt. tgl. 11–17, sonst bis 16 Uhr) wurden sie Ende der 1980er zum Bunkermuseum, dessen überraschender Erfolg einen Boom mit den martialischen Erinnerungen entlang der gesamten dänischen Küste auslöste.

Militär war in der Region schon vor dem Krieg präsent und ist es bis heute geblieben. Nördlich Blåvand beginnt ein Gebiet, das so gar nicht in eine Ferienregion passen will: Die Wälder, Dünen und Heiden hinter der Küste bis hinauf zur Zufahrt nach Kærgård Strand bilden einen der größten Truppenübungsplätze Nordeuropas. Die Soldaten halten sich jedoch in der Hauptreisezeit bewusst zurück und stören den Tourismus kaum. Ganz im Gegenteil, wie Besucherzahlen bei regelmäßigen Tagen der offenen Tür bestätigen. Zudem ist das Gelände ein spannendes Naturgebiet und Refugium vieler bedrohter Pflanzen und Tierarten, das, abgesehen von einem Schießplatz in der **Kallesmærsk Hede** zwischen Blåvand und Vejers, für jedermann zugänglich ist, solange keine Manöver stattfinden. **Sperrungen** werden deutlich angezeigt, Schilder warnen auch in deutscher Sprache.

Strände, Strände, Strände

Reiseatlas: 235, D 4

Nördlich Blåvands Huk hat sich **Vejers Strand** zu einem der attraktivsten Ferienhausorte der Region entwickelt: Kleiner und übersichtlicher als Blåvand, aber entlang der Straße zum Meer mit allem, was das konsumfreudige Touristenherz begehrt. Ein Magnet für Leckermäuler jeden Alters ist die **Bonbonfabrik Vejers Strand Dropskogeri** (Vejers Havvej 68A, Tel. 75 27 76 77), in der man beim Bonbonmachen zusehen und sich mit diversen Mischungen der Zahnkiller eindecken kann.

Der **Strand von Vejers** (Abb. S. 68) ist südlich der einzigen Zufahrt für Autos freigegeben, nördlich sind sie tabu. **Grærup Strand** besteht fast nur aus Ferienhäusern und einem Campingplatz. Am **Børsmose Strand** dürfen in einem kleinen Abschnitt wieder Autos bis ans Wasser.

Beiderseits der Zufahrt zum einsamen **Kærgård Strand** soll der Dünenforst Kærgård Klitplantage den gefürchteten Sandflug verhindern. Vor Jahrhunderten standen hier stolze Eichen, dann wurden sie von der Wanderdüne Store Løvklit, der ›Großen

Laubdüne‹, überrollt, aber nicht bezwungen: Ihre Kronen stoßen als Eichengestrüpp aus dem Sand, und aus vielen knorrigen Ästen sprießt jedes Jahr neues Grün. Ende Mai kann man am Fortschritt der einzelnen Büsche und Bäumchen beim Knospen ablesen, welche von ihnen zum selben Stamm gehören. Biologen haben bis zu 160 vermeintlich eigenständige Pflanzen einem verschütteten ›Stammhalter‹ zugeordnet. Markierte Wege starten vom Parkplatz am Kærgårdvej, der Verbindungsstraße zwischen Kærgård und Henne, in das Waldgelände, eine kurze Variante (1 km) nur zum St. Løvklit, eine längere (5 km) weiter zum **Gråmule Bjerg,** einer knapp 30 m hohen Aussichtsdüne fast am Meer.

Oksbøl Turistbureau: Industrivej 18. Tel. 75 27 18 00, Fax 76 54 10 50 Sommerbüros: Blåvand, Blåvandsvej 15, Tel. 75 27 92 44; Blåvandshuk Fyr, Fyrvej 106, Tel. 75 27 54 11. Alle: www.bte.dk.

Hotel Klithjem: Nordvej 1, 6853 Vejers Strand, Tel./Fax 75 27 70 42, www.klithjem.dk. Das familiäre Badehotel mitten in den Dünen von Vejers Strand ist oldfashioned, aber gemütlich und preiswert. DZ ab 630 DKK mit Frühstück, ab 770 DKK mit Halbpension.

Ferienhäuser

Blåvandshuk ist eine Ferienhausmetropole, in der annähernd 5000 Objekte vermietet werden. Achten Sie bei der Auswahl auf die Details: Einige Häuser liegen weit im Hinterland, dort sind die Mieten indes günstiger.

Alle überregionalen Vermieter (S. 225) sind mit Servicebüros vertreten, außerdem gibt es sehr gute lokale Anbieter:

Die ›hyggelige‹ Dänen Vejers: Vejers Havvej 12, 6853 Vejers Strand, Tel. 75 27 71 83, Fax 75 27 73 90 oder aus D kostenlos Tel. 0800 181 41 24, www.vejers.com. Der Familienbetrieb setzt Standards unter den unabhängigen Vermietern! Sehr ambitionierter Katalog mit über 400 Ferienhäusern von ›basic‹ bis ›luxus‹ und dazu ein liebevoller Service, sogar Babybetten und -stühle gibt es kostenlos.

Feriekompagniet Blåvand: Blåvand Kro, Horns Bjerge 4, 6857 Blåvand, Tel. 75 27 50 70 oder aus D kostenlos 0800 183 39 66, Fax 76 27 50 71, www.oksby.com. Junger Familienbetrieb, zu dem eine Apartmentanlage mit kleinen Reihenhäusern unter Reetdächern rund um den Firmensitz im Blåvands Kro gehört. Die Apartments von 27 (2 Pers.) bis 130 m² (8 Pers.) sind sehr komfortabel ausgestattet und haben keine Mindestmietzeit: pro Tag/Woche je nach Größe und Saison 88–218/261–1023 € (plus Strom).

Ibsens Blåvand Sommerhusudlejning: Blåvandvej 15, 6857 Blåvand, Tel. 75 27 92 44, Fax 75 27 90 91, www.blaavand.com. Alteingesessener Vermittler.

Camping
Hvidbjerg Strand Camping: Hvidbjerg Strandvej 27, 6857 Blåvand, Tel. 75 27 90 40, Fax 75 27 80 28, www.hvidbjerg.dk. Ist auch im internationalen Vergleich Spitze, einer der wenigen Fünf-Sterne-Plätze in Dänemark. Wer es eher ›basic‹ mag, findet nebenan unter gleicher Verwaltung den **Blåvand Camping** mit 3 Sternen.

Børsmose Strand Camping: Børsmosevej 3, 6840 Oksbøl, Tel. 75 27 70 70, Fax 75 27 77 70, www.borsmose.dk. Drei-Sterne-Naturplatz mitten in den Dünen direkt hinter dem Nordseestrand.

🍴 Im Zentrum von **Blåvand** gibt es preiswerte Familienlokale, Imbissstuben und Bistros sowie Pubs und Kneipen. Aus der Masse heben sich heraus (alle moderate Preise): **Café og Restaurant Gastronomi,** Blåvandvej 35, Tel. 75 27 88 81; **Restaurant Søhesten,** Blåvandvej 53, Tel. 75 27 84 43; **Blåvand Kro,** Horns Bjerge 4, Tel. 75 27 50 70.

Knude Dyb: Vejers Havvej 12, Vejers Strand, Tel. 75 27 67 67. Fischrestaurant mit Gourmetansprüchen und eigener Räucherei, im Sommer 2 x wö. üppiges Fischbüfett, urige Außengastronomie und großer Spielplatz in Sichtweite.

Hotel Klithjem: s. o. In der Küche des Hotels treffen Meer und Berge aufeinander, denn hier schwingt ein Österreicher das Zepter; große Karte, günstig und gut.

Bager Huset: Vejers Havvej 81 B, 6853 Vejers Strand, Tel. 75 27 66 70. Ideal für den Abreisetag, aber auch sonst: Die Bäckerei bietet jeden Tag ab 7 Uhr ein Frühstücksbüfett für ca. 50 DKK.

🔒 Während **Oksbøl** den Part des ruhigen Einkaufsstädtchens für die Einheimischen spielt, dessen großen Supermarkt aber auch Ferienhausgäste viel frequentieren, existiert in den Küstenorten ganzjährig ein Shoppingangebot, das sich an Urlauber wendet: Kunsthandwerk, Kinderspielzeug, Kite-Zubehör und viel Kleidung, darunter Markenartikel aus älteren Kollektionen oder mit kleinen Fehlern zu Schnäppchenpreisen. Die größte Auswahl bietet der Doppelort **Blåvand-Oksby;** kaum weniger vielfältig, aber kompakter und übersichtlicher ist das Angebot in **Vejers Strand. Flohmarkt:** Juli und August jeden Do in Vejers Strand.

🔵 **Baden:** Sandstrand von der Südspitze der Halbinsel Skallingen bis weit nach Norden. **Lenkdrachen** – Kites – sind nur an drei Strandabschnitten zugelassen, Details bei den i-Büros.

Für Kinder: Badeland Oksbøl, Strandvejen 2, Oksbøl, Tel. 75 27 16 53. Ganzjährig Badefreuden; das Schwimm- und Spaßbad besitzt Whirlpool, Sauna und Rutsche (außen).

Hunde: In den Wäldern von Blåvandshuk gibt es ungewöhnlich viel Wild, vor allem Hirsche; Leinenzwang für Hunde ist deshalb zwingend. Die dürfen sich aber ›leinenlos‹ am Rande von Oksbøl in einem 19 ha großen Hundewald austoben.

Beachmarathon: Hvide Sande, S. 140.

Ho Fåremarked: Am Wochenende mit dem letzten Samstag des August in Ho mit großem Vieh-, Floh- und Jahrmarkt.

Bahn: Oksbøl ist Station an der Privatbahn Varde – Nørre Nebel; ab Oksbøl Busse in die Küstenorte.

Blaabjerg: Am Fuß des Blauen Berges

Reiseatlas: S. 235, D 3–D 4

Die Ferienhausgebiete setzen sich nach Norden in der Region Blåbjerg fort, die ihren Namen von Dänemarks höchster Düne ableitet, dem 64 m hohen Blåbjerg, und die von den Hennes (Henne Strand, Henneby, Henne Kirkeby, Hennebjerg und Henne Stationsby) im Süden bis ans Ufer des Ringkøbing Fjord bei Nymindegab reicht.

Die Hennes: Mit dem Zug kam Leben

Reiseatlas: S. 235, D 4

Hinter den Dünen zwischen Kærgård und Henne überblickt man von den wenigen Straßen ein ungewöhnlich flaches Areal. Hier wurde ein großer Strandsee trockengelegt und zu Acker

und Weideland kultiviert, nur der Filsø südlich Henne Kirkeby blieb, kaum mehr als eine ›Pfütze‹.

Schon im 12. Jh. wird ein Gutshof Hennegård in einer Urkunde erwähnt, aus der Zeit stammen auch die ältesten Teile der Kirche in **Henne Kirkeby.** Weitaus bekannter ist jedoch der Gourmettempel nebenan, der **Henne Kirkeby Kro** (S. 134).

Erst nach der Fertigstellung der Vestbanen von Varde nach Nørre Nebel 1903 entwickelte sich im Hinterland **Henne Stationsby.** Die Bahn war jedoch Voraussetzung dafür, dass sich ein weiteres Henne zu einem populären Touristenziel mausern konnte. Heute ist **Henne Strand** der einzige Badeort in der Kommune Blaabjerg direkt am Meer und eine der größten Ferienhaussiedlungen an der dänischen Nordseeküste überhaupt.

In Henne Strand und Henneby findet man viele Läden mit Souvenirs und Kunsthandwerk, darunter die Bernsteinschleifer **Ravsliber Kristiane Nielsen** (Strandvejen 437, Henne Strand), **Rav Mads' Hus** (Hennebysvej 7, Henneby) und **Ravhuset** (Vesterskærvej 20, Hennebjerg), die Werkstatt von **Viggo und Lena Haaning** (Gl. Strandvej 29, Henneby), in der er Glas bläst, sie Keramik formt, sowie **Blaabjerg Lysstøberi** (Hennebysvej 62, Henneby) mit handgezogenen Kerzen.

Blåbjerg Klitplantage: Wälder mit Dünengipfel

Reiseatlas: S. 235, D 4

Verglichen mit dem flachen Land um den Filsø im Süden wirkt das Forstgebiet der Blåbjerg Klitplantage weiter im Norden wie ein Gebirge. Gipfel ist mit 64 m der Blåbjerg, eigentlich eine – von See gesehen – bläulich schimmernde Düne. Eine grandiose Aussicht verschafft die Plattform auf der Spitze. Sie ist über eine Waldstraße leicht zu erreichen, die letzten Meter zum ›Gipfel‹ erleichtert eine lange Treppe. Mit Sicherheit wäre auch die Blåbjerg-Düne irgendwann vom Sandflug weggeblasen worden, hätte nicht Thyge de Thygeson die Initiative ergriffen und 1861–99 einen Dünenwald pflanzen lassen. Ihm zu Ehren steht ein Findling auf dem Gipfel.

Nørre Nebel : Groß unter Kleinen

Reiseatlas: S. 235, D 4
Mit der Kommunalreform 2007 verlor Nørre Nebel seine Rolle als Verwaltungssitz der einst selbständigen Kommune Blaabjerg, aber die 1200-Einwohner-Stadt ist nach wie vor wichtigster Einkaufsort der Region – wer sich im Ferienhaus selbst versorgt, wird die Discounter zu schätzen wissen.

Über die von Zügen nicht mehr genutzte Bahnstrecke von Nørre Nebel nach Nymindegab darf man im Sommer mit Schienenfahrrädern strampeln (S. 134). Nutzt man die Straße, passiert man einen der jüngsten und größten – fast 300 Häuser – Ferienparks im Lande: **Sea West** mit dem subtropischen Spaßbad ›Die transparente Düne‹ (Tel. 76 52 30 00, www.seawest.dk, Spaßbad-Kernzeit tgl. 10–18 Uhr, Fr, Sa bis 20 Uhr, gratis für Hausgäste, sonst 100 DKK/Erw., 60 DKK/Kinder).

Nymindegab: Durchlass auf Wanderschaft

Reiseatlas: S. 235, D 3
Das Dorf Nymindegab liegt auf einer Anhöhe, die nach Westen abrupt abbricht. Über der ›Kante‹ thront der **Nymindegab Kro** – phantastisch von hier der Blick Richtung Nordsee über das Vorland mit seinen Dünen und den von Schilf gesäumten Rest der alten Verbindung zwischen Ringkøbing Fjord und offenem Meer. Die hieß schon Nymindegab, lange bevor das Dorf über seinem Ufer Gestalt annahm. Eine Karte von 1650 zeigt den ›Schlund‹ – so das deutsche Wort für *gab* – gut 10 km weiter nördlich. Ein Zusammenspiel von Sandablagerung durch Meeresströmungen und Dünenbildung durch Sandflug ließ in den folgenden zweieinhalb Jahrhunderten die nördliche Nehrung, das heutige Holmsland Klit, nach Süden wachsen, bis sie sich vor ihr südliches Pendant Tippeland schob, aus dem die Halbinsel Værnengene og Tipperne (S. 133) wurde.

Damit wanderte auch der Nymindegab: Um 1800 lag er vor dem heutigen Dorf. Zur Fangsaison kamen Nebenerwerbsfischer mit Helfern und Helferinnen aus dem Hinterland. Esehuserne, ›Köderhütten‹, dienten ihnen als Basislager. Junge Frauen saßen dort den ganzen Tag und bestückten Fangleinen mit Ködern. Unterhalb der Hauptstraße, die auf einem Damm den alten Durchfluss kreuzt, sind kleine reetgedeckte Hütten nachgebaut worden und bilden mit einem Oldtimerkutter, der daneben an einem Steg liegt, ein **typisches Fischerlager.**

Doch das Nymindegab wanderte weiter, bis 1850 noch einmal 6 km nach Süden bis zum Hovstrup Strand. Aus dem kurzen, gut schiffbaren Durchfluss wurde der Gezeitenstrom Nymindestrømmen, der sich träge durch die Dünenlandschaft schlängelte. Über die Zufahrt zum Parkplatz am Nymindegab Strand gelangt man auf einen einspurigen Fahrweg. Der folgt dem Westufer des alten, von einem Schilfgürtel gesäumten Stroms durch eine raue Dünenlandschaft und schwenkt auf Höhe des Gammelgab Strand landeinwärts – wunderschön für eine Radtour. Je länger der Strom sich streckte, desto häufiger versandete er. Die Passage zwischen Fjord und Meer wurde zum Vabanquespiel. Vor allem Ringkøbing litt unter den unsicheren Verhältnissen. Nach dem Bau des ersten Hvide Sande Kanal 1910 (S. 135) versandete der Strom binnen kürzester Zeit, die Dünenkette schloss sich.

Um den Schiffsverkehr zwischen Fjord und Meer sicherer zu machen, gab es ab Mitte des 19. Jh. am Ufer eine Rettungsstation. 1892 zog sie in eines jener typischen Backsteinbauten mit Walmdach um, die zu diesem Zweck überall an der Küste entstanden und das jetzt als **Nymindegab Redningsbådsmuseum** (Redningsvejen, Juli–Aug., Oster- und Herbstferien tgl., Juni Sa, So 15–17 Uhr) dient. Mit Dänemarks ältestem Rettungsboot als Mittelpunkt ist es eingerichtet, als könne jeden Augenblick ein Einsatz beginnen. Den gewaltigen, 12 m langen und

Köderhütte bei Nymindegab

25 t schweren Pottwal, der 1990 vor Nymindegab strandete, konnte indes niemand retten. Statt dessen bekam sein Skelett ein eigenes Haus an der Hauptstraße, Hvalhuset. Das ist inzwischen Teil des 2006 eröffneten Heimatmuseums für die Blaabjerg-Region geworden: **Nymindegab Museum** (Vesterhavsvej 294, Nørre Nebel, Tel. 75 25 55 44, Mai–Okt. tgl. 11–17, sonst bis 16 Uhr).

Tipperne: Rastplatz der Vielflieger

Reiseatlas: S. 235, D 3

Nördlich Nymindegab schiebt sich Værnengene und Tipperne in den Ringkøbing Fjord, flache Marschwiesen gesprenkelt mit kleinen Seen und am Ufer ausgefranst mit Buchten, Inselchen und Sandbänken. Seit Ende des 19. Jh. stehen hier Vögel unter besonderem Schutz, 1928 bekamen sie im Nordteil der Halbinsel ein **Reservat** in bis heute bestehenden Grenzen und ab dem selben Jahr werden ihre Bestände systematisch erfasst – in guten Jahren schon bis zu 180 verschiedene Arten. Der Zugang zu Reservat und Vogelwarte nebst Beobachtungsturm ist auf wenige Stunden sonntags beschränkt (aktuelle Zeiten in den umliegenden i-Büros), ein weiterer Beobachtungsturm außerhalb des Reservats ist frei zugänglich.

Zuständig für die Blaabjerg-Region ist das i-Büro Oksbøl (S. 128).

 Henne Mølleå Badehotel: Hennemølleåvej 6, 6854 Henne Strand,

Tel. 76 52 40 00, www.hennemoelleaa.dk, März–Sept. Klassisches Badehotel abseits des Trubels, in den 1930ern entworfen vom Architekten und Designer Poul Henningsen, dessen weltberühmte Lampen auch hier alles ins rechte Licht setzen. DZ mit Bad und Frühstück ab 500 DKK, Wochenenden und Hochsommer 800 DKK.

Nymindegab Kro: Vesterhavsvej 327, Nymindegab, Tel. 75 28 92 11, Fax 75 28 94 25, www.nymindegabkro.dk. Traditionsreicher Kro mit Traumblick auf das Nymindegab. DZ mit Bad und Frühstück ab 895 DKK, auch moderne Ferienwohnungen.

Ferienhäuser: Die meisten Ferienhäuser liegen in Henne Strand und Henneby sowie zwischen Hovstrup und Lønne.

Købmand Hansen's Feriehusudlejning: Strandvejen 425, 6854 Henne Strand, Tel. 76 52 43 11, Fax 76 52 43 22, www.kobmand-hansen.dk. Früher fand man beim Kaufmann am schwarzen Brett Ferienhausangebote. Das System hat Kaufmann Hansen in Henne etwas verfeinert: 650 Häuser aus Henne Strand und Henneby stehen in seinem Katalog.

Schultz-Houstrup Feriehusudlejning: Houstrupvej 24, 6830 Nørre Nebel, Tel. 75 28 84 55, Fax 75 28 83 11, www.schultz-houstrup.dk.; gut 500 Ferienhäuser.

Camping: Ein halbes Dutzend Campingplätze warten zwischen Henne und Nymindegab auf Gäste. FKK-Anhänger bevorzugen **Lyngboparken** (Strandfogedvej 15, 6854 Henne, Tel. 75 25 50 92), besonders Umweltbewusste **Nymindegab Økologisk Camping** (Lyngtoften 12, 6830 Nymindegab, Tel. 75 28 91 83).

🍴 **Henne Kirkeby Kro:** Strandvejen 234, Henne Kirkeby, Tel. 75 25 50 30. Hans Beck Thomsen, langjähriger Fernsehkoch in Dänemark, und seine Partnerin Kirsten Nordentoft bieten höchsten Standard in Küche und Service und produzieren viele Zutaten nach ökologischen Prinzipien auf dem angrenzenden Hof selbst. Teuer, aber angemessen.

Nymindegab Kro: (s. o.) Die Aussicht vom Restaurant wäre jeden Preis wert, verlangt werden aber moderate Preise für gutes dänisches Essen.

Henne Mølleå Badehotel: (s. o.) Das Hotelrestaurant bietet solide dänische Küche ebenfalls zu moderaten Preisen.

🛒 Für den täglichen Bedarf gibt es kleinere **Supermärkte** in allen Ferienhausorten, größere in Nørre Nebel, die meisten haben im Sommer auch sonntags geöffnet, zum Teil bis 22 Uhr.

🏊 **Baden:** Alle Orte haben Sandstrände. Südlich des Zugangs am Hovstrup Strand ist ein ca. 1000 m langer Abschnitt nebst Dünen offizielles **FKK-Gelände**. Unabhängig vom Wetter badet man im **Henne Strand Tropeland** (Ostern–Okt. tgl. mindestens 11–18, Hochsaison 10–20 Uhr).

Reiten: Reitwege durchziehen das Wald- und Heidegebiet hinter den Dünen, Infos und Karten im i-Büro oder dort, wo Pferde verliehen werden, z. B. **Stutteri Vestkysten** (Isländer; Hennebysvej 62, Henne, Tel. 75 25 58 53) oder **Rideland** (Sdr. Klintvej 10, Nymindegab, Tel. 75 28 79 10).

Schienenfahrräder für die Bahnstrecke Nørre Nebel – Nymindegab mit Platz für zwei Erwachsene und 1 Kind verleiht Mai–Okt. **Nørre Nebel Minimarked** (Bredgade 56, Tel. 75 28 87 33; ca. 90 DKK/4 Std.); Abfahrt neben dem Bahnübergang am Blåbjergvej.

🚌 **Vestbanen** verkehrt 1–2 x pro Stunde von Varde über Oksbøl und Henne Stationsby nach Nørre Nebel. **Busse** fahren weiter über Nymindegab zu den Orten auf Holmsland Klit.

DIE FALSCHEN FJORDE VON RINGKØBING UND NISSUM

Strände ohne Ende von Holmsland Klit bis weit nach Norden, vorbei an Søndervig, Vedersø Klit und Husby. Hinter der Küste ist gleich wieder Wasser: Den Ringkøbing Fjord lieben Surfer, der Nissum Fjord ist mehr Naturparadies. Zwischen beiden restaurierte Strandhöfe, spannende Museen, mittelalterliche Kirchen und hübsche Städte wie das maritime Hvide Sande oder das romantische Ringkøbing.

Ringkøbing Fjord

Reiseatlas: S. 235, D 2–3/E 2–3
Wie alle Fjorde im Westen Jütlands ist der Ringkøbing Fjord kein Fjord im eigentlichen Sinne, denn er wurde nie von Eiszeitgletschern ausgeschabt (S. 15). Er besitzt heute die am deutlichsten ausgeprägte Nehrung der dänischen Nordseeküste mit der bis zu 30 m hohen Dünenkette Holmsland Klit.

Bis ins 19. Jh. hatte der Fjord eine natürliche schiffbare Öffnung zur Nordsee. Ohne die wäre Ringkøbing nicht vom Mittelalter bis ins 19. Jh. hinein wichtigste Hafenstadt an Dänemarks Nordseeküste gewesen. Doch dann begann die Versandung. Ab 1844 sollten künstliche Verbindungen eine Durchfahrt garantieren. Erste Versuche verliefen im wahrsten Sinne des Wortes im Sande, während 1910 ein unregulierter Kanal ins andere Extrem verfiel: Die Fahrrinne wurde 25 m breit ausgehoben, riss aber binnen 2 Jahren auf fast 300 m auf. Sturmfluten brandeten

ungebremst an die Ufer des inneren Fjords. 1914/15 musste das Loch mühsam geschlossen werden. 1931 war dann an gleicher Stelle der regulierte Hvide Sande Kanal fertig, gesichert durch ein Sperrwerk im direkten Verlauf des Kanals und ein paar Meter südlich mit einer Schleuse für die Schifffahrt versehen. Die wurde 1987 so erweitert, dass Schiffe bis zu einer Breite von 16 m und einer Länge von etwa 100 m zwischen Fjord und Meer verkehren können. Dafür muss dann aber die Hauptstraße hochgeklappt werden – immer ein Anlass für lange Staus.

Die Groß-Kommune Ringkøbing-Skjern, die den gesamten Ringkøbing Fjord umschließt und weit ins Hinterland reicht, hat viele Gesichter: Holmsland Klit bedient im Westen die Touristen mit Tausenden von Ferienhäusern, Ringkøbing im Nordosten ist die Einkaufsstadt für Einheimische und Gäste gleichermaßen, Skjern im Osten bietet in seiner Industrie zahlreiche Arbeitsplätze, und Egvad im Südosten zeigt sich mit vielen Dörfern ganz landwirtschaftlich.

Der Ringkøbing Fjord ist maximal 40 km lang und bis zu 10 km breit und gilt als eine der besten Adressen in Europa zum **Windsurfen** für Anfänger wie für Könner. Hier blasen die Winde der Nordsee selbst in den windschwächsten Monaten Juli und August immer noch mit durchschnittlich 6,5 m/Sek., Wellen und Strömungen bleiben indes draußen vor Holmsland Klit. Vor allem Anfänger mögen, dass sie überall bis zu 300 m, an einigen Stellen sogar bis zu 1000 m vom Ufer entfernt noch Boden unter den Füßen haben. Beliebte Strände zum Einstieg sind Ringkøbing Campingplatz, Hvide Sande Nord, Hvide Sande Süd/Årgab, Bork Havn und Skaven Strand. Alle bieten **Equipment-Verleih** und **Surfschulen,** das beste Après-Surf die beiden Spots von Hvide Sande. Hvide Sande Nord ist zudem als Regattarevier – Speed und Slalom – international anerkannt. Surfen auf der Nordsee ist hingegen nur Könnern zu empfehlen und dann nur an der südlichen Hafenmole von Hvide Sande; dort ist auch ein guter Wavespot. Die **Naturschutzgebiete Tipperne** (S. 133) und **Klægebanke** sollte man tunlichst nicht ansteuern. Über die Grenzen muss man sich selbst informieren, in Dänemark schützt Unwissenheit nicht vor Strafe.

Den Wind, den die Surfer lieben, verfluchen die Radfahrer, auf jeden Fall, solange er von vorn kommt. Trotzdem gibt es eine 105 km lange markierte **Radroute** weitgehend über Nebenstraßen oder separate Radwege rund um den Fjord. Wer es sich zutraut, kann Ende Mai/Anfang Juni die Strecke bei einem Volksrennen abstrampeln.

Alle **i-Büros** um den Ringkøbing Fjord kooperieren: www.visitvest.dk, Hotline Tel. 70 22 70 01.

Alle nationalen **Ferienhausanbieter** (S. 225) sind mit Servicebüros in der Region vertreten, wenigstens in Søndervig. Lokale Mitbewerber:
Hvide Sande Turistbureau: S. 140, www.hvidesande-feriehuse.dk. Ca. 250 Häuser auf Holmsland Klit; auch Luxushausboote auf dem Ringkøbing Fjord.
Bork Havn Feriehusudlejning: Kirkehøjvej 17, 6893 Hemmet, Tel. 75 28 03 44, Fax 75 28 08 53, www.bork-havn.dk. Ferienhäuser vor allem im Süden.
Esmarch Feriehusudlejning: Søndre Klitvej 195, 6960 Bjerregård, Tel. 97 31 50 40, Fax 97 31 55 40, www.esmarch.dk. Etwa 475 Häuser auf Holmsland Klit.

Baden: An der Nordsee bis 100 m breite Strände mit Dünengürtel auf ganzer Länge (ca. 40 km), jedoch sind nur Abschnitte davon bewacht. Meist Sand, manchmal Kies (von Jahr zu Jahr wechselnd), viele Bunkerreste. Am Fjord nur wenige, seichte Strände.
Windsurfen: Allgemeine **Surfinfos:** www.visitvest.dk, dort unter Aktivurlaub.
West Wind: Abteilungen in Hvide Sande Nord (Gytjevej 15, Tel. 97 31 25 99), Hvide Sande Syd (Søndre Klitvej 1, Tel. 97 31 28 99) und Bork Havn (Bryggen 10–12, Tel. 75 28 01 80), www.westwind.dk). Der größte Anbieter von Surfkursen und -ausrüstung; Schnupperkurse ab 400 DKK.

Bahn: Tarm, Skjern, Lem und Ringkøbing sind Stationen an der Bahnlinie Esbjerg/Herning – Struer.
Bus: Mehrmals tgl. über Holmsland Klit (Nørre Nebel – Hvide Sand – Ringkøbing).

Surfer am Strand von Holmsland Klit

Von Bork bis Skjern

Reiseatlas: S. 235, D 3–E 3

Die kleine Bucht zwischen dem Ostufer der Halbinsel Tipperne und der Fjordküste bei Bork Havn ist eines der Surfreviere, das vor allem Anfänger lieben. Sie müssen aber aufpassen, dass sie nicht mit Drachenbooten kollidieren: Wikinger sind hier häufig unterwegs. Sie kommen vom **Bork Vikingehavn** (Fjordvej 2B, Tel. 97 36 23 43, Fax 97 36 24 80; Ostern–Mitte Dez. mind. So–Fr 11–16, Hochsaison u. 42. Woche tgl. 11–17 Uhr). Das noch junge Erlebniszentrum beleuchtet die seefahrerische Seite der Wikingerzeit mit einem kleinen Hafen, einem Marktplatz und ein paar zeittypischen Bauten. Es lebt mit seinen Aktivitäten auf, z. B. dem Wikingermarkt Anfang August. Ein Besuch sollte sich am aktuellen Programm orientieren, das alle i-Büros am Fjord kennen. Bork Vikingehavn ist die populärste Abteilung des Skjern-Egvad-Museum. Das besteht aus mehreren Besuchsstätten von Bork bis nördlich von Skjern:

So zeigt gleich neben dem Wikingerhafen der **Fahl Kro** (Tel. 75 28 06 20) eine kleine Ausstellung zur Jagd am Fjord, man sollte aber an Tagen kom-

men, an denen Jütlands Traditionsküche gepflegt und Volksmusik aus der
Region gespielt wird. Der ›Hof des
Gänsemanns‹, **Gåsemandens Gård** in
Nørre Bork (Galgebjergevej 20, Tel. 75
28 06 20) demonstriert Landwirtschaft
im Wechsel der Jahreszeiten, während
in Tarm das **Hattemagerhuset** (›Hut-
macherhaus‹, Foersumvej 1) genutzt
wird, um den Alltag zu Omas Zeiten
oder den Volksglauben zu zeigen.

In der **Skjern Vindmølle** (Windmühle, Langagervej 25, Skjern, Tel. 97 35 29
73) wird mindestens einmal pro Woche
wie in alten Tagen Korn gemahlen. **Dejbjerg Jernalder** (Bundsbækvej 4A,
Dejbjerg) lässt mit dem Nachbau eines
Hofes aus der Eisenzeit (ca. 500 v.
Chr.–800 n. Chr.) eine weitere Vorzeitepoche lebendig werden. Die **Bunds-
bæk Mølle** (Bundsbækvej 27, Skjern)
ist Dänemarks letzte intakte Wasser-
mühle; aus hier gemahlenem Mehl wird
für die urige Kaffeestube im Haus des
Müllers Brot und Kuchen gebacken.
Die Mühle dient zudem für Ausstellungen und ist Zentrale dieses zerstreuten
Museums (Infos zu allen Besuchsstätten: Tel. 97 36 23 43, www.skjern-egvad
-museum.dk).

Zum Programm des Museums ge-
hören auch **Naturexkursionen** u. a. zur
Skjern Å mit einem der ehrgeizigsten
Naturschutzprojekte, das Europa in
den letzen Jahren erlebte. Für eine
Viertelmilliarde Kronen ist die Skjern Å,
die erst bis 1969 begradigt worden war,
zwischen 1999 und 2002 renaturiert
worden. Der Fluss darf jetzt zwischen
Boris und dem Ringkøbing Fjord wie in
alten Tagen durch sein Tal mäandern
und, wenn ihm danach ist, die Wiesen

an seinen Ufern unter Wasser setzen.
Sogar mehrere Tausend Kubikmeter
Laichkies für Lachse und Forellen wurden ausgebracht. Zum Angeln am neu-
en Fluss im alten Bett benötigt man neben der obligatorischen Angelkarte (S.
65) auch einen Angelschein, den es in
allen i-Büros rund um den Ringkøbing
Fjord gibt. Weitere Freizeitangebote
werden entwickelt, so z. B. Kanufahren.

Skjern Turistkontor: Bredegade
55, 6900 Skjern, Tel. 97 35 18 55,
Fax 97 35 26 09, www.visitvest.dk.
Tarm Turistinformation: Engvej 2, 6880
Tarm, Tel. 97 37 18 28, Fax 97 37 31 35,
www.visittarm.dk.

Danland i Bork Havn Feriecenter:
Bork Havn, Kirkehøjvej 34, 6893
Hemmet, Tel. 75 28 05 87, Fax 75 28 06 01.
Moderner Ferienpark; Zugang zu kinder-
und surferfreundlichem Strand.

Holmsland Klit

Reiseatlas: S. 235, D 2–3
Die Dünennehrung Holmsland Klit
trennt auf einer Länge von 35 km zwischen Nymindegab (S. 131) und Søndervig den Ringkøbing Fjord von der
Nordsee. An den schmalsten Stellen
wie im Süden von Hvide Sande ist sie
nur ein paar Hundert Meter breit, mehr
als 3 km werden es nie.

Vom Leuchtturm **Nørre Lyngvig Fyr,**
der nördlich von Hvide Sande 38 m
über die Dünen und 53 m über den
Meeresspiegel aufragt, kann man den
Aufbau des schmalen Landstreifens
gut erkennen: breiter Strand im Westen
bis an die jungen ›weißen Dünen‹, da-

hinter die älteren, von anspruchslosen Pflanzen überzogenen ›grauen Dünen‹, dann ein breiter Streifen Heide – meist als Baugrund für Ferienhäuser genutzt – und im Osten grüne Marschwiesen und etwas Ackerland bis ans Ufer des Ringkøbing Fjord.

Auf Holmsland Klit haben Menschen mit Land- und Viehwirtschaft auf der Fjordseite sowie mit etwas Strandfischerei und dem Verwerten von Strandgut auf der Nordseeseite immer ein Auskommen gefunden. Etliche tief geduckte Vierkanthöfe – die Bauweise bot im Innenhof etwas Schutz vor dem Wind – entstanden an dem Weg, der sich auf der Grenze zwischen Dünen und Marschland von Süden nach Norden über die Nehrung zog und fast ohne Spurwechsel zur heutigen Hauptstraße wurde.

Abelines Gaard: Nostalgisch

Reiseatlas: S. 235, D 3
Einige der alten Höfe sind zu Ferienwohnungen umgebaut, einer bei Sønder Havrvig dient als Reiterhof und **Abelines Gaard** (Sdr. Klitvej 87, Havrvig, Tel. 97 31 51 27, April–Okt. tgl. 11–17, Café ab 13 Uhr) zwischen Nørre Havrvig und Årgab als Heimatmuseum. Dieser Hof wurde 1854–71 für den Strandvogt der Region gebaut, später aber nach Abeline Christensen benannt, die 1890 einheiratete und bis 1954 hier wohnte. Abeline wuchs als eines von 18 Kindern auf einem Nachbarhof auf, mit 34 hatte sie selbst 5 Kinder und war Witwe. Den Rest ihres Lebens, noch 53 Jahre, bewirtschaftete sie den Hof mit ihren Kindern weiter

und übto auch etliche Jahre das Amt des Strandvogtes aus. Abelines Gaard ist ein Juwel, romantisch und voller Nostalgie, vielleicht einen Hauch zu schön, um das echte Leben in dieser rauen Umwelt zu zeigen.

Hvide Sande: Quirlig

Reiseatlas: S. 235, D 2
Kaum war 1931 der Kanal mit Sperrwerk und Schleusen fertig, schoss an seinen Ufern der Ort Hvide Sande aus dem Sandboden, heute eine quirlige Hafenstadt mit fast 3500 Einwohnern.

Den Fischern stehen Hafenbecken mit direktem Zugang zur Nordsee wie auch zum Fjord zur Verfügung; über 150 Kutter sind in Hvide Sande beheimatet, das sind gut und gerne 400 Arbeitsplätze auf See, an denen noch dreimal so viele an Land hängen. Neben Konsumfisch stellen einige Kutter, die vom Nordhafen aus operieren, auch Fischen nach, die sich nur zur Verarbeitung als Tierfutter eignen. Das geht vor Ort in die Nerzzucht, die auf Holmsland ein weiterer Erwerbszweig ist, erkennbar an langen flachen Käfigbauten neben einigen Höfen. Die Industriefischerei, ein Raubbau an Meeresressourcen (S. 26), wie auch die Nerzzucht wegen ihrer Käfighaltung sind Naturschützern ein Dorn im Auge.

Was an Konsumfisch angelandet wird, steht werktags um 7 Uhr morgens, bei großen Mengen auch noch um 10 Uhr zwischen neuem Eis gepackt in blauen Kisten auf dem Boden der **Auktionshalle** direkt am südlichen Hafenbecken. Für Urlauber gibt es in der Hochsaison Auktionen, bei denen einzelne Fische und nicht nur ganze Kisten oder gar Partien mit Dutzenden davon unters Stöckchen kommen.

Über Hvide Sande, die Seenotrettung, die Fischerei und die Fische – hier lebendig in Aquarien – kann man sich im **Fiskeriets Hus/Vestkyst Akvariert** (Nørregade 2B, Tel. 97 31 26 10, Ostern–Okt. tgl. 10–17, sonst bis 16 Uhr) informieren, im selben Haus, in dem auch das örtliche i-Büro residiert. Mit dem alten Rettungsboot, das vor dem Fiskeriets Hus steht, kenterten 1951 fünf Männer aus Hvide Sande bei einem Rettungsversuch und starben. Inzwischen sind aus den vielen kleinen Rettungsstationen mit offenen Booten wenige Standorte mit unsinkbaren Rettungskreuzern geworden, z. B. Hvide Sande mit der ›Emile Robin‹. Die liegt ständig einsatzbereit unterhalb des Blauen Turms, wie das Schleusenhaus am Hafen genannt wird.

Søndervig: Touristisch

Reiseatlas: S. 235, D 2
Bereits Ende des 19. Jh. wurden in Søndervig ein Badehotel und erste Ferienhäuser gebaut. Kurz zuvor hatten Brücken über Wasserläufe, die den Stadil Fjord mit dem Ringkøbing Fjord verbanden, überhaupt erst eine Reise auf dem Landweg von Ringkøbing nach Søndervig möglich gemacht. Heute ist Søndervig der wichtigste Touristenort auf Holmsland Klit. In jüngster Zeit entwickelte sich ein Zentrum, modern und auf die Bedürfnisse der Urlauber ausgerichtet. Im Juli und August pulsiert bis spät in die Nacht das Leben, ab September wird es ruhiger.

Am Strand lang

An einem Sonntag Ende Juni/Anfang Juli findet zwischen Vejers (S. 128) und Hvide Sande (S. 139) – Start und Ziel alternieren – der **North Sea Marathon** statt, eines von zwei Rennen weltweit, die ausschließlich am Strand gelaufen werden. Über 1300 Läufer kamen 2006 auf den verschiedenen Distanzen – neben dem klassischen Marathon auch Halbmarathon sowie 5- oder 10-km-Strecken – ins Ziel. **Anmeldung** unter www.beachmarathon.com, Startgebühr je nach Distanz 50–400 DKK.

Hvide Sande Turistbureau: Fiskeriets Hus, Nørregade 2 B, 6960 Hvide Sande, Tel. 97 31 18 66, Fax 97 31 28 80, www.hvidesande.dk.
Turistinformation Søndervig: Lodbergsvej 73–77, 6950 Søndervig, Tel. 70 22 70 01, Fax 70 22 70 02, www.visitvest.dk.

Hvide Sande Sømandshjem: Bredgade 5, 6960 Hvide Sande, Tel. 97 31 10 33, Fax 97 31 36 76. Mitten im Zentrum von Hvide Sande; einfach, aber solide, eher Familien-, denn Seemannsunterkunft. DZ 645, 4-Bett-Zi. 895 DKK.
Danland Feriehotel Søndervig: Lodbergsvej 245, Tel. 97 33 92 00, Fax 97 33 80 83. Große, gut ausgestattete Ferienanlage mit fast 900 Betten in Apartments (je nach Saison und Größe ca. 2800–9350 DKK/Woche) und wenige Hotelzimmer. Direkter Zugang zum Strand, für Gäste freie Nutzung des Badelandes.
Nørre Lyngvig Camping: Holmsland Klitvej 81, 6960 Nørre Lyngvig, Tel. 97 31 12

31, Fax 97 31 31 13, www.lyngvigcam ping.dk. Des Autors liebster Campingplatz an der Küste: über 440 000 m² Naturgelände zwischen Dünen und Heide mit direktem Zugang zum Strand; freie Platzwahl. Ein Fahrrad ist nützlich, denn die Wege zum Shop oder zu den Toiletten können lang werden. Auch Hütten.

Restaurant Slusen: Bredgade 3, Hvide Sande, Tel. 97 31 27 27. Zentral gelegenes kleines Fischrestaurant mit Preisen im oberen moderaten Bereich.

Hvide Sande Røgeri/Røgeriets Cafeteria: Troldbjergvej 4 (im Fiskecentret am nördl. Kanalufer), Hvide Sande. Preiswerte Fischräucherei; hier kann man an Tischen sitzen, viele nehmen aber nur Leckereien auf die Hand und suchen sich draußen irgendwo ein Plätzchen.

Sandslottet: Anker Eskildsens Vej 1–3, Nørre Lyngvig (an der Straße [181]), Tel. 97 31 22 00. Discount-Restaurant mit Indoor-Spielland ›PlayZone‹ für Kinder bis 11 Jahre (kostenpflichtig); hier isst die Familie schnell und billig. (Nur April-Okt.)

Søndervig Supermarket am Ortseingang von Søndervig hat rund ums Jahr tgl. (auch So) geöffnet, während der Saison bis in die Abendstunden.

Edgar Madsen: Metheasvej 11, Hvide Sande, Tel. 97 31 14 33. Falls Ihnen bei der Auktion die Partien zu groß waren, gibt es gleich neben der Halle einen guten Fischladen.

Kloster Design: Klostervej 96, Kloster (5 km östl. Søndervig), Tel. 97 33 70 85. Die Mutter aller ›Ziehen-Sie-Ihre-Kerzenselbst‹-Shops ist trotz neuer Konkurrenz einen Ausflug wert, allein wegen der Auswahl an typisch dänischem Kleinkram.

Angeln: Beliebte Standplätze für Sport- und Hobbyangler sind die Molen und Uferbefestigungen des Hvide Sande Kanal; Angelausrüstung und Köder bieten mehrere Läden im Ort, u. a.

Lystfiskeren (Troldbjergvej 4, im Fiskecentret am nördl. Kanalufer).

Für Kinder: Søndervig ist einer der Standorte des Kinderanimationsprogramms ›Treffpunkt‹ (S. 57).

Ridecenter Vinterlejegård: Vesterledvej 9, Sønder Havrvig, Tel. 97 31 51 63. Ausritte am Strand; spezielle Angebote für Kinder und Jugendliche.

Søndervig Badeland: am Danland Feriehotel (s. o.). Familien-Spaßbad, ganzjährig tgl. 11–19 Uhr. Nicht nur für Gäste der Ferienanlage.

Holmslands Nachtleben ist in Søndervig am **Lodbergsvej** zu Hause, u. a. mit mehreren Pubs und Kneipen, Discos und allerlei Fun von der Bowling-Anlage bis zum Internet-Café im **Beach Bowl** (Lodbergsvej 36).

Heringsfestival (www.sildefestival. dk) am letzten Wochenende im April rund um ein gut dotiertes Wettangeln am Hvide Sande Kanal: Es gilt, binnen einer Stunde vom Ufer aus so viele Heringe wie möglich an Land zu ziehen. Da sich die Silberlinge um diese Jahreszeit in Schwärmen zwischen Meer und Fjord tummeln, muss man schon deutlich über 10 kg fangen, um Siegchancen zu haben.

Ringkøbing: Zum Shoppen gemacht

Reiseatlas: S. 235, D 2

Ringkøbing ist stolz auf Stadt- und Handelsrechte aus dem 15. Jh. und mit etwa 9000 Einwohnern ist es schon der wichtigste Einkaufsort für ein großes Einzugsgebiet. So findet man hier ein Angebot an Geschäften, das in

Deutschland allenfalls vier- bis fünfmal so große Städte haben würden.

Lange profitierte Ringkøbing vom Pech anderer, dann hatte es selbst Pech: Die Versandung des Limfjord machte Ringkøbing vom Beginn des Mittelalters bis weit ins 19. Jh. hinein zum einzigen dänischen Nordseehafen nördlich des Wattenmeeres. Als Dänemark nach dem Krieg gegen Preußen 1864 auch noch die Häfen in Schleswig-Holstein verlor, hätte alles gut laufen können, wenn nicht der eigene Zugang zum Meer versandet wäre. So fielen die Würfel für den Bau des neuen Exporthafens Esbjerg (S. 108), und als die Schleuse von Hvide Sande der Stadt am Fjord ab 1931 wieder einen sicheren Meereszugang garantierte, war der Zug, was die lukrativen Exporte von Fleisch, Getreide und Butter nach England anging, längst abgefahren. Seit auch noch die Werft dicht gemacht hat, ist Ringkøbings Hafen eher idyllisch denn geschäftig.

Zwischen Hafen und Marktplatz Torvet breitet sich ein pittoreskes Viertel mit Kopfsteinpflaster und vielen Häusern aus dem 18. und 19. Jh. aus: roter Backstein, tief gezogene Dächer, kleine Fenster mit allerlei Nippes drin. Die **Vester Strandgade** ist die traditionelle Einkaufsstraße mit altmodischen Läden. Als für die Bewohner von Holmsland Klit das Boot noch das wichtigste Verkehrsmittel war, um zum Einkaufen in die Stadt zu fahren, führte sie der Weg zwischen Hafen und Marktplatz Torvet immer durch diese Gasse.

Torvet ist bis heute Zentrum und gute Stube von Ringkøbing. Im Sommer steht hier eine Bühne, mehrmals pro Woche gibt es Livemusik. Das **Hotel Ringkøbing,** das eine Seite des Torvet abschließt, ist das älteste weltliche Haus der Stadt, um 1600 gebaut. Die Kirche, die sich an einem Seitenarm des Platzes versteckt, hat ein paar Jahre mehr auf dem Dach. Schauen Sie sich einmal den Turm genauer an: Nein, er ist nicht schief, das täuscht, er ist nur oben breiter als unten.

Das Haus neben der Kirche, in dem das i-Büro residiert, ist der **Priorgaard,** der 1913 nach Plänen des damaligen Kult-Architekten Ulrik Plesner (1861–1933; S. 199) entstand, der aus der Nähe von Ringkøbing stammt. Seine Verbindung traditioneller Baustile aus Dänemark und England, die von Kollegen oft kopiert wurde, trägt viel zum beschaulichen Image Jütlands bei. Wenn Sie mehr davon entdecken wollen: Im i-Büro gibt es eine Broschüre

Ein leckerer Helt

Ein Fisch, den die Dänen *helt* nennen und den es angeblich nur im brackigen Wasser des Ringkøbing Fjord gibt, ist die Spezialität der Räuchereien und Restaurants von Ringkøbing. Probleme bereitet der deutsche Name: Mal taucht er als Maräne in den Speisekarten auf, mal als Felchen, mal als Blaufelchen, und das Buch der Fische Nordeuropas führt ihn unter dem deutschen Namen Lavaret (Coregonus lavaretus). Aber wen interessiert das? Der Helt ist ein kleiner, leckerer Lachsverwandter.

mit dem Vorschlag für einen Stadt-rundgang. Wollen Sie indes lieber in lustiger Gesellschaft die Stadt erkunden, warten Sie bis nach 20 Uhr (Juli–Aug.), dann macht sich vom Rathaus am Torvet aus der Nachtwächter auf seine Runde und erklärt zwischen seinen Gesängen dies und das zu den Häusern und ihrer Geschichte.

Das **Ringkøbing Museum** (Kongevejen 1, Tel. 97 32 16 15, Juli–Aug. tgl. 11–17, Sept., Okt., Dez. Di–So 11–16, sonst Di–So 12–16 Uhr) besitzt neben dem Obligatorischen zur Stadtgeschichte auch eine gute Sammlung mit Exponaten aus Grönland. Damit würdigt das Museum Ludvıg Mylıus-Erichsen (1872–1907). Der Schriftsteller, Polarforscher und Förderer der Inuit-Kultur, der Anfang des 20. Jh. u. a. mit Dänemarks bekanntestem Polarforscher Knud Rasmussen zwei Grönland-Expeditionen durchführte und bei der zweiten dort umkam, wuchs in Ringkøbing auf. Auf dem Platz vor dem Museum erinnert eine Bronzestatue an ihn.

Ringkøbing Turistbureau: Torvet, 6950 Ringkøbing, Tel. 70 22 70 01, Fax 70 22 70 02, www.visitvest.dk.

Fjordgården: Vesterkær 28, Tel. 97 32 14 00, Fax 97 32 47 60. Ein Familienhotel mit vielen Angeboten für Kinder, u. a. großes Schwimmbad. DZ regulär 1325 DKK, Wochenend- und Sommerangebote ab 945 DKK (bis zu 4 Pers.).
Hotel Ringkøbing: Torvet 18, Tel. 97 32 00 11, Fax 97 32 18 72. Eine Institution im ältesten Haus der Stadt; nur 26 Zimmer, DZ ab 895 DKK, Komfortzimmer in angeschlossenem Neubau 995 DKK.

Hotel Ringkøbing: (s. o.) mit guter dänischer Küche in der viel frischer Fisch verarbeitet wird.
Helten: im Hotel Fjordgården (s. o.). Gelegentlich wir ein Fisch-, immer ein Kinderbüfett angeboten. Moderate bis gehobene Preise.

Stengaards Møbler: Herningvej 93, Tel. 97 32 24 22, eines der größten Möbelgeschäfte der Region mit regelmäßiger Direktauslieferung in Deutschland.

Stadtrundgänge im Gefolge eines Nachtwächters im Sommer tgl. 20–22 Uhr ab Marktplatz, Fr sangesfroher Abschluss in ›Vægter Stuen‹ im Hotel Ringkøbing ab 22 Uhr.

Bahn: Station an der Linie Esbjerg – Struer.
Bus: Gute Verbindung an die Küste sowie Schnellbusse in 2,5 Std. nach Århus (S. 66).

Lem und Stavning: Im Land der Rotoren

Reiseatlas: S. 235, E 2
Überall am Ringkøbing Fjord stehen moderne Windkraftanlagen, nirgendwo jedoch so massiert wie am Ostufer im Energiepark **Velling Mærsk og Tændpibe.** 100 Anlagen halten hier ihre Rotorblätter in den Wind und produzieren etwa ein Drittel des Strombedarfs der Region um Ringkøbing. Der Windpark ist auch ein Schaufenster für einen der weltweit führenden Hersteller von Windkraftanlagen, Vestas, der eine seiner Fertigungsanlagen im nahen **Lem** hat. Der kleine 1400-Einwohner-Ort ist

Dänemarks ›Revier‹ – zeitweilig gab es in un um Lem über 50 Metall verarbeitende Betriebe.

Kleiner als an den Windkraftanlagen sind die Rotorblätter in **Dansk Veteranflysamling & Flyvåbenmuseet** (Lufthavnsvej 4, Tel. 97 36 93 33, April–Okt. tgl. min. 11–16, Juni–Aug. 10–17 Uhr) auf dem Flugplatz Stavning südlich von Lem. Über 60 Flugzeug-Oldtimer stehen in den Hangars, darunter eine Replika der Ellehammer-Maschine, des ersten Motorflugzeugs, das 1906 in Europa flog, und jeweils ein Exemplar aller elf je in Dänemark gebauten Flugzeugtypen der Firma Kramme og Zeuthen. Seit 2006 beherbergt das Museum zudem die Sammlung alter Kampf- und Trainingsflugzeuge der dänischen Luftwaffe. Die älteste der ca. 20 flugfähigen Maschinen ist eine Hornet Moth von 1941. Im Sommer gibt es Flugabende und Anfang Juni eine Oldtimer-Rallye, zu der Flugenthusiasten aus ganz Europa kommen (Daten bei den i-Büros).

Herning und Holstebro: Exkursionen zur Kunst

Keine Frage, die Messestadt Herning und die Kongressstadt Holstebro weiter im Hinterland locken zum Shopping. Was jedoch den Weg in die ›Provinz‹-Städte wirklich lohnend macht, ist die moderne Kunst. Was diese beiden Orte, der eine 32 000, der andere 40 000 Einwohnern bieten, stünde sogar mancher Weltstadt gut zu Gesicht.

Herning: Kunst an der Donnerkuppel

Reiseatlas: S. 235, F 2
Herning ist mit der Textilindustrie groß geworden, und die Textilfabrikanten waren freigebige Kunstmäzene. Im Vorort Birk, nahe der angesehenen Fachhochschule für Textildesign, entstand ein einzigartiger Kunstkomplex. Den Anfang machte 1964 eine Hemdenfabrik in einem architektonisch extravaganten Spiralbau. Die Wand im Innen-

›Rad des Lebens‹ im Kunstmuseum in Herning

hof ist mit einem 220 m langen und bis zu 5 m hohen Keramikfries von Carl-Henning Pedersen verkleidet. ›Spiel der Fantasie um das Rad des Lebens‹ nannte der zur CoBrA-Gruppe gerechnete Künstler das Mammutwerk mit den 15 bunten Motiven. In den 1970ern zogen die Näherinnen aus und das **Herning Kunstmuseum** (Birk Centerpark, Tel. 97 12 10 33, Mai–Okt. Di–So 10–17, Juli auch Mo, sonst Di–Fr 10–17, Sa/So 12–17 Uhr) füllte die Räume mit seiner exquisiten Sammlung junger dänischer und internationaler Kunst.

Direkt nebenan widmet sich ein weiteres Museum dem Werk des Künstlerpaares Pedersen/Alfelt, das die moderne Kunst in Dänemark entscheidend mitgeprägt hat: Das **Carl-Henning Pedersen og Else Alfelts Museum** (Tel. 97 22 10 79, Öffnungszeiten wie Herning Kunstmuseum) besteht aus einem Rundbau, eine Art moderner Wasserburg, einer 1993 als Erweiterungsbau entstandenen Pyramide sowie überraschend großen Räumen, die in der Erde versteckt sind. Beide ›Aufbauten‹ sind außen ebenfalls mit Keramikarbeiten von Carl-Henning Pedersen verkleidet. In den Grünanlagen sind Skulpturen fast aller bekannten dänischen Künstler der Moderne sowie ihrer internationalen Kollegen vertreten.

Eine Arbeit sprengt indes jeden Rahmen: Folgt man der Straße an den Museen vorbei ein kleines Stück von der Hauptstraße weg, staunt man über das derzeit jüngste und größte Element der Kunst in Birk, Ingvar Cronhammers Installation **ELIA,** ein Mega-Kunstwerk für das 21. Jh. So martialisch. So düster. Eine stählerne Donnerkuppel, 15 m hoch. Oben vier Säulen, so angelegt, dass sie Blitze anziehen. Dazwischen lodert in gewissen Abständen eine Gasflamme in den Himmel. Jeden Augenblick erwartet man, dass ein Trupp Klonkrieger die Treppen heruntermarschiert. Das ist Kunst, die Diskussionen auslöst.

Herning Turist- & Kongressbureau: Torvet 8, 7400 Herning, Tel. 96 27 22 22, Fax 96 27 22 23, www.visitherning.dk.

Bahn: u. a. Linien nach Ringkøbing, Ulfborg und Vemb.

Wo Kunst auch mal gefüttert wird: Holstebro

Reiseatlas: S. 235, E 1

Holstebros Innenstadt ist weitgehend den Fußgängern vorbehalten, Autos sind an den Rand verbannt. Wo man geht und steht, scheint man auf Kunst zu stoßen. Da ist es hilfreich, sich am i-Büro einen Plan zu holen, der Standorte zeigt und Details zu den Werken erzählt. Schon um und auf Holstebros Kongreß- und Kulturzentrum, in dem das i-Büro untergebracht ist, sieht man überall Skulpturen. Das bekannteste Einzelwerk steht dann vor dem alten Rathaus: Die ›Frau auf dem Wagen‹, eine der dürren, eisernen Modells des Schweizers Alberto Giacometti. Mitleidige Kunstfreunde haben ihr sogar schon mal ein Stullenpaket vor die Füße gelegt. Auf diese Idee käme wohl niemand bei der wohlgeformten Dame, die gegenüber im Foyer des Hotel Schaumburg sitzt: Die Kleine Meerjungfrau, eine Replik, geschaffen von Edvard Eriksen, der auch das Kopenhagener Original modellierte.

Das **Holstebro Kunstmuseum** (Museumsvej 2, Tel. 97 42 45 18, Juli–Aug. Di–So 11–17, sonst Di–Fr 12–16, Sa, So und Feiertage 11–17 Uhr), das um die alte Villa des Tabakfabrikanten und Kunstmäzens Søren Færch entstand, stellt moderne Malerei und Grafik ab den 1930er Jahren in einen interessanten Kontrast zu einer ausgezeichneten Sammlung von Kunst außereuropäischer Kulturen.

Es ist aber nicht allein die bildende Kunst, mit der Holstebro überrascht, auch die darstellende hat hohes Niveau: Die **Ballettschule des Königlichen Theaters** aus Kopenhagen betreibt hier eine Dependance, und der ehemalige Ballettmeister dieser weltbekannten Tanzbühne, Peter-Schaufuss, hatte wohl deren Absolventen im Auge, als er seine freie Tanzgruppe in Holstebro ansiedelte. Darüber hinaus ist die Stadt seit langem Heimat des experimentellen **Odin Teatret,** eines international renommierten Tourneetheaters.

 Holstebro Turistbureau: Den Røde Plads 14, 7500 Holstebro, Tel. 96 11 79 40, Fax 96 11 78 79, www.visitholste bro.dk.

Bahn: Station an der Linie Esbjerg – Ringkøbing – Struer.
Bus: Direktverbindung von den Küstenorten Vedersø und Vester Husby.

Vom Ringkøbing Fjord zum Nissum Fjord

Reiseatlas: S. 235, D 2–D 1

Nördlich von Søndervig wird die Küste bald einsamer, längere Abschnitt sind gar frei von Ferienhäusern – der Naturschutz sorgt dafür. Einen guten Überblick bekommt man von der **Husby Klit Bake,** die seit 1884 auf Höhe des **Vest Stadil Fjord** unübersehbar auf einer Düne steht. Der Vest Stadil Fjord und der nahe **Stadil Fjord** bildeten noch bis ins 19. Jh. hinein eine einzige Wasserfläche, die ab 1862 durch Absenken des Wasserspiegels in Ackerland umgewandelt werden sollte. Doch das Projekt scheiterte, 1998/99 wurden große Abschnitte am Seeufer renaturiert. Ein neuer Radweg führt am Ostufer vorbei; Vogelbeobachtungstürme sind aufgestellt.

Gleich nördlich der Seebake liegt der **Strandgaarden** (Husby Klitvej 5, Husby Klit), ein typischer Vierkanthof und Dependance des Ringkøbing Museum. 2007 wird das Museum Strandgaarden umgestaltet und neu konzipiert, 2008 öffnet es wieder. Thema ist das Leben in den Dünen, was nicht nur geographisch immer ein Leben zwischen Land und Meer war: Landwirtschaft auf kargen Böden, gefährliche Strandfischerei und Sammeln von Strandgut.

Von mehreren Parkplätzen entlang der Straße [181] führen Wege durch die Dünen zum Meer. Die Strandidylle wird jedoch durch Bunker aus dem Zweiten Weltkrieg etwas getrübt. Ursprünglich in die Dünen gebaut, liegen die Betonklötze, je nachdem, wie weit das Meer sich vorgearbeitet hat, heute frei auf dem Strand oder gar schon in der Brandungszone. In **Hovvig,** knapp 4 km nördlich von Søndervig, sind sie besonders auffällig: Hier existierte eine große Radar- und Geschützstellung mit rund 100 verschiedenen Betonbauten.

Als die Bunker mit Hilfe einheimischer Unternehmen und Arbeiter gebaut wurden, machte ein paar Kilometer landeinwärts in Vedersø **Pastor Kaj Munk** in seiner Kirche keinen Hehl daraus, was er von dieser Kollaboration hielt. Legendär sein Predigtboykott Weihnachten 1943: Er schickte die Gemeinde ohne Gottesdienst wieder nach

Baden mit Vergangenheit: deutsche Bunker an dänischem Strand

Karges Land, schöne Kirchen

Die Landkirchen nördlich des Ringkøbing Fjord sind nicht sensationell, aber einige besitzen Details, die einen Besuch während einer Rundfahrt immer wert sind:

Gammelsogn Kirke (S. 235, D 2): Fragmente der Kalkmalereien von ca. 1170 an der Nordwand gehören zu den ältesten Beispielen dieser Kunst in Dänemark.

Staby Kirke (S. 235, D 1): Steinreliefs – Männerköpfe und Tierfratzen – sowie zwei ungewöhnliche ›Kleeblattfenster‹ aus der Romanik an den Außenwänden der Apsis.

Stadil Kirke (S. 235, D 1): Der romanische Goldaltar – ein Relief aus vergoldeten Kupferplatten, das in einen jüngeren Altaraufsatz eingearbeitet ist – zählt zu den bedeutendsten Werken eigenständiger Kirchenkunst in Jütland.

Vedersø Kirke (S. 235, D 1): Neben dem Chor liegt Kaj Munk (S. 147) begraben. Das romanische Tympanon über der Nordtür gilt als Kompromiss zwischen Heidentum und Christentum, weil es Christus und ein heidnisches Fruchtbarkeitssymbol zeigt.

Ølstrup Kirke (S. 235, E 2): Das Altarbild ›Christus in Emmaus‹ ist ein Frühwerk von Emil Nolde, 1904 im Auftrag der Gemeinde für 340,57 Kronen plus Spesen gemalt. Nolde war mit der Nichte des Propstes verheiratet.

Hause, wegen der Unsitte »sich dem Unrecht zur Verfügung zu stellen«. Wenig später holten ihn Gestapo-Leute aus dem Pfarrhaus und ermordeten ihn in der selben Nacht. Unter großer Anteilnahme der Bevölkerung wurde Munk auf dem Friedhof seiner Kirche beigesetzt; bis heute liegen frische Blumen auf dem Grab. Munk war 1924 nach Vedersø gekommen und auch als Dramatiker berühmt. Während der Besatzungszeit adaptierte er historische Stoffe so, dass sie nur als Aufruf zum Widerstand verstanden werden konnten, etwa das Drama über den Tyrannenmörder ›Niels Ebbesen‹, der 1340 Jütland von einem deutschen Grafen befreit hatte (S. 31).

Vedersø Klit

Reiseatlas: S. 235, D 1
An der Küste macht die Straße [181] einen weiten Schlenker ins Landesinnere und damit Platz für das Ferienhausgebiet Vedersø Klit/Vester Husby. Hier sorgte schon früh eine Bauverordnung für das einheitliche Bild der Ferienhäuser mit reetgedeckten Walmdächern. Wahrzeichen der Siedlung ist wieder eine der Seebaken von 1884, die in den Dünen aufragt und den Weg zum Strand weist.

Ulfborg-Vemb Turistbureau: Bredgade 9–11, 6990 Ulfborg, Tel. 97 49 12 77, Fax 97 49 25 70, www.ulfborg -turist.dk. In **Vedersø Klit** betreibt es eine Filiale: Havvej 6, 6990 Vedersø Klit, Tel. 97 49 51 99, Fax 97 49 61 72.

 Feriehus Udlejning: Die Ferienhausvermittlung des i-Büros (s. o.)

hat über 500 hochwertige Ferienhäuser in ihrem Katalog oder online unter www.ulfborg.com.

 Baden: Durchgängig mind. 100 m breiter, meist Sand-, gelegentlich Kiesstrand.
Vedersø Ridecenter: Vesterhavsvej 5, Vedersø Klit, Tel. 97 33 15 10. Reiterhof mit Islandpferden in Strandnähe.
Für Kinder: Vedersø Klit ist einer der Standorte des Kinderanimationsprogramms ›Treffpunkt‹ (S. 57); Kontakt über das i-Büro.

 Bahn: Ulfborg und Vemb sind Stationen an der Linie Herning/Esbjerg – Struer. Ab Vemb Privatbahn nach Lemvig und Thyborøn.
Bus: Ab Ulfborg nach Husby, Vedersø Klit, Vedersø und Thorsminde sowie nach Holstebro.

Nissum Fjord

Reiseatlas: S. 235, D 1/236, A 4
Der Nissum Fjord sollte ab 1844 zu Land gemacht werden, bei Wassertiefen von selten mehr als 2 m ein nicht abwegiges Vorhaben, doch alle Versuche scheiterten. Lediglich im Südostzipfel gelang es 1870/71, den Felsted Kog abzudeichen, heute ist er ein renaturiertes Flachwasser mit dichtem Schilfbestand und damit ein ideales Vogelrevier. Von Vemb im Osten ist ein Beobachtungsturm am Ufer erreichbar. Der Nissum Fjord steht weitgehend unter Naturschutz, daher ist auch das Surfen stark eingeschränkt.

Die 14 km lange Nehrung, die den Nissum Fjord von der Nordsee trennt, ist deutlich schmaler als Holmsland Klit und muss an vielen Stellen mit Buhnen

und Deichen verstärkt werden. Auch hier verschob sich der Durchfluss zwischen Fjord und Meer immer wieder, so dass schon 1868 ein erstes Sperrwerk entstand. Das wurde 1931 erweitert und 1967 um einen Nordseehafen ergänzt. Erst mit diesen Ausbauten entwickelte sich der 600-Einwohner-Ort **Thorsminde** – Fischeridylle kann man dort also nicht erwarten.

Der Kanal ist ein gutes Angelrevier, am Ufer und auf den Molen sind die besten Plätze immer belegt. Klappt es mit dem Petriglück nicht, bleibt die örtliche Fischauktion: Für Profis täglich um 7 Uhr, für Touristen an einigen Samstagsterminen im Sommer (Daten und Zeiten beim i-Büro Vedersø Klit).

Gestrandete ›St. George‹

Am nördlichen Ufer des Kanals liegt ein Museum der Spitzenklasse in den Dünen, das **Strandingsmuseum St. George,** das Schiffsstrandungen, v. a. den Untergang zweier Linienschiffe der britischen Kriegsmarine zu Weihnachten 1811, thematisiert (Vesterhavsgade 1 E, Thorsminde, Tel. 97 49 73 66, Mitte März–Okt. tgl. 10–17 Uhr, sonst tgl. 11–16 Uhr).

Damals waren die ›St. George‹ und die ›Defence‹, die während der Napoleonischen Kriege die Kontinentalsperre überwachten, von einem Orkan gegen die Küste gedrückt worden, wo sie von der tosenden Brandung nur wenige hundert Meter vom Ufer entfernt zerschlagen wurden. 853 Männer von der ›St. George‹ und 538 von der ›Defence‹ ertranken, nur 18 erreichten lebend den Strand. Die Küstenbewohner

Zu Gast bei der weißen Dame

Nørre Vosborg ist einer der wenigen Herrensitze im Westen Jütlands. Prunkraum ist der Rittersaal im Ostflügel aus dem 16. Jh. Der Märchendichter H. C. Andersen war hier 1859 Gast und notierte in seinem Tagebuch »Eine weiße Dame zeigt sich gewöhnlich an dieser Stelle, aber sie hat mich nicht besucht; sie weiß sicher, dass ich Späße mag, aber keine Spukerei.« Für einige Jahre waren die weißen Damen im Schloss allenfalls Malerinnen oder andere Handwerkerinnen, denn Nørre Vosborg wurde aufwendig und mit aller kulturhistorischen Sorgfalt restauriert. Zur Saison 2008 soll alles wieder voll zugänglich sein, inklusive Unterkunft, Restaurant und Führungen. **Nørre Vosborg Herregård,** Vembvej 35, 7570 Vemb, Tel. 97 48 48 97, www.nrvosborg.dk, **Reiseatlas:** S. 235, E 1. Aktuelle Öffnungszeiten auch bei allen umliegenden i-Büros.

konnten nur die Leichen, die tagelang an die Strände gespült wurden, begraben, meist an Ort und Stelle in den Dünen. Die südlich von Thorsminde heißen seitdem Dødemandsbjergerne, ›Berge der toten Männer‹. Eine schlichte Gedenkstätte erinnert dort an die Opfer der Katastrophe. Die letzten wurden übrigens erst im Oktober 2000 beigesetzt. Ihre sterblichen Überreste waren 1997 aus dem Wrack der ›St. George‹ geborgen worden, ein Skelett kam in die Ausstellung des Museums. Das führte zu scharfen Protesten aus Großbritannien und schließlich zur Bestattung mit allen militärischen Ehren.

Vom Nissum Fjord zum Limfjord

Reiseatlas: S. 236, A 4–A 3
Am Nordende des Nissum Fjord müssen noch Deiche das Land schützen, 5 km weiter ragt schon die Steilküste von Bovbjerg mehr als 40 m über den Strand. Oben auf dem Bovbjerg thront seit 1877 der 26 m hohe **Leuchtturm** in ungewöhnlichem Weinrot gestrichen. Bevor er gebaut wurde, diente der weiß getünchte Kirchturm im nahen Ferring den Skippern auf See als Orientierungspunkt, und um Verwechslungen auszuschließen, durfte Bovbjerg Fyr nicht auch weiß sein.

Um die Kirche von **Ferring** gruppieren sich ein paar Häuser, ein Laden, eine Cafeteria und ein Haus über den Klippen, bei dem jeder denkt: ›Das Ferienhaus liegt ja toll‹. Das hat wohl auch der Maler Jens Søndergaard (1895–1957) gedacht, der in der ersten Hälfte des 20. Jh. viele Sommer hier verbrachte. Heute ist das Haus Museum und zeigt einige seiner Werke, von denen viele die Region zum Motiv haben.

Blickt man nach Norden, sieht man dort, wo das Land wieder flach wird, den **Ferring Sø,** Rest einer früheren Durchfahrt zwischen Limfjord und Nordsee. Vor 1000 Jahren war dieses idyllische Wässerchen wohl das ›vikinggate‹, das Tor, durch das sich Tausende von Drachenbooten mit Wikingern auf den Weg machten, um England, Irland und den Küsten des Frankenreichs Besuche abzustatten.

Die Versandung der Passage vom Limfjord nach Westen im 11. Jh. brachte die ganze Region ins Abseits. Der heutige **Thyborøn Kanal** wurde erst 1862 bei einer Sturmflut gerissen, bald darauf künstlich vertieft und mit langen Molen und Buhnen fixiert. Die Passage von Schiffen durch den Kanal ist bei Weststürmen eine Attraktion für sich, bis zu zehn Meter hoch können sich die Wasserberge hier auftürmen. Ein Kutterritt ist aber auch bei kleineren Sturmwellen schon ein spektakuläres und zudem kostenloses Schauspiel.

Thyborøn: Haie streicheln und Trawler steuern

Reiseatlas: S. 236, A 3
Am Rand des Kanals hat sich zwischen den Schutzbuhnen ein schöner Sandstrand gebildet, direkt neben dem ältesten Teil des Hafens. Der wurde 1915 angelegt, als auch die letzten Zweifler kein Versanden der Westpassage mehr befürchteten. Danach entstand der Ort Thyborøn, der dann zur 3000-Einwohner-Stadt von heute heranwuchs.

Tourismus ist hier ein willkommenes Zubrot, aber die Fischerei ist der wichtigste Erwerbszweig; in der Auktionshalle am Hafen kann man montags bis freitags um 7 Uhr bei der Versteigerung von Konsumfisch zusehen.

Lebende Fische sieht man im **Jyllands Akvariet** (Vesterhavsgade 16, Tel. 97 83 28 08, tgl. mind. 10–16, Saison auch bis 18 Uhr), das für Kinder sehr zu empfehlen ist, denn die dürfen auch viel anfassen. Sogar den Haien können sie die Flossen kraulen und dabei lernen, dass die meisten Arten dieser Raubfische ganz liebe Kerle sind.

Gleich nebenan vermittelt **Kystcentret** (Kystcentervej 3, Tel. 96 90 02 00, geöffnet wie Akvariet; für beide günstige Kombitickets) mit moderner Präsentationstechnik die Phänomene, die die Sandküste Jütlands prägen. Man darf Wellen schlagen, einen Tornado entfachen oder einen Hochseetrawler manövrieren – ein Edutainment-Center (S. 60) für Kinder und Erwachsene.

Im Zweiten Weltkrieg wurde Thyborøn zu einer Festung mit 106 Bunkern und Geschützstellungen hochgerüstet. Ein **Bunkermuseum** nahe dem alten Hafen versucht, Licht in dieses düstere Kapitel der Geschichte zu bringen. Einigen der Betonkolosse sieht man noch die Tarnung als Ferienhäuser an, dumm nur für die Auftraggeber, dass der angeheuerte dänische Architekt von jedem Plan gleich eine Kopie nach England schickte. Eine Beschreibung des ›Bunkerpfades‹ gibt es für wenige Kronen im i-Büro oder bei den anderen Attraktionen.

Angesichts des martialischen Betons am Strand ist es eine Wohltat, auf Höhe von Bunker 34 hinter dem Deich das verspielt verschnörkelte **Sneglehuset**, das ›Schneckenhaus‹, zu entdecken (Klitvej 9, Tel. 97 83 11 67, April–Okt. tgl. 11–16.30, Mitte Nov.–Jan. Di 11–15 Uhr, sonst So, Di, Mi 11–15 Uhr). Alfred Chr. Pedersen, Ex-Fischer und ein Original, hatte seiner Frau 1949 ein ganz besonderes Haus

151

versprochen. In 25 Jahren baute er sein Märchenhaus von oben bis unten mit Muscheln, Schnecken und jenen Glasbällen verziert, die Fischer vor dem Plastikzeitalter als Schwimmer an ihren Netzen hatten.

Thyborøn-Harboøre Turist- og Erhvervsråd: Havnegade 5, 7680 Thyborøn, Tel. 97 83 12 88, Fax 97 83 23 67, www.visitthyboron.dk.

Steen Jørgensen Feriehusudlejning: Strandvejen 86, 7673 Harboøre-Vrist, Tel. 97 83 47 60, Fax 97 83 50 36, www.nordseeurlaub.dk. Ca. 200 Ferienhäuser in der Region ›Südliche Limfjordmündung‹.

Hornvarefabrikken: Åbrinkvej 2, 7650 Bøvlingbjerg (S. 236 A 4). Hier kann man sehen, wie aus Hörnern Trinkgefäße, aber auch Löffel oder Haarspangen werden, und gleich kaufen, was einem davon gefällt.

Privatbahn Thyborøn – Lemvig – Vemb mehrmals tgl.
Fähre Thyborøn – Agger Mo–Fr ab 6, Sa ab 7, So ab 9 bis Mo–Do 21, Fr–So 23 Uhr mind. 1 x/Std.

Meerjungfrau am ›Schneckenhaus‹ in Thyborøn

LIMFJORD UND INSEL MORS

Der Limfjord durchzieht Jütland von der Nordsee bis zum Kattegat, ein exzellentes Surf- und Segelrevier, sanfter als das offene Meer, aber mit dessen frischen Winden. Städte wie Lemvig oder Struer und Sehenswürdigkeiten wie Burg Spøttrup oder das Freilichtmuseum Hjerl Hede bieten Abwechslung, und mitten drin liegt die Insel Mors, ein Dänemark im Kleinformat, in dem sogar Shakespeare eine Rolle spielt …

Lemvig: Fenster zum Weltraum

Reiseatlas: S. 236, B 3

Egal, von wo man sich Lemvig nähert, irgendwann geht es bergab, meist mit Blick auf die Stadt. Die schmiegt sich um das Ende eines klassischen Fjords, der wie nach dem Lehrbuch von einem subglazialen Schmelzwasserstrom während der letzten Eiszeit geschaffen wurde. Sogar der typische See in der Verlängerung des Fjords ist vorhanden. Nur im Land der vielen falschen Fjorde heißt dieser echte Lem Vig, ›Kleine Bucht‹. Lemvig, ein perfekter Naturhafen, lag durch die Versandung der westlichen Öffnung des Limfjord das Mittelalter hindurch am falschen Ende einer maritimen Sackgasse.

Erst als im 19. Jh. der Weg nach Westen frei war und auch noch die Eisenbahn kam, blühte es auf – entsprechend jung wirkt die Stadt. Die Stadtgeschichte ist Thema im **Lemvig Museum** (Vestergade 44, Tel. 97 82 00 25, Juni–Sept. Di–So 13–17, März–Mai u.

Okt. So sowie alle Ferien- und Feiertage 13–16 Uhr).

Das Museum ist auch Startpunkt zweier ungewöhnlicher Touren: Ein kurzer, aber steiler Skulpturenpfad verbindet 54 Arbeiten des aus Lemvig stammenden Bildhauers Torvald Westergaard und verschafft nebenbei großartige Aussichten auf Stadt und Bucht. An deren Westufer führt die andere Tour in die Tiefen des Weltraums. Lemvigs **Planetstien** folgt der Bucht hinaus bis zur Halbinsel Gjellerodde, 12 km entfernt. Wer dort die entfernteste Position des Pluto entdecken will, sollte sich im Museum oder beim i-Büro die detaillierte Broschüre über den Planetenweg besorgen, wer nur einmal Weltraumluft schnuppern möchte, schlendert durch die kleine Grünanlage unterhalb des Museums: Von der Sonne sind es 58 m bis zum Merkur, 108 m zur Venus, 150 m zur Erde und 208 m zum Mars. Erwarten Sie jedoch nicht zuviel: Alle Planeten sind wie die Entfernungen im Maßstab 1 : 1 Mrd. eingeschrumpft, da bleibt bei vielen kaum mehr als ein Bronzekügelchen auf einem Granitklotz.

Ist man nun schon im Himmel, kann man gleich hinter dem Mars das **Museet for Religiøs Kunst** (›Museum für religiöse Kunst‹, Strandvejen 13, Tel. 97 81 03 71, Di–So März–42. Woche 12–17, sonst 13–16 Uhr, 1. Hälfte Jan. geschl.) besuchen. Im Zentrum der eigenen Sammlung stehen Originalillustrationen einer dänischen Bilderbibel aus den frühen 1990er Jahren, Sonderausstellungen zeigen indes meist moderne Kunst – oft, aber nicht unbedingt mit religiösem Hintergrund.

Lemvig Turistbureau: Toldbodgade 4, 7620 Lemvig, Tel. 97 82 00 77, Fax 97 82 30 77, www.visitlemvig.dk.

Nørre Vinkel Hotel & Golfcenter: Søgårdevejen 6, Tel. 97 82 22 11, Fax 97 81 05 41. Golfhotel mit Blick auf Stadt und Bucht; hier können Sie fast aus dem Bett heraus einputten. DZ ab 975 DKK; Paketangebote Aufenthalt plus Greenfee.
Danland Lemvig Feriecenter: Vinkelhagevej 8, Tel. 97 82 27 22, Fax 97 81 09 29. Anlage mit dörflichem Charakter – sogar mit Hafenkneipe – etwa 1,5 km außerhalb der Stadt direkt am Limfjord neben einer Marina: moderne Ferienwohnungen in Reihenhäusern. Je nach Saison ca. 2350–5700 DKK/Woche.

Struer:
Stadt mit gutem Klang

Reiseatlas: S. 236, B 4
Muss man Struer kennen? Die Stadt am Limfjord entstand erst vor gut 100 Jahren um den alten Hafen von Hols-

tebro (S. 146). Heute boomt Struer, und stolz vermerkt eine Broschüre, dass für die gut 23 000 Einwohner der Kommune über 10 000 Arbeitsplätze zur Verfügung stehen. Aus der unscheinbaren Provinzstadt am Limfjord kommen beispielsweise die berühmten HiFi-Geräte von Bang & Olufsen.

Peter Bang und Svend Olufsen gründeten ihre Radiofabrik 1925 auf einem Bauernhof. Vier Jahre später setzten sie erstmals Design gleichberechtigt neben der Technik ein. Inzwischen stehen B&O-Geräte in vielen Museen, in denen innovative Formgebung präsent ist; das Museum of Modern Art in New York widmete Bang & Olufsen 1978 sogar eine Sonderausstellung. Mit klaren, nur an der Funktion orientierten Formen, hinter denen sich hochwertigste Technik verbirgt, sind B&O-Geräte unverkennbar – und der Erfolg zeigt, dass dieses Konzept weltweit ankommt. Nur so konnte das Unternehmen trotz der hohen Lohnkosten in Dänemark überleben. Während nämlich die gesamte nationale Konkurrenz und viele größere europäische Mitbewerber seit den 1960ern vor billiger Konkurrenz aus Fernost die Segel streichen mussten, überstand B&O alle Branchenflauten relativ unbeschadet. Sieht man vom dänischen Markt ab, auf dem etwa ein Viertel der Produktion bleibt, gelten B&O-Geräte im Rest der Welt als Luxusgüter. Eine wichtige Kundin ist übrigens Dänemarks Königin. Sie nimmt bei Staatsbesuchen gern Geräte von Bang & Olufsen als Gastgeschenke mit, und so wird dort nicht ohne Stolz darauf hingewiesen, dass viele gekrönte und gewählte Staatsoberhäupter der Welt Geräte aus Struer im Haus haben. Das **Struer Museum** (Søndergade 23, Tel. 97 85 13 11, www.struermuseum.dk) wird umgebaut und Ende 2007 mit einer großen Abteilung über Bang & Olufsen wieder eröffnet.

Wer nicht nur an großem Klang, sondern auch an kleinen Dingen Freude hat, sollte am Nordrand von Struer zum Anleger Kleppen abbiegen. Von dort verkehrt Dänemarks kürzeste Fährlinie in gut zwei Minuten zur Insel **Venø**. Deren Kirche aus dem 16. Jh. gilt als kleinste im Land und ist begehrt für romantische Hochzeiten in kleinem Kreis.

Struer Turistbureau: Rådhuspladsen, 7600 Struer, Tel. 97 85 07 95, Fax 97 85 17 13, www.visitstruer.dk.

Feriepartner Limfjorden: Solbjergvej 26, Tel. 97 86 22 22, www.feriepartner-limfjorden.dk. Regionaler Ferienhausvermittler mit 100 Häusern im Westen des Limfjord.

Sahl, Hjerl Hede und Spøttrup: Zeitsprünge

Reiseatlas: S. 236, C 3–4
Drei Ziele östlich des jungen Struer lassen sich zu einem Ausflug verknüpfen und garantieren wahre Zeitsprünge.

Die romanische **Sahl Kirke** ziert das Werk eines Designers aus dem frühen 13. Jh., wahrscheinlich ein Meister aus Ribe: Der bilderreiche Goldaltar, der dem Namen zum Trotz nur aus vergoldetem Kupferblech besteht, ist ein Hauptwerk der Kirchenkunst Jütlands. Was jetzt wie aus einem Guss überein-

ander aufgestellt ist, war ursprünglich zweigeteilt: als Fronttafel eines Altartisches und als dessen Aufsatz.

Die Zeit vom 16. bis zum 19. Jh. bekommt im Freilichtmuseum **Hjerl Hede** in der Hochsaison täglich ab 13 Uhr Leben eingehaucht (Hjerl Hedevej 14, Tel. 97 44 80 60, April–Okt. tgl. 10–17/ 18 Uhr, Aktivitäten von Juni bis Mitte Aug., eingeschränkt – Ende Aug. jeweils 11–17 Uhr, Nov.–März Sa, So 10– 16 Uhr, im Dez. mit Weihnachtsaktivitäten). Ein Dorf mit annähernd 50 Gebäuden aus allen ländlichen Regionen Jütlands wird dann zur Kulisse für kleine Alltagsszenen, mit viel Enthusiasmus von einer großen Laienschar in Szene gesetzt. Außerdem sind in Werkstätten wie der Schmiede oder der Böttcherei Handwerker aktiv, und im Dorfladen kann man einkaufen wie zu Uromas Zeiten. Eine Abteilung fällt indes aus dem Zeitgefüge heraus: In der Steinzeitsiedlung leben und arbeiten ganze Familien über Wochen ausschließlich mit Hilfsmitteln wie vor rund 5000 Jahren.

Folgt man von Hjerl Hede der Margeriten Route (S. 54) nach Norden, springt man ins Mittelalter: **Middelalderborgen Spøttrup** (Borgen 6 A, Spøttrup, Tel. 97 56 16 06, Mai–Aug. tgl. 10–18, Sept. 10–17, Okt. 10–16, April Di, Mi, So 11–17 Uhr) ist Dänemarks besterhaltene Burg jener Zeit. Sie wurde durch einen äußeren und einen inneren Wassergraben geschützt, zwischen denen ein 9 m hoher Wall Kugeln der gerade entwickelten Kanonen abhalten sollte. Als sie entstand, erlebte Dänemark einen chaotischen Bürgerkrieg um Krone, Macht und Glauben.

Im Freilichtmuseum Hjerl Hede

In diesen wirren Tagen muss es pressiert haben, die Burg fertig zu stellen, denn sie bekam statt eines geplanten vierten Flügels im Westen nur eine Sperrmauer und einen wuchtigen Torturm, durch den der einzige Weg in den Burghof führt. Eine Ausstellung dokumentiert mittelalterliches Leben, aber die Burg strahlt selbst so viel Mittelalter aus, dass man hinter jeder Ecke ein Burgfräulein oder einen Ritter erwartet – und bei vielen Veranstaltungen während des Sommers kann das sogar wahr werden. Außerhalb der Wälle ist der Kräuter- und Rosengarten von Spøttrup eine weitere Attraktion; 300 verschiedene Heilkräuter zählten kundige Kräuterhexen hier schon.

Mors:
Die gelungene Probe

Reiseatlas: S. 236, B 2–C 3/4
Die Insel Mors, deren eigentlicher Name Morsø nur als regionaler ›Genitiv‹ im Namen von Firmen und Institutionen auftaucht, ist mit 363 km² Fläche immerhin Dänemarks siebtgrößte Insel und mit 23 000 Einwohnern – davon über 9000 in Nykøbing – sogar relativ dicht besiedelt. Die 1730 m lange Brücke nach Süden über den Salling Sund und die architektonisch interessantere Klappbrücke aus den 1930er Jahren nach Norden über den Vilsund verwischen jedoch für manchen Reisenden, der auf der Hauptstraße [26] zwischen Mitteljütland und Thy unterwegs ist, jedes Inselfeeling. Da fragt man sich, was sich Gott wohl gedacht hat, Mors so in den Limfjord zu quetschen. Er formte nach der lokalen Version der Schöpfung die Insel nämlich als Probe für Jütland, und weil sie ihm so gut gefiel … na ja, man weiß, wie diese Geschichten ausgehen. In einem Punkt stimmt sie: Mors ist ein Jütland im Taschenformat mit gut 150 km Küsten, mal steil, mal mit kleinen Stränden, mal mit Buchten und Fjorden. Davor exzellente Reviere für Surfer und Segler, dazwischen ein reiches Bauernland mit vielen Dörfern und immerhin 32 mittelalterlichen Kirchen sowie der Hafen-, Verwaltungs- und Einkaufsstadt Nykøbing als Inselmetropole.

Berühmt ist Mors für die geologisch ungewöhnlichen Klippen aus Molererde, die am 60 m hohen **Hanklit** im Norden besonders deutlich zu Tage tritt. Molererde – im Fachjargon auch Diatomeenschlamm – besteht im Wesentlichen aus abgestorbenen Kieselalgen und entstand vor 60 Mio. Jahren auf dem Grund eines Urmeeres. Neben den Kieselalgen sind auch andere Urtiere nach ihrem Tod auf den Grund versunken und im Laufe der Jahrmillionen versteinert; sie machen die Klippen von Mors heute sogar für Laien zu ausgezeichneten Fossilienfundstellen. Das **Móler Museet** (Skarrehagevej 8, Hesselbjerg, Tel. 97 75 17 16; Mai–dän.

Herbstf. Mo–Fr 10–16, Sa u. So 12–16, Hochsaison tgl. bis 17 Uhr) kurz vor Erreichen weiterer Molererdeklippen am Feggeklit gibt Antworten auf alle Fragen rund um die Molererde und ihre Entstehung und zeigt eine große Sammlung schöner Fossilien, die darin gefunden wurden.

Mit **Feggeklit** ist auch ein ›Fossil‹ der Weltliteratur eng verbunden: Hamlet. Die Figuren und die Story um seinen berühmten Dänenprinzen entlieh Shakespeare aus der im späten 12. Jh. vom Historiker Saxo verfassten ›Dänemarks Chronik‹. Darin bringt ein Prinz Amlet seinen Onkel und Stiefvater Fegge um, der seinen Vater … – die Geschichte dürfte bekannt sein. Fegge soll auf Feggeklit begraben sein, ein Gedenkstein erinnert an ihn.

Dass mit dieser Bluttat die Geschichte von Mors noch lange nicht zu Ende war, zeigt das ›Nationalmuseum‹, wie die Morsingboer ihr regionales **Morslands Historiske Museum** (Dueholmgade 7, Tel. 97 72 34 21, Mo–Fr 10–16, Sa, So u. Feiertage 12–16, Hochsaison tgl. 10–17 Uhr) gern titulieren. Es ist im Dueholm Kloster von Nykøbing zu Hause, das Johanniter schon im 14. Jh. gegründet haben. Die Mönche hatten wohl erkannt, welch exzellenten Naturhafen die jetzt Klosterfjord genannte Bucht abgab, an die sich Nykøbing schmiegt.

Abgesehen vom mittelalterlichen Kloster ist die Stadt vor allem von der zweiten Hälfte des 19. Jh. geprägt, als sie einen Boom durch die ansässige Eisenindustrie erlebte, deren bekanntestes Produkt ihre Öfen waren. Das **Støberimuseet** (Nørregade 13, Tel. 97 72 34 21, nur Hochsaison tgl. 12–16 Uhr) zeigt Produkte und Arbeitsgerät aus der Gießerei.

Die populärsten Ausflugsziele auf Mors findet man südlich von Nykøbing, eingebettet in die malerischen Legind Bjerge. **Jesperhus Blomsterpark** (Legindvej 13, Außenanlagen Mai–42. Wo. und ›Indoor‹-Junglezoo mit 4D-Kino und Kinder-Spielland ganzjährig mit saisonal variierenden Öffnungszeiten, Details: www.jesperhus.dk) ist eine Mischung aus Freizeit- und Vogelpark, Gartenshow, Regenwaldcenter und Terrarium. Jesperhus Vandland nebenan, ein kinderfreundliches Spaßbad, kann man mit günstigen Kombi-Tickets gleich mitbesuchen (outdoor Mai–Anfang Sept., indoor ganzjährig) ist eine Mischung aus Freizeit- und Vogelpark, Gartenshow, Regenwaldcenter und Terrarium. Das **Jesperhus Vandland** nebenan, ein Spaßbad mit viel Action für Kinder, kann man mit günstigen Kombi-Tickets gleich mitbesuchen (Legindvej 30, outdoor Mai–Anfang Sept. tgl. 10–22 Uhr, kleines Indoor-Bad ganzjährig).

Dank guter Animation für Kinder und Familien entwickelt sich **Højris Slot og Gods** (Højrisvej 3, Tel. 97 76 61 65, Hochsaison tgl. 10–17 Uhr; Vor- und Nachsaison nur 1–2 x wö. Kernzeit 10–16 Uhr, Details: www.hojris.dk) zu

Eine Seefahrt, die ist lustig …

Eine Überfahrt auf einer alten Fjordfähre bringt immer einen Touch Nostalgie und für neugierige Kinder Abwechslung in eine Rundfahrt. Obwohl Mors bequem über Brücken mit der Außenwelt verbunden ist, verkehren im Süden über den **Næssund** und im Norden über den **Feggesund** noch zwei Kleinfähren nach Thy: I/S Mors-Thy Færgefart, Mai–Aug. Mo–Fr ca. 6.30–22, Sa, So, Feiertage 8–22, Winterhalbjahr bis 18.30 Uhr alle 20 Min., Dauer 5 Min. Das verbilligte Limfjordbillet für 90 DKK erlaubt zwei Überfahrten auf beiden Linien mit PKW und Insassen; Platzreservierung nicht möglich.

einem weiteren Publikumsmagneten. Hier besichtigt man nicht einen alten Herrensitz, der langsam verfällt, sondern man taucht in eine Märchenwelt ein, mal romantisch, mal schauerlich. Højris wird schon in uralten Sagen als Sitz eines Kleinkönigs genannt, später wechseln ständig die Besitzer und sorgen für den Stilmix am Gebäude – die markanten Türme und Treppengiebel kamen erst Mitte des 19. Jh. dazu. Der Verfall seit den 1940er Jahren wird durchaus sichtbar, aber er gehört zu dem Märchenschloss, in dem sogar Dornröschen liegt.

Dass sich kein Herr auf Højris lange wohl fühlte, mag daran gelegen haben, dass die Freibauern von Mors nie dem Adel zu Diensten waren. Mit der Landwirtschaft vergangener Tage befassen sich der Museumshof **Skarregaard** (Mai–Ende dän. Herbstf. tgl. mind. 12–16, Hochsaison 10–17 Uhr) im Norden der Insel sowie zwei Museen für landwirtschaftliche Geräte und Traktoren, von denen am **Morsø Traktormuseum** (15.6.–42. Wo. tgl. 10–17 Uhr, sonst ›auf gut Glück‹) in der Bauernschaft Ovtrup immer wieder ansehnliche Oldtimer zum Ernteeinsatz kommen.

Morsø Turistbureau: Havnen 4, 7900 Nykøbing Mors, Tel. 97 72 04 88, Fax 97 72 55 82, www.mors-tourist.dk.

Pakhuset: Havnen, Tel. 97 72 33 00, Fax 97 72 52 33, www. phr.dk. 18-Zimmer-Hotel in einem Hafenspeicher aus dem 19. Jh. mit viel maritimer Atmosphäre und gutem Restaurant. DZ ab 895 DKK.
Sallingsund Færgekro: Sallingsundvej 104, Tel. 97 72 00 88, Fax 97 72 25 40, www.sallingsund-faergekro.dk. Seit Menschengedenken gab es hier am Fähranleger einen Kro, aus dem ein moderner Hotelbetrieb mit bodenständigem Restaurant geworden ist, wo man zu moderaten Preisen essen kann. DZ ab 795 DKK.
Danhostel Nykøbing Mors: Østerstrand, Tel. 97 72 06 17, Fax 97 72 07 76, www. danhostelmors.dk. Vier-Sterne-Herberge mit 29 Familienzimmern mit Bad/WC – direkt am Østre Strand; DZ Nebensaison 380 DKK, Hochsaion 1–4 Pers. pauschal 480 DKK, Frühstück 50 DKK/Pers.

Auf Mors sind viele Künstler und Kunsthandwerker zu Hause, das i-Büro stellt in seiner Jahresbroschüre immer einige vor, deren **Galerien** und **Ateliers** einen Besuch lohnen.

Bio Mors: Kirkegade 3, Tel. 97 72 02 64, Programm www.biomors.dk. Programmkino eines Vereins von begeisterten Cineasten; alle Filme laufen im Original mit dänischen Untertiteln.

Baden: Strände auf Mors sind schmal, haben aber auch viele sandige Abschnitte, z. B. an beiden Ufern der Nordhalbinsel oder am Nykøbings Østre Strand östlich des Hafens.
Radfahren: Eine 170 km lange Fahrradroute (›Solruten‹) rund um die Insel ist vorbildlich markiert. Das i-Büro vermietet gute Fahrräder und bietet auch Radrundfahrt-Pakete für Mors und Nordjütland an, inkl. Infomaterial, gebuchter Unterkunft, Verpflegung z. B. 5 Tage für 2195 DKK.
Kanu: Das i-Büro vermietet Kanus und Kajaks für ein- oder mehrtägige Touren mit Routenvorschlägen, ufernahe Lagerplätze sind vorhanden.

Bus: Knotenpunkt des Busverkehrs auf Mors ist Nykøbing Mors.
Kleinfähren s. Tipp-Kasten (S. 158).

Die Buchten-
küste

Versandete
Kirche auf
der Halbinsel
Skagen

Reiseatlas S. 236–239

LAND DER ZWEI KÜSTEN: THY

Thys Nordseegesicht wirkt rau, geradezu unfertig. In Orten wie der Surferhochburg Klitmøller und der Ferienhausstadt Nørre Vorupør vibriert das Leben, abseits sind scheinbar unendliche Strände fast menschenleer. Anders das zweite Gesicht, das zum Limfjord: Felder bis ans Ufer, sittsame Dörfer und Thisted, die schmucke Stadt mit Aussicht, Gräber aus Stein- und Bronzezeit sowie eine kathedralgroße Dorfkirche als Zeugnis vergangener Größe.

Sydthy: Große Tage sind Vergangenheit

Reiseatlas: S. 236, A/B 2/3
Der Süden von Thy, kurz Sydthy genannt, ist zwar groß an Fläche, aber sehr dünn besiedelt. So ist **Hurup,** erst 1882 als Bahnstation gegründet, mit seinen knapp 3000 Einwohnern schon ein ›Oberzentrum‹ und die wichtigste Einkaufsstadt des Landstrichs. Außerdem ist das zentrale i-Büro für die Region hier zu Hause. Im Sommer bringen Markttage (Mo Juni–Mitte Aug.) mit Musik und Folklore Leben nach Hurup, sonst wirkt Sydthy eher verschlafen. Im Laufe der Geschichte war das nicht immer so. Funde dokumentieren, dass der Süden von Thy große Tage erlebte.

Gut 5000 Jahre alt ist das **Kammergrab Lundehøj** auf Höhe von Ullerup direkt an der Straße. In den Grabhügel führt ein Gang zu einer Haupt- und einer Nebenkammer – wer sie erkunden möchte, sollte Licht mitbringen. Aus der Stein- und vor allem aus der Bronzezeit stammen Hunderte von Gräbern auf Thy. Eine **Nekropole** mit 49 eng beieinander liegenden Grabstätten, die meisten Hügelgräber, prägt die Landschaft der Ydby Hede über dem **Skibsted Fjord** (s. Thema S. 182). Der erlebte seine geschäftigsten Tage in der Wikingerzeit, als sich hier Schiffskonvois für die Fahrt nach Westen sammelten. Die Durchfahrt vom Limfjord in die Nordsee war Hauptverkehrsader des nach Ostengland expandierenden Dänenreichs.

Hørdum: Aus Heiden werden Christen

Reiseatlas: S. 236, B 2
Aus heidnischer Wikingerzeit stammt der Thor-Stein im Waffenhaus der **Hørdum Kirke.** Er zeigt das Fragment eines bekannten Motivs aus der nordischen Mythologie: Donnergott Thor fängt mit einem Stierkopf als Köder die Weltenschlange Midgardsormr, aber sein Begleiter, der feige Riese Hymir,

bekommt es angesichts des grässlichen Ungeheuers mit der Angst zu tun und schlägt die Fangleine durch. Das Bild muss ein unbekannter Künstler irgendwann vor dem 11. Jh. in den Stein geritzt haben, denn dann wurden die Thyboer Christen, und der Stein diente als Treppenstufe im Kirchturm. Dafür wurde er kräftig beschlagen, ein Teil des Bildes ging verloren.

Vestervig

Reiseatlas: S. 236, B 2
Am meisten profitierte Vestervig von der Christianisierung. 1060 wurde der Ort Nordjütlands erster Bischofssitz, bald darauf entstand ein einflussreiches Augustinerkloster. Die Versandung der Limfjordmündung beendete aber den rasanten Aufstieg und stürzte die Region in eine Rezession. Der Bischof zog nach Børglum (S. 189), später verfiel das Kloster. Von seinen vier Flügeln blieb nur die Kirche, in alten Schriften Thylands Dom genannt. Dreischiffig und 60 m lang, ist sie jetzt Nordeuropas größte Dorfkirche.

Kein Besucher verpasst die lange, flache Grabplatte auf dem Kirchhof neben dem Kirchenportal. Eine Inschrift ist nicht mehr zu entziffern, aber jeder weiß, es ist **Liden Kirstens Grav.** Um das Grab rankt sich eine Legende voll romantischer Liebe, großer Leidenschaft und tiefer Tragik: Liden Kristen war Halbschwester des eigentlich hoch geachteten Königs Valdemar den Store. In Valdemars Ränkespiele um die Macht passte indes nicht ihre Beziehung mit Prinz Buris Henriksen, einem Bruder seiner Frau. Die Liaison von Li-

den und Buris hatte Folgen, und als das Kind zur Welt kam, reichte es Valdemar: Er ließ seine Halbschwester töten, angeblich musste sie sich zu Tode tanzen. Prinz Buris sollte hingegen auch im Leben noch leiden: Ihm wurden Augenlicht und Männlichkeit geraubt, anschließend kettete man ihn so an die Klosterpforte, dass er gerade noch zum Grab seiner Geliebten kriechen konnte. 11 lange Jahre ertrug er dies Tag für Tag, so besingt es ein altes Volkslied, dann wurden die beiden wieder vereint – in ihrem Grab. Darauf liegen auch nach neun Jahrhunderten noch oft frische Blumen, denn wer sich in der Vestervig Kirke trauen lässt, legt hier den Brautstrauß ab. Das soll Glück für die Ehe bringen.

Heltborg und Doverodde: Das ländliche Sydthy

Reiseatlas: S. 236, B 2, B 3
Eine weitere Vorzeitepoche, die Eisenzeit, lebt auf dem Gelände des **Heltborg Museum** (Skårhøjvej 15, Heltborg, Tel. 97 95 20 77, April–Okt. Di–So 12–16, Juli–Aug. tgl. 10–16 Uhr) fort. Im Juli kann man auf einem nachgebauten Hof der Epoche Handwerksdemonstrationen und einen historischen Markt live erleben. Das Museum selbst zeigt u. a. Arbeiten von Künstlern wie Jens Søndergaard (S. 150), die Thy eng verbunden waren.

Als Zentrum für Kultur- und Naturvermittlung mit Konzerten, Kunst- und Kunsthandwerkskursen, Kunst- und Volkskundeausstellungen und Naturwanderungen sowie als Ausgangspunkt für allerlei Aktivitäten wie Meer-

163

Limfjord-Törns

Im Sommer kreuzen Oldtimer-Schiffe ab verschiedenen Häfen über den Limfjord zu Törns von 1,5 Stunden bis 1 Tag Dauer, teils mit Insellandung oder Seehundbeobachtung. Alle i-Büros der Region haben Fahrpläne und Tickets (Erw. ca. 140–185 DKK/Kinder 85–125 DKK).

kajakfahren oder Rapelling am 42 m hohen Ex-Getreidesilo der Anlage hat sich **Limfjordscentret Doverodde Købmandsgård** (Fjordstræde 1, Doverodde, Tel. 97 95 92 66, April–Okt. 11–16, Hochsaison 10–17 Uhr, Programm: www.limfjordscenter.dk) positioniert. Der Kern des Limfjordcentret, der alte Kaufmannshof von Doverodde, war 150 Jahre ein florierender Landhandel. Der alte Silo dient auch als Aussichtsturm.

Nicht nur beim Blick von diesem Turm fallen überall Windkraftanlagen auf. Dänemark ist bei der Versorgung mit Strom aus Windenergie weltweit führend und im Lande selbst belegt die Region Thy Platz 1 und ist damit Weltspitze. Längst wird mehr Wind verstromt, als vor Ort benötigt: Thy exportiert Energie. Da überrascht wohl kaum das **Nordvestjysk Folkecenter for Vedvarende Energie** (Kammersgaardsvej 16, Sønder Ydby, Tel. 97 95 66 00). Es dokumentiert Möglichkeiten, Energie aus regenerativen Quellen zu gewinnen, und zeigt dazu eine Sammlung früher Windkraftanlagen.

Agger Tange: Fragile Küste

Reiseatlas: S. 236, A 2–3
An der Westküste streckt Thy einen Finger nach Süden aus, die Agger Tange. Die schmale Halbinsel gab immer wieder dem Drängen der Nordsee nach. Obwohl so fragil, ließen sich hier Menschen nieder, denn Landwirtschaft und Fischerei waren gleichermaßen gut möglich. Sturmfluten rissen jedoch mehrfach Dörfer weg und hinterließen zu Beginn des 19. Jh. sogar einen Durchbruch, der mehrere Jahrzehnte schiffbar war, ehe er wieder versandete. 1862 schlug das Meer dann zwei Breschen in die Landzunge, von denen sich die südliche zum Thyborøn Kanal (S. 151) entwickelte. Die verbliebene Agger Tange wurde Anfang des 20. Jh. mit unzähligen Buhnen – die längste über 800 m lang – und zwei Deichen stabilisiert, die Vogelreservate dazwischen sind von der Straße gut einzusehen, aber nicht zugänglich.

Am Rande des Badeortes **Agger** blieb die Bausiedlung aus der Entstehungszeit der Deiche und Buhnen stehen. U. a. dienen De Sorte Huse, ›die schwarzen Häuser‹, heute Künstlern der Region für Ausstellungen. An die unkalkulierbare Gewalt der Nordsee gemahnt am Ortseingang von Agger eine moderne Steinskulptur: Fünf Granitkeile bilden eine gewaltige Welle. Die Skulptur erinnert an den 21. November 1893. Allein aus Agger ertranken an diesem Tag in einem überraschend aufziehenden Unwetter 48 Männer. Die Katastrophe gab den Anstoß, die Fischereihäfen Thyborøn, Hanstholm und Hirtshals zu planen.

Thy Turistbureau: Jernbanegade 2, 7760 Hurup, Tel. 97 92 19 00, Fax 97 95 30 50, www.thy.dk.

Agger Tange Feriecenter: Tangevej 1, 7770 Agger, Tel. 97 94 17 55, Fax 97 94 20 59, www.aggertangeferiecenter.dk. Kleine Reihenbungalows im Containerstil für max. 5 Pers., gut geeignet aber nur für zwei Erw. eventuell mit Kleinkind; je nach Saison ca. 3000–4900 DKK, auch kürzere Mieten möglich.

Krig-Vig Camping: Krigvej 112, 7770 Vestervig, Tel. 97 94 14 96, Fax 97 94 24 96, www.krikvigcamping.dk. Drei-Sterne-Anlage mit viel Platz und zwei Meeren in der Nähe; gute Wassersportangebote.

Viele Ferienhäuser stehen in Agger nah der Nordsee sowie bei Vestervig und Doverodde am Limfjordufer. Neben den großen Anbietern (S. 225) vermittelt auch das i-Büro Häuser im Süden von Thy.

Ein familienfreundliches Café/Restaurant besitzt das **Limfjordcentret Doverodde Købmandsgård** (S. 164).

Regelmäßig Kirchenkonzerte in der **Vestervig Kirke,** deren 52-Register-Orgel zu Dänemarks besten zählt.

Bahn: Linie Thisted – Struer mit Stopps in Ydby, Hurup, Bedsted und Hørdum.
Fähren: Agger–Thyborøn (S. 152), Næssund (S. 158).

Ein schmackhafter Fang

Thys raue Nordseeküste

Reiseatlas: S. 236, B 1–A 2
Wer an Thys Küste eine Zeitmaschine besteigt, um in der Geschichte zurückzureisen, sollte ein Gummiboot mitnehmen. Das Land hob sich erst in den letzten 5000 Jahren aus dem Meer. Im Vergleich zu heute lag die Küste 5–10 km landeinwärts. Die Wellen stießen dort an Kalkklippen, die an vielen Stellen noch im Land erkennbar sind.

Davor ragten Inseln aus diesem Steinzeitmeer, heute markante Landmarken im Küstenverlauf wie der Bulbjerg oder das Plateau, auf dem Hanstholm thront. Sonst wandelt man an Thys Küste auf altem Meeresgrund. Entsprechend flach ist das Gelände, abgesehen von Dünen, die der Wind aufgehäuft hat.

Lodbjerg, Lyngby, Stenbjerg – die Unbekannten

Reiseatlas: S. 236, A/B 2
Nördlich von Agger erlebt man eine ungewöhnliche Küste mit steilen Hängen. Vom Strand auf das dahinter liegende Land zu kommen ist kaum möglich. In den Hängen wird ein Schichtprofil sichtbar, deutlich erkennt man dunkle Streifen fruchtbarer Böden unter den oberen Lagen Flugsand.

Knapp 1 km hinter dem Steilufer ragt der Leuchtturm **Lodbjerg Fyr** über das Land, 1883 aus schwedischem Granit gebaut und 35 m hoch. Hier arbeitet noch ein Leuchtturmwärter, und nur wenn er Dienst schiebt, kann man den Turm besteigen – bläst der Wind zu

Der Strand als Hafen

Das typische Fotomotiv für Dänemarks Nordseeküste zeigt Fischkutter auf dem Strand. Mit dem Bau der Häfen Hanstholm, Hirtshals und Skagen im 20. Jh. reduzierte sich die zuvor weit verbreitete Strandfischerei auf wenige Plätze. Dort ist sie heute eine pittoreske Bereicherung des Strandlebens: Kutter und kleinere Boote von Hobby- und Nebenerwerbsfischern sieht man noch am Stenbjerg Landingsplads, in Nørre Vorupør, Torup Strand, Lild Strand und Løkken. In Klitmøller erinnert der zum Mini-Museum umgestaltete Strandkutter ›Bellis‹ daran, dass hier lange vor den Surfern die Fischer durch die Wellen ritten. Oft verkaufen Strandfischer frischen Fisch direkt von Bord an jedermann!

stark, macht er nicht auf. Vom Parkplatz kurz vor dem Turm starten Wanderwege ans Steilufer; am Turm vorbei führt die Wandervariante des Westküstenwegs (S. 175).

Andere Stichstraßen weiter nördlich von der Küstenstraße [181] Richtung Meer kommen dem Strand näher. An den Wegen liegen zwei Siedlungen, in denen bis in die 1960/70er Jahre Strandfischerei betrieben wurde. **Lyngby,** einst von Fischern aus Agger gegründet, als dort Ende des 19. Jh. mal wieder eine Sturmflut durchs Dorf geschwappt war, entvölkerte sich beinahe gänzlich und ist bis heute klein und unscheinbar geblieben, während sich **Stenbjerg** etwas dem Tourismus öffnete. Der **Stenbjerg Landingsplads** direkt an Meer wird von einem Verein mit Liebe gepflegt und spiegelt mit seinen schneeweißen Geräteschuppen das Küstenleben vergangener Tage wider wie keiner der Nachbarorte sonst.

In den Dünen südlich des Landungsplatzes steht seit 1884 eine denkmalgeschützte **Seebake.** Ein Jahr jünger ist das Pendant **Torup Båke** etwa 8 km weiter im Norden. Vergleicht man beide, ist ihre dreibeinige, hölzerne Grundkonstruktion gleich, aber sie sind am ›Kopf‹ zu unterscheiden. So sieht jede der 11 erhaltenen Baken, die seit 1884/ 85 zur Ergänzung der Leucht- und Kirchtürme an der dänischen Nordseeküste stehen, anders aus.

Nørre Vorupør: Im Schutz der Buhne

Reiseatlas: S. 236, B 1

Thys größter und munterster Nordseebadeort ist Nørre Vorupør. Möchten Sie Einheimische überraschen, artikulieren Sie den Name etwa *nö[r]eworböer,* dabei das [r] weitgehend verschlucken, beide Wörter zu einem zusammenziehen und beide ö offen sprechen – angeblich ist Nørre Vorupør für deutsche Zungen nicht richtig zu artikulieren.

Am Strand wird neben einer mächtigen, 350 m weit ins Meer ragenden Schutzbuhne noch von wenigen Boo-

Strandfischerboote in Nørre Vorupør

Petri Heil

Thy ist populär bei Anglern: An allen Nordseestränden kann man angeln, außerdem gelten die Mole von Nørre Vorupør und die Buhnen von Agger als ideale Angelplätze. Ruhiger geht es am Limfjord zu, in dem es viele Meerforellen gibt, einige Hornhechte und im Sommer auch Aale. Mit dem Flade Sø bei Agger gibt es einen fischreichen Süßwassersee, an dem man beinahe gleichzeitig Zander und Dorsch angeln kann, so nah sind sich See- und Meeresufer (Angelscheine ca. 40 DKK/Tag, 125 DKK/Woche beim i-Büro in Hurup, S. 162). Darüber hinaus gibt es eine Handvoll Put&Take-Anlagen, Infos dazu bei den i-Büros.

Traum aller Angler ist allerdings das Gule Rev, das ›Gelbe Riff‹, eines der besten Reviere der Nordsee zum Hochseeangeln. Hier ist schon mancher Rekordfang an den Haken gegangen, der für Dorsche liegt derzeit bei 31 kg. Über ein halbes Dutzend Boote bieten Angelfahrten ab Hanstholm und Nørre Vorupør – dort ist eine Strandlandung inbegriffen. Frühaufstehen muss sein, die Boote starten zwischen 3 und 7 Uhr am Morgen, bei einigen ist auch Übernachten an Bord möglich. Tagestörns (8–13 Std.) kosten ab 600 DKK, 2-Tages-Touren ab ca. 1400 DKK inkl. Verpflegung. Reservierung über i-Büros.

ten die traditionelle Strandfischerei gepflegt. Die ist auch Thema im **Vorupør Museum** (Vesterhavsgade 21, Tel. 97 93 88 50, April–Okt. Di–So 12–16, Juli u. 1. Hälfte Aug. tgl. 10–17 Uhr), das in einer ehemaligen Kutterwerft eingerichtet ist, in der zu einigen Terminen traditioneller Bootsbau demonstriert wird. Was Fischern vor der Küste in die Netze geht, sieht man in den Aquarien des bescheidenen **Nordsø Akvariet** (Vesterhavsgade 131, Tel. 97 93 82 60, tgl. März–Dez. min. 11–15, Juli–Aug. 10–18 Uhr).

Klitmøller: Hawaiis kühle Schwester

Reiseatlas: S. 236 B 1
Klitmøller – Thys Hawaii (s. Thema S. 170) – begann als Siedlung der Wassermühlen. Die nutzten die Abflüsse der Seen im Hinterland, um Mehl für den Export mit Schuten nach Norwegen zu mahlen. Später kam Strandfischerei hinzu, die heute noch als Nebenerwerb mit kleinen Booten betrieben wird; die Profifischer aus dem Ort fahren ab Hanstholm aufs Meer.

Nördlich Klitmøller berührt die Straße [181] das Meer. Bis vor die Tore von Hanstholm verläuft sie gut 10 km durch Dänemarks größtes Naturschutzgebiet auf dem Lande, ein Biotop mit Dünen, Heide, Sümpfen und flachen Strandseen. **Hanstholm Vildreservat** schützt auf fast 4000 ha nicht nur eine ungewöhnliche Flora, sondern auch die vielfältige Vogelwelt; außerdem leben an einem der Seen Otter. Es gelten unterschiedliche Zugangsregeln für verschiedene Teile des Reservats: So ist das Gebiet der kleinen Seen im Zentrum immer gesperrt, die Dünen nach Westen nur zu Vogelbrutzeiten, der Streifen zwischen Straße und Meer nie. Wer das Reservat besuchen will, sollte sich über aktuelle Zugangsbestimmungen bei einem der umliegenden i-Büros informieren, dort gibt es auch eine detaillierte Broschüre.

Thy Turistbureau: Vesterhavsgade 21, 7700 Nørre Vorupør, Tel. 97 92 19 00, Fax 97 93 87 21, www.thy.dk, ca. Ostern–Ende Okt., sonst ist das i-Büro Thisted zuständig (S. 177).

Klitmøller Gammle Kro & Badehotel: Krovej 15, 7700 Klitmøller, Tel. 97 97 55 22, www.klitmollerbadehotel. dk. DZ ca. 600 DKK; auch Zimmer im Herbergsstil ohne Frühstück z. B. Familienzimmer für 4 Pers. 400 DKK.
Ferienhäuser
In allen Küstenorten gibt es Ferienhäuser, die meisten in und um Vorupør. Die großen Vermittler (S. 225) haben mindestens ein, manche zwei Servicebüros in der Region. Ihre lokalen Mitbewerber:
Købmand Hillgaards Feriehusudlejning: Vesterhavsgade 44, 7700 Nørre Vorupør, Tel 97 93 80 22, Fax 97 93 87 30, www.hillgaard.dk. Größter lokaler Anbieter mit ca. 200 Häusern in allen Küstenorten von Thy.
Klitmøller Sommerhusudlejning: Ørhagevej 117, 7700 Klitmøller, Tel. 97 97 53 50, Fax 97 97 56 99, www.klitmoeller.dk. Ca. 160 Häuser im Katalog.
Nystrup Camping: Trøjborgvej 22, 7700 Klitmøller, Tel. 97 97 52 49, Fax 97 97 57 52, www.nystrupcampingklitmoller.dk. Zwar ›nur‹ drei Sterne, aber komfortabel ausgestattet, viele kostenlose Freizeitangebote auch für Kinder; Hütten verschiedener Größe; guter Windschutz.

Cafés, Kneipen und Restaurants säumen den Ørhagevej, Klitmøllers Hauptstraße, kurz bevor sie das Meer erreicht. Namen und Konzepte wechseln oft, deshalb hier nur eine Momentaufnahme:
Restaurant Café Conrad (Nr. 147, Tel. 97 97 54 30) mit Anleihen an die italienische Küche; **Niels Juel** (Tel. 97 97 51 88; Nr. 150), Fischrestaurant mit Seeblick; **Klitmøller Røgeri** (Nr. 152) Fischräucherei mit Auf-die-Hand-Verkauf. Solide Dänische Küche zu moderaten Preisen gibt es im **Klitmøller Gammle Kro** (s. Hotels), So 12–15 Uhr großes Frokost-Büfett für ca. 100 DKK.

Klitmøller lebt rund um Surfereignisse auf, sonst ist abends in Nørre Vorupør mehr los, z. B. in **Det Gyldene Ancher,** dem Musikpub mit Tanzfläche (Nordsøvej 7).

Westwind Klitmøller: Ørhagevej 151, Klitmøller, Tel. 22 41 56 54, www.westwind-klitmoller.dk. Hier bekommt man alles zum Surfen – inkl. Surfunterricht und Leihboards – aber auch sportliche Mode.

Ein traditionell sehr großes **Sankt Hans Feuer** (S. 44) wird am Strand von Klitmøller abgebrannt. Im Juli vergeht fast kein Wochenende ohne ein Hafen- oder Dorffest an der Küste: **Meeresfest** (Hawfest) in Klitmøller (3 Tage), **Stenbjerg-Tag** (1 Tag), **Hafenfest** in Agger (4 Tage), **Strandfest** in Vorupør (3 Tage) – das heißt: Musik, Tanz, viel Essen und Trinken, dazu manchmal Rettungsübungen oder ein Flohmarkt.

Købmand Hillgaards Islænderridning: Vesterhavsgade 44, Nørre Vorupør, Tel 97 93 80 22. Geführte Strandritte (ca. 90 Min, 175 DKK) werden angebo-

RIDING THE WAVES

Es gehört zum Klitmøller-Kult zu spekulieren, wer das verschlafene Nest Mitte der 1980er Jahre auf die Surfer-Weltkarte hievte. Wer parkte als erster seinen Bulli am Strand, packte das Brett aus, riggte auf und schwang sich in die Wellen? Egal ob es der oft genannte Henning Künzel war oder ein anderer aus der damaligen Riege europäischer Surfheroen: ›Klitte‹ avancierte in Windeseile vom Geheimtipp zum ultimativen Spot. Bald stand nicht mehr ein Bulli am Strand, sondern einer neben dem anderen. Die Bevölkerung jaulte auf. Heute gibt es überall in und um Klitmøller Schilder, die das ›Nachtparken‹ unterbinden sollen, und Höhenschranken an der Zufahrt zum Øhrhage-Strand im Zentrum von Klitmøller verhindern, dass dort vor lauter Wohnmobilen kein Meer zu sehen ist. Dies wurde nötig, denn jeden Sommer

kommen Tausende aus ganz Europa. Tourismusmanager scheuen sich nicht, Klitte als ›Hawaii II‹ zu vermarkten. Mag dieser Vergleich auch hinken, unstrittig ist: Die Bucht vor dem Ort ist ein europäisches ›Surfers' Paradise‹, einer der besten Wavespots in der alten Welt. Viele, auch internationale, Wettkämpfe finden hier statt. Ein Surfermeeting mit einem Dreikampf aus klassischem Brettsurfen, Kitesurfen und Windsurfen ist ein seit 1996 jährlich wiederkehrender Event, zuletzt unter dem Namen NSPSoulfiles

Bläst der Wind kräftig aus westlichen Richtungen, insbesondere aus Südwest, jagen Könner über die Wellen, ziselieren Luftsprünge und Salti in die Brandungsgischt. An solchen Tagen wird das Ufer dort, wo bunte Boote für ein geradezu mediterranes Bild sorgen, zur Tribüne für eine staunende Menge. Wer bei einem ›white swell‹, der sich über Masthöhe auftürmen kann, nicht auf seinem Brett stehen will, findet schnell alternative Spots: Nur 4 km landeinwärts zeigt sich bei gleichem Wind der flache Vandet Sø nahezu wellenlos. Und längst wird auch vor anderen Stränden von Thy gesurft, z. B. vor Nørre Vorupør – bei Südwest mit einem Swell bis zu 5 m auch gut für klassisches Brettsurfen – oder östlich des Hanstholmer Hafens und vor Hamborg – beide gut bei West- bis Nordwestwinden.

ten, erfahrene Reiter können auch Pferde leihen.

Hanstholm

Reiseatlas: S. 236 B 3

Hanstholms Mittelpunkt besteht aus dem an eine amerikanische Shopping-Mall erinnernden **Hanstholm Centret** mit gut 30 Lokalen vom i-Büro über die Post und Banken bis zu Supermärkten und Snack-Bars. Die 2500-Einwohner-Stadt ist damit keine Schönheit, aber die Lage macht's. Der Ort thront hoch über der Küste auf einem Plateau und wo immer man an dessen Rand kommt, beeindruckt der Blick auf Hafen, Küste und Meer. Der Platz neben dem Wellness Resort **Pynten** (S. 173) bietet diese Aussichten ebenso wie der **Skulpturenpark** am Roshagevej. Dort kann man in Gesellschaft absonderlicher Steinmenschen Sonnenuntergänge genießen, kann lauschen, ob die Steinharfe dazu spielt, und kann auf dem Havhimmelskibet eine Kreuzfahrt antreten. Dieses Meereshimmelsschiff ist die künstlerische Klammer, die alle Skulpturen zu einem Gesamtkunstwerk vereint.

Neben dem Skulpturenpark dient das **Hanstholm Kunstbygning / Nordatlantens Hus** (Roshagevej 18, im Sommer für Ausstellungen geöffnet, Zeiten beim i-Büro) Künstlern der Region für Ausstellungen. Außerdem soll der Kulturaustausch mit den Ländern des Nordatlantik gefördert werden. Hanstholm ist immerhin seit Mitte der 1970er Jahre Anlaufhafen der längsten planmäßigen Autofährverbindung der

Welt vom Kontinent zu den Färöer- und Shetland-Inseln sowie nach Island.

Der Hafen: Tor zum Nordmeer

Als der **Hafen** 1967 eingeweiht wurde, waren fast genau 100 Jahre des Debattierens, Planens, Verwerfens, Neuplanens und Bauens um; 1917 und 1960 verabschiedete das Parlament in Kopenhagen sogar Gesetze zum Bau. Im Museum am Leuchtturm (s. u.) kann man Visionen der 1920er Jahre studieren, die Hanstholm als Retortenstadt für 20 000 Menschen mit Überseehafen und Fernbahnanschluss zeigen. Das war sehr futuristisch, schaut man einmal auf alte Einwohnerzahlen: Mitte des 19. Jh. lebten nicht einmal 200 Menschen in dem damals noch Hansted genannten Ort und knapp 800, als er 1943 evakuiert wurde.

Immerhin gab es seit 1907 eine Schutzmole ähnlich der in Nørre Vorupør, aber sonst blieben die Pläne vorerst nur Pläne. Nachdem der Hafen 1967 doch realisiert war, entwickelte sich alles rasant: Im Zehnjahresrhythmus wurden Erweiterungen fertig, zuletzt 1997 am Fährhafen. Und inzwischen wird in Hanstholm montags bis freitags so viel Fisch umgeschlagen, wie nirgendwo sonst in Dänemark; bei den Auktionen um 7 Uhr in der Früh können Besucher zusehen.

Hanstholm Fyr, innovativer Strahlemann

Oben auf dem Plateau, 65 m über dem Meer, weist das **Hanstholm Fyr** den

Weg in den Hafen. Unter seinen Kollegen im Westen Jütlands ist der Leuchtturm heute der kleinste, dabei stand er immer für Innovation: 1843 war er der erste überhaupt an der dänischen Nordseeküste. 1889 bekam er als erster im Lande eine elektrisch betriebene Kohlenbogenlampe und strahlte mit der neuen Technologie viele Jahre so hell wie kein zweiter auf der Welt. 1923 kamen hinter seinen Linsen zum ersten Mal in Dänemark Hochleistungsglühlampen zum Einsatz: 4000 Watt, durch Prismen verstärkt, sind über 50 km weit zu sehen. Seine Entstehungsgeschichte ließ indes keine Superlative erwarten: Ein erster Turm war 1842 so schwach konstruiert, dass er Linsen und Kupferdach nicht tragen konnte. Er musste abgerissen und neu errichtet werden, der frustrierte Architekt nahm sich das Leben.

Die Nebengebäude des 1970 automatisierten Leuchtturms beherbergen das lokalhistorische **Museum Hanstholm** (Tärnvej 23, Tel. 97 96 17 36; z. Z. nur Sommerferien wenige Stunden tgl.), das sich mit Rettungswesen, Stadtgeschichte, Hafen und Hafenbau sowie Schutenhandel nach Norwegen und natürlich mit Leuchttürmen befasst.

Festung Hanstholm: martialisch und gigantisch

Bekannter ist jedoch **MuseumsCenter Hanstholm,** die Abteilung über die Militärgeschichte des Ortes im Zweiten Weltkrieg (Molevej 29, Tel. 97 96 17 36, Feb.–Okt. tgl. 10–16, Juni–Aug. bis 17 Uhr). Ein brandneues Dokumentationszentrum in aussichtenreicher Lage hoch über dem Meer schließt an einen der vier Geschützstände an, die mit 38-cm-Kanonen bestückt das Kernstück der größten Festung aus dem Zweiten Weltkrieg in Skandinavien bildeten. Um sie mit Geschossen zu versorgen, verband eine Munitionsbahn die Stellungen. Sie rattert und quietscht heute mit Touristen statt Granaten an Bord durchs Gelände und kann auch ohne Museumsbesuch benutzt werden (Mai–Aug. und dän. Oster- u. Herbstf. tgl.).

Die Festung Hanstholm war Teil des Atlantikwalls, und sie sollte zusammen mit einer Schwesteranlage in Südnorwegen eine tödliche Schranke an der Durchfahrt zwischen Nord- und Ostsee bilden. Die Strategie war simpel: Um die 120 km Skagerrak zwischen Hanstholm und dem norwegischen Kristiansand zu kontrollieren, muss man von beiden Seiten etwa 60 km weit schießen können. Die installierten 38-cm-Kanonen blieben zwar knapp unter dieser Marke, aber die verbleibende ›sichere‹ Lücke wurde vermint. Jedes der vier Hauptgeschütze wog 650 t, allein die 20 m langen Rohre brachten 110 t auf die Waage. Bis zu 16 Zentner schwere Granaten konnten sie auf den Weg bringen.

Insgesamt wurden in und um Hanstholm 600 Bunker in Hänge und Dünen gebaut, bestückt mit mehr als 350 Waffensystemen verschiedenster Art von Flugabwehrgeschützen bis zu Flammenwerfern, die eine Invasion verhindern sollten. Über 3000 Soldaten und zahlreiche Zivilangestellte lebten und arbeiteten in der Festung. Die 800 Einheimischen, die vor Beginn der Bauar-

Mit der Granatenbahn durchs Bunkermuseum

beiten im Ort lebten, wurden indes 1943 zwangsevakuiert.

Generalfeldmarschall Rommel, Dünen- und Sandspezialist der Wehrmacht, inspizierte in seiner Verantwortung für den Atlantikwall Ende 1943 Hanstholm und forcierte den Ausbau noch. An dem beteiligten sich auch viele dänische Unternehmen und Arbeiter, die im strukturschwachen Jütland gern Aufträge der Besatzer annahmen. Nach deutschen Unterlagen wurden fast 190 000 m³ Beton gemischt und verbaut, davon 20 000 für die Stellungen der großen Geschütze.

Und wofür der Aufwand: Die Mammutkanonen erlebten keinen Gefechtseinsatz, Bunker- und Verteidigungsanlagen keinen Angriff. In den 1960er Jahren wurden die Geschütze verschrottet, die Bunker sind seit 1979 als Touristenattraktion zugänglich. Zwischenzeitlich waren sie auch Filmset: Hier entstanden Teile von ›Die Olsenbande fährt nach Jütland‹, dem dritten Film um die in der ehemaligen DDR heiß geliebten Gauner-Chaoten Egon, Kjeld und Benny.

Thy Turistbureau: Bytorvet 9, 7730 Hanstholm, Tel. 97 92 19 00, Fax 97 96 21 54, www.thy.dk.

Pynten: Helshagevej 98, Tel. 97 40 70 70, www.pynten.dk. Wellness-Resort mit nur 5 Luxusaparts ments (1995–2995 DKK) in Traumlage hoch über dem Hafen von Hanstholm mit kaum beschreibbarem Blick auf's Meer.

Zum Haus gehört das Gourmet-Restaurant Brasserie Pynten mit kleiner, aber teurer Karte.

Hotel Hanstholm: Chr. Hansens Vej 2, Tel. 97 69 10 44, Fax 97 96 25 84, www.hotelhanstholm.dk. Moderne, weiträumige Hotelanlage, innen mit rustikalem Touch, DZ ab 995 DKK. Anspruchsvolles Restaurant mit gehobenen Preisen.

Havnehotellet Sømandshjemmet (Seemannsheim): Kai Lindbergsgade 71, Tel. 97 96 11 45, Fax 97 96 27 80, www.hshh.dk. Der Hafen nah, die Zimmer (DZ ab 665 DKK) und für Angler gibt's ne große Kühltruhe. Auch preiswerte Mehrbettzimmer (ca. 200 DKK/Pers. inkl. Frühstück) im Herbergsstil. Das Restaurant bietet einfache dänische Küche und ist sehr billig.

Bahnhof Thisted 20 km, ab/bis dort Bus, **Flughafen** Thisted 8 km; **Fähren** rund ums Jahr nach Norwegen, Island sowie zu den Färöer- und den Shetland-Inseln.

Vigsø Bugt und Vejlerne

Reiseatlas: S. 236, C 1
Östlich Hanstholm schwingt sich der einsamste Streifen der Nordseeküste an der Vigsø Bugt entlang bis zum Bulbjerg. Nur zwei Siedlungen gibt es an dieser Bucht. **Vigsø** kam durch seinen großen Ferienpark auf die touristische Landkarte.

Wie haltbar Bunkerbeton ist, sieht man westlich der Strandzufahrt von Vigsø. Dort hat das Meer einige Betonklötze unterspülen, aber nicht zerstören können – jetzt dienen sie dem Küstenschutz als Wellenbrecher.

Das 100-Einwohner-Dorf **Lild Strand** 15 km weiter im Osten ist ein Landungsplatz, an dem noch traditionelle Strandfischerei betrieben wird (S. 166). Teils über den Strand, teils durch die Dünen verbinden ein alter Rettungsweg als Wanderstrecke beide Orte.

Vigsø Bugt FerieCenter: Vigsøvej 300, 7730 Vigsø (ca. 7 km östl. Hanstholm), Tel. 96 55 66 66, Fax 96 55 66 16. Großer Ferienpark mit 174 freistehenden Häusern (je nach Saison und Haustyp ca. 3400–8100 DKK/Woche), außer im Hochsommer auch tageweise Miete möglich. Gute Gemeinschaftseinrichtungen, darunter ein Spaßbad; viele Angebote für Kinder.

Bulbjerg: Grenzmarke und Vogelfelsen

Reiseatlas: S. 238, A 4
Gleich hinter Lild Strand ragt der Bulbjerg auf, das 47 m hohe Nordwestkap Jütlands. Wie ein gewaltiger Grenzstein trennt er die Regionen Thy und Han Herred (S. 178). Von oben beeindrucken Aussichten auf die Vigsø Bugt im Westen, die Jammerbugt im Osten sowie auf unzählige Steinzeichen an den unteren Hängen und auf dem Vorstrand – dort ist es Touristenbrauch, Namen oder Initialen mit Steinen zu legen. Und weil vom Bulbjerg der Überblick so gut ist, wurden auch hier im Zweiten Weltkrieg Geschützstellungen und Bunker gebaut. Einer der Bunker dient als Ausstellungsraum, in dem auch über die Natur des Bulbjerg informiert wird.

Die Kalkklippe, die der Bulbjerg zur Nordsee zeigt, ist Dänemarks einziger

Vogelfelsen und steht unter Naturschutz. Eissturmvögel, nordische Vettern des Albatros' und wie dieser an Röhren auf dem Schnabel zu erkennen, sowie Basstölpel, die vor allem durch ihre pfeilförmigen Sturzflüge auffallen, sind hier zu beobachten. Beide Arten sind sonst eher auf den Inseln des Nordatlantik zu Hause.

Der Bulbjerg verändert sich ständig, denn sein Kalkstein ist nicht das härteste Material. Wie veränderlich die Küste ist, sieht man bei niedrigem Wasserstand knapp 150 m davor: Der Stumpf des Skarreklit schaut dort aus dem Wasser, Rest eines hohen Felsenturms, der 1978 einstürzte.

Zwitterland Vejlerne

Reiseatlas: S. 236–237, C 1–D 1
Am Bulbjerg war das Land zwischen Nordsee und Limfjord bis weit ins 19. Jh. kaum 5 km breit. Nach dem Verlust des fruchtbaren Südjütland an Preußen 1864 (S. 33) galt es jedoch als nationale Pflicht, wo immer möglich Land zu gewinnen. Also versuchte man einen Seitenarm des Limfjord trocken zu legen. Dabei wurde viel Geld versenkt, ehe man 1916 das Projekt ganz aufgab. Zurück blieben die Vejlerne, ein Zwitterland aus flachen Seen mit breiten Schilfgürteln und angrenzenden Sumpfgebieten. Seit 1960 stehen etwa 6000 ha unter Naturschutz. Das Reservat ist nur am Rande zugänglich, aber von komfortablen Beobachtungshütten gut einzusehen. Zwei stehen östlich der Tømmerby Kirke an einem Damm, der 1904 für die schon längst wieder stillgelegte Thybahn quer durch

den Lund Fjord gebaut wurde. Der Damm ist von beiden Seiten zugänglich und darf auch von Radfahrern benutzt werden. Wer nur schnell einen Blick werfen und ein paar Informationen über das Naturschutzgebiet und seine gefiederten Bewohner bekommen möchte, kann an der Hauptstraße [11]/[29] zwischen Thisted und Fjerritslev ein **Naturcenter** ansteuern. Es liegt direkt auf dem Bygholm Damm, der die Südgrenze des Vejlerne-Reservates zum Limfjord hin bildet.

Trotz der Dominanz der Natur braucht sich die Kultur rund um Vejler-

Wandern auf den Spuren der Retter

Der Westküstenweg (S. 62) teilt sich zwischen dem Fähranleger Agger Tange und Torup Strand östlich des Bulbjerg über lange Abschnitte in eine Fahrrad- und eine Wanderstrecke (ca. 80 km/4 Tage). Letztere nutzt alte Rettungswege durch die Dünen, die zum Radfahren nicht geeignet sind. Am weitesten entfernt man sich von der Zivilisation auf den gut 14 km vom Flade Sø bei Agger über Lyngby nach Stenbjerg sowie auf ca. 25 km entlang der Vigsø Bugt. Langstreckenwanderer finden einfache Lagerplätze (S. 224) an der Strecke sowie eine zur Wanderhütte umfunktionierte Rettungsstation in Lyngby. Eine Broschüre mit Karte gibt es in allen i-Büros der Region.

ne nicht zu verstecken: Bei **Højstrup** wartet ein Gräberfeld aus der Wikingerzeit mit Steinsetzungen in Schiffsform auf, und die **Tømmerby Kirke** besitzt Bildreliefs mit Gesichtern und Tierdarstellungen aus romanischer Zeit in der Außenwand ihrer Apsis.

Das **Kirsten Kjærs Museum** (Langvedvej 64, Frøstrup, Tel. 97 99 10 52, Ostern–Ende Herbst tgl. 10–17 Uhr, sonst Sa, So 10–16 Uhr) zeigt annähernd 300 Gemälde und Zeichnungen aus dem Werk der exzentrischen Porträtmalerin Kirsten Kjær (1893–1985), hat jedoch auch Platz für monatlich wechselnde Ausstellungen von Gegenwartskünstlern.

Kirsten Kjær stammt aus Vester Torup auf der anderen Seite der Vejlerne, verbrachte aber die meiste Zeit ihres Lebens in Kopenhagen, wo sie als letzte wirkliche Bohemienne galt. Als ›Vagabund des Herzens‹ wurde sie in den 1930er Jahren durch einen Roman von Karin Michaëlis, die auch im deutschen Sprachraum bekannt ist, literarisch unsterblich. Kirsten Kjær stand offen dazu, wie sie mit 32 zur Malerei kam: Es sei doch ganz gut, wenn man das künstlerische Talent von einem Psychiater attestiert bekommt, formulierte sie es in einem Interview.

Das Museum ist unkonventionell wie sie selbst. Ein Ring von Anbauten um ein ehemaliges Sommerhaus mitten im Grünen, Eintritt zahlt man nach Gutdünken freiwillig, gleiches gilt für Kaffee und Kuchen, die in einem Café bereitstehen. Auch wer auf dem idyllischen Anwesen seinen Picknickkorb auspackt, ist willkommen – ein zauberhaftes Ausflugsziel.

Thisted: Thys Hauptstadt

Reiseatlas: S. 236, C 1

Thisted ist mit 12 500 Einwohnern die Hauptstadt von Thy und spielt als Einkaufs- und Kulturstadt auch für das benachbarte Han Herred eine wichtige Rolle. Darüber hinaus ist es Verwaltungssitz der 2007 geschaffenen Großkommune Thisted. Die erstreckt sich von Agger Tange (S. 164) im Süden bis zum Bulbjerg (S. 174) im Norden auf ganzer Breite zwischen Nordsee- und Limfjorddufer.

Thisted ging aus einem alten Handelsplatz hervor, bekam jedoch erst mit der Reformation eigene Privilegien. Zuvor stand der Ort ganz unter dem Einfluss der Bischöfe von Børglum (S. 189). Lange mussten Schiffe vor Thisted auf Reede gehen, und alles Be- und Entladen erfolgte mit kleinen Booten. Als der Durchbruch der Agger Tange plötzlich den Schiffsverkehr zwischen Limfjord und Nordsee erlaubte, wurde Mitte des 19. Jh. ein Hafen aus dem Fjordboden gestampft. Viele Skipper, die zuvor den Schutenhandel mit Norwegen von den Nordseestränden aus betrieben, wählten jetzt die sichereren Limfjordhäfen.

Die zum letzten Jahrtausendwechsel modern und mit großem Aufwand zur Fußgängerzone umgestaltete Storegade verbindet das Hafengebiet mit dem zentralen Marktplatz der Stadt, dem **Store Torv** (Fr u. Sa Markt). Schmuckstück ist dort das alte Rathaus, in dem das i-Büro residiert.

Ein paar Meter die Jernbanegade hinunter füllt das kulturhistorische

Thisted Museum (Jernbanegade 4, Tel. 97 92 05 77, Di–Fr, 1.7.–15.8. auch Mo 10–16, Sa, So 13–16 Uhr) eine Gründerzeitvilla; bekannt ist das Museum für seine exzellente Sammlung von Bronzezeitfunden aus der Region. Ein Raum würdigt den bekanntesten Sohn der Stadt, den Schriftsteller **Jens Peter Jacobsen** (1847–85). Seine naturalistischen Romane ›Niels Lyhne‹ und ›Frau Marie Grubbe‹ zählen zum Besten, was die europäische Literatur seiner Epoche hervorbrachte, und sind bis heute im deutschen Sprachraum erhältlich.

Der jung an Tuberkulose verstorbene Jacobsen ist auf dem **alten Friedhof** der Stadt begraben. Der grenzt an die westliche Verlängerung der Fußgängerzone, die Vestergade, und ist heute Thisteds schönste und zentralste Grünanlage. An ihrem Rande liegt auch die spätgotische Stadtkirche.

Sollten Sie in Thisted etwas für den täglichen Bedarf einkaufen müssen, könnten Sie im **Super Brugsen** an der Torve Gade dabei einem Stück dänischer Sozialgeschichte begegnen. Dieser Laden ist das Stammhaus der größten Supermarktkette im Lande, hervorgegangen aus einer 1866 hier gegründeten Arbeiter-Einkaufsgenossenschaft, auf Dänisch *Brugsforening* oder kurz *Brugsen.* Ein Denkmal erinnert an den Gründer Hans Christian Sonne, der als Kaufmannssohn genau wusste, wie ein Laden zu betreiben war.

Thy Turistbureau: Store Torv 6, 7700 Thisted, Tel. 97 92 19 00, Fax 97 92 56 04, www.thy.dk.

Hotel Limfjorden: Simons Bakke 39, Tel. 97 92 40 11, Fax 97 91 06 66, www.hotellimfjorden.dk. Modernes Konferenzhotel in Top Lage am Rande der Stadt direkt über dem Limfjordufer. DZ ab ab 825 DKK, oft Wochenend- und Sommerangebote.

Danhostel Thisted: Kongemøllevej 8, 7700 Thisted-Skinnerup, Tel. 97 92 50 42, Fax 97 92 51 50. 88-Betten-Herberge ca. 4 km nördlich des Zentrums nahe der Kreuzung der Straßen nach Hanstholm und Klitmøller – also zentral für Thy; ab 320, 4-Bett-Zi. ab 420 DKK, Frühstück 50 DKK).

Hotel Vildsund Strand: Ved Stranden, Vilsund, Tel. 97 93 10 44 (ca. 9 km südwestl.). Spezialität ist Aal, für ca. 170 DKK gibt's ihn ohne Limit, rechnen Sie aber die Magenbitter ein, die Sie später brauchen.

Dampmøllen: Østerbakken 11. ›Großraum-Dorfdisse‹ titulierte eine Surferpostille Thys größte Disco; Fr u. Sa ab 22 Uhr; im Erdgeschoss gibt's an diesen Tagen noch die Bierkneipe ›**Flaske Peter**‹ für die etwas älteren Trinker.

Der dreitägige **Vildsund-Markt** am letzten Juliwochenende ist mit seiner Mischung aus Vieh-, Floh- und Jahrmarkt der größte dieser für Dänemark typischen Volksfeste im Nordwesten Jütlands. Schauplatz ist seit 1872 Vilsund, 9 km südwestlich von Thisted an der Brücke nach Mors.

Bahn: Endstation der Bahnlinie von Struer, 2 x tgl. IC ab/bis Kopenhagen (ca. 5 Std. 50 Min).

Busse in Küstenorte sowie nach Sydthy, Mors und Han Herred.

Flughafen: 13 km nördlich, derzeit keine Linienflüge, Aktuelles Tel. 97 96 51 00.

ENTLANG DER JAMMERBUGT

Sandige Strände, abbrechende Klippen, Dünen – die Küste der Jammerbugt ist abwechslungsreicher als viele erwarten, geradezu spektakulär rund um Lønstrup, wo eine Kirche auf der Kippe steht und ein Leuchtturm begraben wird. Gewachsene Städte gibt es nur im Hinterland, die Orte an der Küste sind vom Tourismus geprägt: Romantisch Lønstrup, laut, manchmal schrill Løkken und Blokhus, ruhig die kleinen Siedlungen von Han Herred.

Han Herred: Touristenstrand und Bauernland

Han Herred vereint auf noch kleinerem Raum als Thy die raue Natur entlang der Nordsee mit landwirtschaftlich intensiv genutzten Gebieten am Limfjord. Beide Landschaften sind sich von Küste zu Küste so ähnlich, dass man sich wundert, warum sie nicht touristisch gemeinsame Wege gehen. Der Grund liegt wohl in der dänischen Variante der ›Kleinstaaterei‹: Thy gehört seit Anfang 2007 zur Kommune Thisted, Han Herred zur Kommune Jammerbugt und ist damit politisch vereint mit Teilen der Landschaft Vendsyssel.

Fjerritslev und die Nordseeküste von Han Herred

Reiseatlas: S. 238, B 4
Hauptort von Han Herred ist das 3500-Einwohner-Städtchen Fjerritslev. Mitten im Ort entstand 1885 eine Brauerei, die 1968 wieder geschlossen, aber gleich zum Museum wurde. In die Gebäude zog dann noch das regionale Heimatmuseum ein: **Den gamle Bryggergård/Fjerritslev Bryggeri- og Egnsmuseum** (Østergade 1, Tel. 98 21 16 55, Mitte Juni–Aug. Mo–Sa 10–16.30 Uhr, sonst nur Mo). Wer sich mehr für die Weiten des Weltraums als für die Tiefen eines Bierglases interessiert, geht ein paar Meter die Fußgängerzone nach Westen zum i-Büro an der Kreuzung mit der Vestergade.

Die große goldene Kugel, die vor dem Haus auf einem massiven Steinsockel steht, symbolisiert die Sonne und ist Startpunkt eines **Planetenwegs** durch unser Sonnensystem im Maßstab 1 : 1 Milliarde. Merkur, Venus, Erde und Mars stehen noch auf den ersten 250 m den Brøndumvej hinunter, der ferne Pluto ist fast 6 km entfernt am Meer zu finden, am Grønnestrand im südlichsten Teil der Jammerbugt, die ihren trostlosen Namen aufgrund der vielen Schiffsstrandungen und dem damit verbundenen Jammer bekam.

Wer in Han Herred Urlaub macht, den zieht es trotzdem an diese Küste nach **Torup Strand, Klim Strand, Grønnestrand, Svinkløv, Slettestrand** und **Tranum Strand.** Wie auf Thy wechseln hier flache Abschnitte – alter Meeresboden – mit Anhöhen und Steilküsten – ehemalige Inseln im steinzeitlichen Meer. Geologisch-biologische Kapriolen am **Svinkløv Plateau:** Eine dicke Flugsandschicht legte sich hier über fruchtbaren Boden, der an einigen, durch Erosion entstandenen Spalten wieder an die Oberfläche kommt. Dort sprießen mitten im anspruchslosen Dünenwald üppigste artenreiche Pflanzenoasen. Der ungewöhnliche Name Svinkløv, ›Schweineklaue‹, stammt von solchen Verwitterungsformen an der Steilküste: Unterhalb des 52 m hohen Stenbjerg erodierten die Spalten so, dass sie wie Schweineklauen aussehen. Davor schmiegt sich ein schöner Strand mit kleinen Dünen an die Küste. Mittendrin steht seit den 1920er Jahren das **Svinkløv Badehotel,** das mit seinem klassischen Stil selbst längst eine Sehenswürdigkeit ist.

Westlich des Svinkløv Plateaus wird es am **Grønnestrand** wieder extrem flach. Hier trotzt eine ungewöhnliche, winzige Windmühle dem harschen Küs-

Klassische Eleganz im Svinkløv Badehotel

tenklima, Dänemarks einzige Lyngmølle: Über ein Gerüst aus Eichenholz zieht sich eine Schicht Heidekraut, die für den Namen verantwortlich ist, denn Heide heißt auf Dänisch *lyng.*

Jammerbugt Turistbureau Fjerritslev: Vestergade 16 (im Han Herred Natur Center), 9690 Fjerritslev, Tel. 72 57 89 77, Fax 98 21 15 71, www.visitjammerbugten.dk. Das i-Büro vermittelt auch Ferienhäuser.

Svinkløv Badehotel: Svinkløvvej 593, 9690 Fjerritslev, Tel. 98 21 70 02, Fax 98 21 70 38, www.svinkloev-badehotel.dk (Mitte April–Anfang Okt.). Ein begehrtes und sehr lebendiges Relikt aus der Epoche mit mondänem Badeleben in den 1920ern. Die Lage in einem Naturschutzgebiet und die zeitlos schöne Atmosphäre sind unbezahlbar. Die Zimmer in Dänemarks größtem Holzhaus sind sehr geschmackvoll, aber zum Teil recht spartanisch nur mit einem Handwaschbecken (DZ ab 860 DKK), zum Teil mit Bad/WC (DZ ab 1095 DKK). Der Preis schließt neben dem Frühstück auch den in Dänemark üblichen ›Abendkaffee‹ nach dem Dinner ein. Wer hier in der Saison wohnen will, muss lange im Voraus buchen, viele Gäste reservieren bei der Abreise gleich fürs nächste Jahr, neue Kunden können frühesten 11 Monate vorher buchen. Keine Kreditkarten.
Klim Strand Camping: Klim Strand, 9690 Klim Strand, Tel. 98 22 53 40, Fax 98 22 57 77, www.klimstrand.dk. Der Fünf-Sterne-Campingplatz setzt auch international Maßstäbe, sehr gute Lage am Meer und trotzdem mit einem großen In-und-Outdoor-Spaßbad (extra Eintritt), auch Wellness-Zentrum.
Svinkløv Camping: Svinkløvvej 541, 9690 Fjerritslev, Tel. 98 21 71 80, Fax 98 21 71 83, www.svinkloevcamping.dk. Auf der Grenze zwischen Wald und Dünen gelegener Drei-Sterne-Platz; wenige Standplätze mit Meerblick – und viel Wind –, sonst geschützt im Wald.

Das **Svinkløv Badehotel** (s. o.) sollte man einmal erlebt haben, wenigstens zum Kaffeetrinken im blauen Salon oder zum Dinner im Sonnenuntergangszimmer, die Preise sind moderat, abends auch 3-Gänge-Menüs ab ca. 360 DKK.

Der Süden von Han Herred

Reiseatlas: S. 237 E–F 1
Die flachen Gebiete westlich des Svinkløv Plateaus werden von Historikern als Ausfahrt eines zur Wikingerzeit schiffbaren Wasserwegs vom Limfjord nach Norden zur Jammerbugt betrachtet. Die Existenz dieser Passage wird auch gern als Grund genannt, warum gerade auf dem südlichen Zipfel von Han Herred, der den Limfjord ganz schmal werden lässt, um 980 die **Aggersborg** entstand. Es war die größte von 5 Ringburgen aus der Zeit der Gründung eines gesamtdänischen Königreichs unter Harald Blauzahn. Der Durchmesser der heute nur durch einen Erdwall in ihren Umrissen angedeuteten Burg lag mit 240 m deutlich über dem der anderen vier. In der Aggersborg, so einige Historiker, könnten bis zu 5000 Menschen gelebt haben.

Innerhalb des Ringwalls standen typische Langhäuser der Zeit, alle einander so gleich wie in einem Fertighauskatalog; Aggersborg besaß 48 davon, jedes 32,5 m lang; die kleineren Burgen hatten nur je 16. Dies unterstreicht die Bedeutung des Standorts am Limfjord.

Eva und ›Madsen‹ haben das Harmonikamuseum bei Brovst aufgebaut

Vor Ort informiert eine Miniausstellung mit Schautafeln über die Burg.

Auch andere Epochen hinterließen Spuren im Süden von Han Herred: In der **Husby Hole** nahe Husby erinnert ein wuchtiger Gedenkstein an eine hier ausgefochtene Schlacht des heroischen, aber blutig niedergeschlagenen Bauernaufstands von 1441, und bei Attrup darf man im **Hvisselhøj** Dänemarks einziges Drei-Kammer-Grab aus der Steinzeit erkriechen, vorausgesetzt, man hat Licht dabei. Das **Kokkedal Slot** mit seinem markanten Stufengiebel entstand 1560 als Herrensitz und dient heute als romantisches Schlosshotel.

Was zwischen Attrup und Øland geglückt ist, scheiterte zwischen Øland und Gjøl: Landgewinnung durch Trockenlegung eines flachen Seitenarms des Limfjord. **Ølands Vejle,** lokal als Ulvedybet bekannt, blieb als Feuchtgebiet erhalten und steht als Vogelreservat unter Naturschutz. Gjøl, Dorfidylle in Sichtweite Aalborgs (S. 67), ist ein beliebtes Ziel von Freizeitskippern auf dem Limfjord. Und wer hier anlegt, steuert meist den **Gjøl Kro** an.

Brovst

Reiseatlas: S. 238, C 4

Im zentral gelegenen **Brovst** residiert das i-Büro im Seitenflügel des Herrensitzes Bratskov aus dem 16. Jh., der der Stadt als Kulturhaus dient, u. a. für Ausstellungen. Von Ende Juni bis in die

WAS IST DENN DAS FÜR EIN HÜGEL?

Kammer- und Hügelgräber sind auf Thy und Han Herred häufig, z. T. prägen sie das Landschaftsbild. Um etwa 3000 v. Chr. tauchten Kammergräber (dän. *jætte-stue*) in sorgfältig konstruierten Grabhügeln auf. Im Vergleich zu den noch älteren Dolmengräbern (dän. *dysse*) sind hier die Steine der Kammern deutlich mehr bearbeitet und Zwischenräume in den Seitenwänden mit einer Art Trockenmauer verschlossen. Ein seitlicher Zugang erlaubte zeitlich versetzte Bestattungen. Im Hügel ist eine zentrale Kammer üblich, auf Thy und Han Herred kommen aber auch Anlagen mit ein oder wie in Hvisselhøj sogar mit zwei Nebenkammern vor. Die Toten bekamen Waffen und Schmuck ins Grab gelegt, am Eingang standen Krüge mit Essen und Trinken bereit.

In Hügeln der Bronzezeit – in der **Ydby Hede** (S. 162) gibt es ein Feld mit annähernd 50 davon – fehlt die Kammer. Die Erde wird in dieser Epoche über einem Sarg, meist ein ausgehöhlter Eichenstamm, aufgeschichtet. In der Regel liegen darin Mitglieder bedeutender Familien, Ausgrabungen belegen spätere Bestattungen von Toten oder ihren Urnen in oberen Schichten der Hügel. In der Eisen- und Wikingerzeit (500 v. Chr. bis 10. Jh.) wurden die meisten Toten verbrannt, allenfalls blieben Urnen. Steinsetzungen in Ring- oder Schiffsform markieren häufig die Brandgräber. Eine kleine Anlage dieser Art findet man bei **Højstrup** (S. 176), die größte im Lande auf Lindholm Høje bei **Aalborg** (S. 67).

Hügelgräber auf der Ydby Hede

zweite Augustwoche erlebt man dort zudem allerlei Aktivitäten: In Seitenflügeln wird altes Handwerk demonstriert, und einen Vormittag pro Woche füllen Mägde, Knechte, Burgfrauen und Gutsbesitzer in historischen Gewändern die Räume und zeigen, was es an Arbeit – und Müßiggang – in einem herrschaftlichen Haus gab.

Nordöstlich von Brovst, zwischen Tranum Enge und Birkelse, stößt man auf eine Institution, eine Mischung aus Musikantenstadl und Museum: Das **Harmonikamuseet** (Tranum Engevej 250, Brovst, Tel. 98 23 81 46, Mai–Mitte Sept. sowie dän. Herbstf. tgl, sonst nur Sa, So 11–17 Uhr, Mi ab 19 Uhr Tanz). Eva Petersen und ›Madsen‹ haben ihr Leben lang Schifferklaviere gesammelt, rund 1000 kamen zusammen, die ältesten über 150 Jahre alt. Viele sind spielbar und werden wann immer möglich aus den Regalen geholt. Wer Volksmusik mag, sich für alte Musikinstrumente interessiert und sich für eine Sammlung begeistern kann, die mehr mit Leidenschaft als mit modernen Museumskonzepten präsentiert wird, darf hier nicht vorbeifahren.

Jammerbugt Turistbureau Brovst: Fredensdal 8, 9460 Brovst, Tel. 72 57 89 75, Fax 98 23 34 33, www.visitjammerbugten.dk.

Kokkedal Slot: Kokkedalsvej 17 (ca. 5 km südwestlich Brovst), Tel. 98 23 36 22, Fax 96 44 00 54, www.royalclassic.dk. Ein Schlosshotel, komfortabel und stilvoll, aber nicht so versnobt, dass normale Urlauber sich fehl am Platze fühlen. DZ 1000–1600, Sa plus 100 DKK. **Feriehotel Tranum Klit:** Strandvejen 150,

9460 Tranum, Tel. 98 23 53 33, Fax 98 23 53 98, www.tranumklit.dk. Das Kontrastprogramm zum nahen Svinkløv Badehotel (s. o.): Reihenhausatmosphäre in den Dünen, über die Terrassenmauern ist schnell Kontakt zu den Urlaubsnachbarn hergestellt, und im geschützten Innenhof können die Kinder am Pool toben. Ab ca. 850, Hochsommer 975 DKK/Tag für ein Apartment, ab dem 3. Tag deutliche Preisnachlässe; Angebote für Miniferien. **Ferienhäuser** vermittelt u. a. das i-Büro.

Das Restaurant im **Kokkedal Slot** (s. o.) steht nicht nur Hausgästen offen, reservieren sollte man aber auf jeden Fall. Die Ansprüche der Küche sind hoch, die Preise auch. Zum Restaurant gehört ein Weinhandel mit selbst importierten Rotweinen vom Balkan, Weinproben Sa 13–16 Uhr.
Gjøl Kro: Fjordgade 18, Gjøl, Tel. 98 27 70 14. Der Kro am Hafen von Gjøl mit den typischen Treppengiebeln der Region steht seit 1901. Spezialität ist gebratener Aal mit *flødestuvede* Kartoffeln, die ähnlich Béchamelkartoffeln in Sahne gekocht werden; moderat die Preise, teuer wird's aber wegen der notwendigen Verdauungsschnäpschen.

Von Blokhus bis Løkken

Reiseatlas: S. 238, C 3
Ab Rødhus Klit wird die Bebauung mit Ferienhäusern und Campingplätzen dichter, und **Blokhus** ist dann man im muntersten Abschnitt der Jammerbugt, der sich bis Løkken erstreckt. Die beiden Orte haben über hundert Jahre Erfahrung mit dem Tourismus, Løkken sieht man das jedoch eher an als dem

kleineren Blokhus, das in jüngster Zeit durch eine aufwendige Sanierung des Zentrums Boden gut gemacht hat. Das Publikum ist in diesem Teil der Nordseeküste internationaler als im Süden, neben Deutschen machen hier auch gern Norweger und Schweden Urlaub, unter ihnen viele junge Gäste – man merkt es am Nachtleben.

Der bei Niedrigwasser in langen Abschnitten über 100 m breite Strand zwischen Blokhus und Løkken ist bis an den Südrand von Løkken auf ganzer Länge als Autostrand freigegeben. Der feste Boden macht sogar Radfahren möglich. Die Bedingungen sind auch ideal für Strandsegler und Kite-Buggys, die sich jedoch an ausgewiesene Areale halten müssen. Wo die schnellen Ge-

fährte allenfalls vom Pfeifen des Windes begleitet über den harten Sand flitzen, gibt es auch für nicht Aktive viel zu sehen – man sollte also für die Fahrt am Strand reichlich Zeit einplanen.

Mit Kindern ist in diesem Teil Dänemarks ein Ausflugsziel vorprogrammiert: **Fårup Aquapark og Sommerland** (Pirupvejen 147, Saltum, Tel. 98 88 16 00, www.faarupsommerland.dk; unübersichtliche Öffnungszeiten Mai u. 1. Hälfte Sept. ausgewählte Tage, Juni–Aug. tgl. 10–17, 18, 19, 20 oder 21 Uhr) war der erste und ist der größte Freizeitpark dieser Art im Lande. Mehr als 50 Attraktionen, darunter ein großes Open-air-Spaßbad mit einem Gewirr von Wasserrutschen, diversen Achterbahnen, eine davon mit Wassereinla-

Sommerfrische in Løkken

gen, ein gigantischer Rafting-Fluss, Bahnen für Go-Karts- und Moon-Cars sowie ein See mit Speed-Booten sorgen dafür, dass alle Altersstufen auf ihre Kosten kommen.

Jammerbugt Turistbureau Blokhus: Strandvej 5b, 9492 Blokhus, Tel. 72 57 89 70, Fax 98 24 83 01, www.visitjammerbugten.dk.

Rødhus Klit Feriecenter: Rødhus Klitvej 123, 9490 Rødhus, Tel. 96 73 10 00, Fax 96 73 10 33. Große Anlage mit freistehenden, gut ausgestatteten Häusern, dem Stil der Region angepasst. Ausgezeichnete Gemeinschaftseinrichtungen mit Badeland und Fitnesscenter. Je nach Saison 3550–8100 DKK/Wo.; außer Mitte Juni–1. Woche Aug. auch Tagesmiete möglich: 670–1090 DKK/Tag, ab 3. Tag deutlich günstiger.
Feriehotel Nordsøen – Danland i Blokhus: Høkervej 5, 9492 Blokhus, Tel. 98 24 93 33, Fax 98 20 82 40. Eine klotzige Bausünde. Die kleinsten Wohneinheiten können wie Hotelzimmer genutzt werden. Die Preise für die Apartments je nach Saison und Größe (4–8 Pers.) ca. 540–1415 DKK/Tag bzw. 2550–9000 DKK/Woche
Danhostel Blokhus-Hune: Kiekvej 26, 9480 Blokhus-Hune (ca. 3 km landeinwärts), Tel. 98 24 91 80, Fax 98 20 90 05. Einfache Zwei-Sterne-Herberge, DZ 295, mit Bad/WC 355 DKK, 4-Bett-Zi. 415/475 DKK, Frühstück 60 DKK/Pers.
Tausende von **Ferienhäusern** stehen zwischen Blokhus und Løkken in und hinter den Dünen. Vermietungen über alle großen Ferienhausvermittler (S. 225), die örtlichen i-Büros oder: **Nordsø Sommerhusudlejning,** Aalborgvej 31, 9492 Blokhus, Tel. 98 24 87 88, www.nordsoe.dk.
Jambo Vesterhav Camping: Solvejen 60, 9493 Saltum, Tel. 98 88 16 66, www.

jambo.dk. Mit vier Sternen die Oberklasse der vielen Campingplätze an der Jammerbugt; komfortable Gemeinschaftseinrichtungen, viel Entertainment für Kinder (in- und outdoor); nah beim Fårup Sommerland.

Luneborg Kro: Luneborgvej 310, Tylstrup (ca. 15 km landeinwärts von Blokhus), Tel. 98 26 51 00. Ambitionierte Traditionsküche, abends teuer aber angemessen, mittags gute Frokostgerichte unter 100 DKK.
Strandingskroen: Høkervej 2, Blokhus, Tel. 98 24 90 07. Traditions-Kro mit maritimem Ambiente, moderat–teuer. Deftiger Aufschlag bei Zahlung mit Kreditkarte.

Løkken

Reiseatlas: S. 238 C 3
Løkken ist wie kaum ein anderer Ort an der dänischen Nordseeküste dem Massentourismus verfallen mit Kneipen, Pubs, Discos, Imbissbuden, Straßencafés und Souvenirshops.

Weil das Städtchen aber auch auf eine lange Geschichte als Landungsplatz für den Schutenhandel und später für rund 50 hier beheimatete Kutter von Strandfischern zurückblickt, hat es überraschend viel Altes, in manchen Winkeln gar Pittoreskes bewahrt. Løkkens Markenzeichen ist die ›Weiße Stadt‹, wie die weißen Häuschen im Ort genannt werden, die jeden Sommer wie Perlen am Strand aufgereiht stehen, gut 500 nebeneinander. Alle diese ›Schrebergartenhäuschen‹ am Wasser sind in Privatbesitz, vermietet werden sie nicht.

Ein paar Berufsfischer nutzen den Strand neben der langen Mole vor dem

Søndre Strandvej bis heute als Heimathafen. In den Dünen dahinter stehen eine Seebake von 1884 sowie der Signalmast, mit dem heimkehrenden Fischern Wind- und Strömungsverhältnisse am Ufer angezeigt wurden. Wie Küstenfischerei funktionierte, zeigt das **Kystfiskerimuseet** (Nørdre Strandvej, Tel. 98 99 64 54, Juni–Aug. Mo–Fr 10–16, So 13–16 Uhr) in der alten Rettungsstation. Der Schutenhandel sowie Løkkens Rolle als Badeort sind Themen im **Løkken Museum** (Nørregade 12, Tel. 98 99 64 54, Juni–Aug. Mo–Fr 10–16, So 13–16 Uhr).

Turistbureau: Harald Fischers Vej 8, 9480 Løkken, Tel. 98 99 10 09, Fax 98 99 11 59, www.loekken.dk. Auch Vermittlung von Ferienhäusern und Privatzimmern.

Løkken Badehotel: Torvet 8, 9480 Løkken, Tel. 98 99 14 11, Fax 98 99 27 12, www.loekken-badehotel.dk. Mehrfach renoviertes Traditionshotel im belebten Zentrum mit Ferienwohnungen, je nach Größe und Saison ca. 2275–6125 DKK/Woche.
Camping: In Løkken und näherer Umgebung gibt es 7 Campingplätze, u. a.: **Løkken Campingcentre & Hytteby,** Søndergade 69, Tel. 98 99 17 67, www.loekken-hytteby.dk. Nah zu Strand und Zentrum, gute Familieneinrichtungen, 125 Power-Stellplätze und 3 Dutzend Hütten (nur Sommer).

Mehrere preiswerte Lokale und Imbiss-Stuben findet man rund um den stark frequentierten Torvet.
Løkken Fiskerestaurant: Nørregade 9, Tel. 98 99 02 00. Hier bekommt man gut zubereiteten Fisch, die Preise beginnen im moderaten Bereich. Wer jedoch Leckereien wie die im Schinkenmantel gebratenen Seeteufelmedaillons wählt, muss tief in die Tasche greifen.

Im Zentrum von Løkken pulsiert im Sommer das Nachtleben bis in den frühen Morgen, die **Discos** sind Mitte Juni–Aug. tgl. 23–5 Uhr geöffnet, sonst allenfalls einmal im Monat.
Action House Funcenter: Industrivej 1, Tel. 99 67 67 10, Programm www.action house.dk, in der Saison tgl. 10–5 Uhr, sonst bis Mitternacht. Wie der Name verspricht: Die Fun-Generation kann sich an Spielautomaten, auf Go-Karts, beim Bowling oder bei einer zünftigen Paintball Ballerei vergnügen oder in der Großdisco **New York** durch die Nacht tanzen.

Nørre Lyngby bis Lønstrup: Auf der Kippe

Reiseatlas: S. 238, C 2/3, 239, D 3
Nördlich von Løkken wird der Strand schmaler und schmaler vor einem höher und höher aufragenden Steilufer. Das bietet indes die Thermik, die Paraglider suchen – bei schönem Wetter tanzen sie als bunte Tupfer durch den Himmel über der Küste. Die besteht aus relativ harten Ton- und weichen Sandschichten und wirkt durch die unterschiedliche Erosion sehr zerklüftet. Nur wenige Treppen und eine Rampe in Nørre Lyngby erlauben den Auf- oder Abstieg zwischen Strand und Land. **Nørre Lyngby** ist ein Dorf auf der Kippe, mehrere Häuser hängen als Ruinen über dem Steilhang – darunter sollte man nicht unbedingt sein Badelaken ausbreiten.

Rubjerg Knude

Reiseatlas: S. 238, C 2
Ein ganz anderes Problem hat der Leuchtturm von Rubjerg Knude. Er strahlte Weihnachten 1900 das erste Mal sein Licht aufs Meer, musste aber 1968 wieder abgeschaltet werden, weil es draußen keiner mehr sehen konnte. Sand, den Regen und Wellen aus dem Steilufer herausholen, weht der Wind ausgerechnet vor seiner Linse zu einer gewaltigen Düne auf dem Plateau zusammen; 90 m ragt deren Gipfel über den Meeresspiegel. Der Sand schob sich vor und inzwischen um den Leuchtturm, verschüttete alle Nebengebäude (S. 17). Auch das Museum zum Thema Sandflug, das zwei Jahrzehnte darin zu Hause war, wurde Anfang 2002 vom Thema seiner Ausstellung überrollt und musste auf den alten Hof des Strandvogts von Rubjerg weiter landeinwärts umziehen, in den **Jens Thomsens Gaard** (Langelinie 2, ca. 2 km südlich der Zufahrt zum Leuchtturm an der Straße Richtung Løkken; 15. Mai–30. Sept. Do–So, Hochsaison sowie Oster- und Herbstferien tgl. 11–17 Uhr).

Mårup Kirke

Reiseatlas: S. 239, D 2
Irgendwie scheint an diesem Küstenabschnitt alles vergänglich, denn kaum 2 km nördlich des Leuchtturms steht die **Mårup Kirke** auf der Kippe. Das Gotteshaus aus romanischer Zeit wird eines Tages abstürzen. Ein paar Meter kommt ihr die Klippenkante jedes Jahr näher, vor allem während der Herbststürme und im Winter. Die Kirche wurde als Gotteshaus schon 1928 aufgegeben und ist seit einigen Jahren komplett ausgeräumt. Was sich das Meer derweil holt, sind die sterblichen Überreste derer, denen es vor rund 200 Jahren schon das Leben nahm: Auf dem Kirchhof, von dem Jahr für Jahr mehr abstürzt, fanden etwa 200 Opfer einer Schiffskatastrophe ihre vermeintlich letzte Ruhe: Die britische Fregatte ›The Crescent‹ wurde Ende 1808 in der Brandung vor Lønstrup zerschlagen, ihr Wrack liegt in gut 12 m Tiefe etwa 300 m nordwestlich der Kirche. Ihr mächtiger Anker wurde geborgen und steht neben der Kirche. Fallen durch Abbrüche an den Klippen Skelettteile auf den Strand, werden sie in Lønstrup auf dem Kirchhof wieder bestattet.

Lønstrup

Reiseatlas: S. 239, D 2
Der Ort Lønstrup zwängt sich in ein Dünental, eher schon eine Schlucht, geformt vom Lønstrup Bæk. Durch Regenmassen eines Unwetters zum reißenden Strom angeschwollen, riss dieser unscheinbare Bach 1877 das halbe Dorf ins Meer. Die Katastrophe war die Initialzündung für den Tourismus, den man beim Wiederaufbau berücksichtigte. Vom mondänen Stil der frühen Jahre hat Lønstrup einiges bewahren können, die Kompromisse mit dem modernen Tourismus erreichen auf keinen Fall Ausmaße wie in Løkken oder Blokhus. Dazu trägt wohl auch bei, dass Lønstrup nur einen kleinen, mit Buhnen geschützte Badestrand hat. Die besten Stellen findet

187

man nördlich des Landungsplatzes, den noch wenige Fischer für ihre Boote nutzen. Er liegt malerisch unterhalb der alten Rettungsstation am Ende des Strandvejen.

An der engen, oft verstopften Hauptstraße, die sich durch Lønstrup dorthin schlängelt, reihen sich Restaurants und Cafés wie Café Slugten, Caféen Lønstrup und das originelle Glashuset, das sich das Dach mit einer Glasbläserei teilt, sowie mit 5-Sterne-Meerblick Café Havblik und Villa Vest (S. 189). Die romantische Atmosphäre und die anspruchsvolle Klientel, die hier Urlaub macht, locken zudem Galeristen und Kunsthandwerker.

In **Sønderlev,** gut 5 km landeinwärts, kann man ein für die dänische Nordsee typisches Kunsthandwerk beobachten, die Bernsteinschleiferei: Im **Ravgården** (Skallerupvej 525, Mo–Fr 10–17 Uhr) mischen sich Shop und Museum.

Lønstrup Turistbureau: Strandvejen 90, 9800 Lønstrup, Tel. 96 25 22 20, Fax 98 96 00 43, www.leonstrup.dk.

Skallerup Klit Feriecenter: 9800 Sønderlev (4 km nördlich Lønstrup), Tel. 99 24 84 00, Fax 98 96 80 61, www.skallerup.dk. Freistehende Einzel- oder Doppelhäuser (je nach Größe und Saison ca. 5000–13 200 DKK/Woche; außer im Juli sind auch kürzere Mietzeiten mög-

Kalkmalerei in der Jetsmark Kirche

llch). Gute Gemeinschaftseinrichtungen mit Restaurant, Spaßbad, Supermarkt, Reiterhof und einem Museum zur Geschichte der Ferienanlage. Sie ging aus einem Lager für ca. 2400 deutsche Flüchtlinge in den Jahren 1946/47 hervor. Für diese waren einfache Waldarbeiterhütten aufgestellt worden, die anschließend renoviert und ab 1949 an Urlauber vermietet wurden.
Ferienhäuser und **Privatzimmer** vermittelt das Lønstrup Turistbureau.

 Restaurant Villa Vest: Strandvejen 138, Lønstrup, Tel. 98 96 05 66. Mit besserer Aussicht aufs Meer als hinter den großen Fenstern der Villa Vest kann man sich kaum zum Essen niederlassen. Die Küche ist edel und teuer (April–Dez.).

Gute **Busverbindungen** nach Hjørring.

Das Hinterland

Reiseatlas: S. 238, C 3/4 und 239, D 3
So schrill die Küste, so kulturschwanger das Hinterland der Jammerbugt. Es ist eine Hochburg gotischer Kalkmalerei. In der **Jetsmark Kirke** zieren Fresken »ausgeführt im Jahre des Herrn 1474« Deckengewölbe und Chorwände. Die **Saltum Kirke** besitzt neben anderen Fresken einen prächtig ausgemalten Stammbaum Jesu. Und in der **Vrå Kirke** zeigt das Deckengewölbe ein Sittengemälde aus seiner Entstehungszeit um 1500: Ein alter Mann stirbt. Engel führen seine Seele in den Himmel. Daneben vergnügt sich die junge Witwe schon mit einem anderen, beide inspizieren auch das Erbe. Junge Frauen wurden früher aus wirt-schaftlichen Gründen oft in Ehen mit reichen alten Männern gezwungen und man drückte dann ein Auge zu, wenn sie sich einen Liebhaber in ihrem Alter hielten.

Auf einem Hügel 5 km östlich Løkken ragt der kantige Bau des **Børglum Kloster** (Tel. 98 99 40 11, Mai–Sept. sowie Oster- und Herbstferien tgl. 10–18 Uhr) aus der Landschaft. Noch zur Wikingerzeit gründeten Augustiner das Kloster, das 1220 vom Prämonstratenser Orden übernommen wurde. Da war Børglum schon Bischofssitz für Nordjütland. Der letzte katholische Bischof Stygge Krumpen galt als Despot und Weiberheld, nicht einmal Nonnen waren vor ihm sicher. Da störte es nur wenige, als das Anwesen mit der Reformation in weltliche Hände kam. Die frühere Dom- und Klosterkirche kann besichtigt werden und im Sommer sorgen Ausstellungen, Konzerte und Theateraufführungen für Unterhaltung auf hohem Niveau. Außerdem nutzen Künstler und Kunsthandwerker Räume des Gutes als Studio und Galerie.

Brønderslev

Reiseatlas: S. 239, D 3
Brønderslev muss in Dänemark mit dem Image der absoluten Provinzstadt leben, lockt aber zum Einkaufen, wenn mal kein Strandwetter ist. Von hier aus wurde Dänemarks größtes Hochmoor, das Store Vildmose, Anfang des 20. Jh. kultiviert. Nur noch ein bescheidener Rest ist südwestlich der Stadt im ›Rohzustand‹ geblieben und steht unter Naturschutz; Elfen und Erlkönige sollen dort leben. Am Rande von Brønderslev

informiert das **Vildmosemuseet** (Pav-kjærvej 15, Tel. 98 82 43 44, Mitte Mai–Mitte Sept., So–Fr 10–16 Uhr) über das Moor und seine Urbarmachung.

Hjørring

Reiseatlas: S. 239, D 2
Brønderslev steht seit je her im Schatten des mit 25 000 Einwohnen deutlich größeren Hjørring, der Hauptstadt der Region Vendsyssel. Mit Stadtrechten seit dem frühen Mittelalter konnte es sich prächtig entwickeln; drei Kirchen aus romanischer Zeit nah beieinander in der Altstadt belegen die frühe Bedeutung. In der Nachbarschaft der Kirchen nutzt das kulturhistorische **Vendsyssel Historiske Museum** (Museumsgade 3, Tel. 98 92 06 77, Mai–Sept. tgl. 10–17, sonst Mo–Fr 10–16, Sa 10–14 Uhr) die Gebäude einer alten Schule und der ehemaligen Probstei: Vorzeit, Kirchenkunst, historische Landwirtschaft, bürgerliche Wohnkultur und im Innenhof Heilkräuter – viele Themen werden angesprochen.

Zur Feier von 750 Jahren Stadtrechten gönnte man sich 1993 eine aufwendige Sanierung: Autos raus, Kunst rein war das Motto. Überall stößt man auf moderne Skulpturen bekannter Dänischer Künstler. Den Vogel schießt der **P. Nørskjærs Plads** ab. Bjørn Nørgård (geb. 1947), heute einer der bekanntesten und etabliertesten, früher indes umstrittensten Multikünstler Dänemarks, schuf hier ein exzentrisches Wasserspiel, umgeben von meterhohen Figuren, die Elemente afrikanischer Kunst mit Symbolen der nordischen Mythologie verbinden.

In dieses Umfeld zog jüngst das **Vendsyssel Kunstmuseum** (P. Nørskjærs Plads 15, Tel. 98 92 41 33, Di–So 11–16 Uhr). Das fand sein neues Zuhause in einer sorgfältig für diesen Zeck umgebauten ehemaligen Textilfabrik. Dort sammelt und zeigt es vorrangig Arbeiten moderner Künstler aus Nordjütland, schaut in den neuen Räumlichkeiten aber auch über diesen regionalen Tellerrand hinaus, vor allem bei regelmäßigen Sonderausstellungen.

Hjørring Turistinformation: Museumsgade 3, 9800 Hjørring, Tel. 98 92 02 32, Fax 98 92 04 52, www.visithjoerring.dk.

Phønix: Jernbanegade 6, Tel. 98 92 54 55, Fax 98 90 10 37, www.phoenix-hjoerring.dk. Zentral gelegenes Stadthotel mit guter Gastronomie; DZ ca. 950–1150 DKK.
Danhostel Hjørring: Thomas Morildsvej 11, Tel. 98 92 67 00, Fax 98 90 15 50, www.danhostelnord.dk/hjoerring. Vier-Sterne-Herberge, alle Familienzimmer mit Bad/WC für 2–6 Pers. in der Hochsaison 440–695 DKK, Frühstück 50 DKK/Pers.

Vendsyssel Festival: Perikumvej 18, Hjørring, Tel. 98 92 45 88, www.vendsysselfestival.dk, Anfang Juli–Mitte Aug. Rund 60 hochkarätige Klassikkonzerte in ländlicher Umgebung – 2010 schon zum 40. Male. Infos und Tickets über alle i-Büros der Region. Wer Klassik liebt, sollte sich eine preiswerte Dauerkarte besorgen.

Bahnhof an der Hauptstrecke Frederikshavn – Aalborg**,** Privatbahn nach Hirtshals (S. 191), **Busse** u. a. nach Lønstrup.

TANNIS BUGT UND HALBINSEL SKAGEN

Die breiten Strände setzen sich an der Tannis Bugt fort, aber auch die sanfte, kindgerechtere Ostsee ist nah. Das Land ist hier maximal 40 km breit und kaum mehr als 5 km dort, wo die Düne Råbjerg Mile von einem Meer zum anderen wandert. Die quicklebendige Hafenstadt Skagen bietet neben Stränden an beiden Meeren so viel Livestyle wie kein anderer Urlaubsort des Landes.

Hirtshals

Reiseatlas: S. 239, D 2

Hirtshals markiert die Grenze zwischen Jammerbugt und Tannis Bugt. Die Stadt hockt auf einem alten Moränenplateau wie auf einem Ausguck. Wegen dieser Lage bauten deutsche Truppen 1941 Sicherungsanlagen für den Hafen. Die 10. Batterie mit 69 Bunkern und Stellungen am Südwestrand der Stadt ist als Museum zugänglich, ein Ausstellungsbunker gleich neben dem Leuchtturm informiert über Anlage und Rundwege durch die Befestigungen.

Der 1862 gebaute Leuchtturm verschafft den besten Überblick über den Hafen und die Stadt. Hat man seine Aussichtsplattform erklommen, steht man 54 m über dem Meeresspiegel, 35 m Höhe misst der Turm, für den Rest sorgt das Moränenplateau.

Hirtshals ist Heimathafen einer großen Fischereiflotte, deren Servicebetriebe auch fremde Trawler unter teils exotischen Flaggen versorgen, die in der Nordsee unterwegs sind. So zeigt sich der Hafen immer geschäftig, zumal auch die großen Norwegen-Fähren rund um die Uhr ein- und auslaufen.

Vorläufer der Fähren waren ein- oder zweimastige Lastkähne mit flachem Rumpf, die gefahrlos am Strand aufsetzen konnten. Vom Mittelalter bis weit ins 19. Jh. pendelte eine Flotte dieser Schuten über das Skagerrak. Die Skipper kauften auf eigene Rechnung landwirtschaftliche Produkte in Jütland, segelten damit nach Norwegen und brachten von dort Holz, Granit, Kalk oder Eisen mit. **Tornby Strand,**

Ferienhäuser

Die i-Büros der Region vermitteln Ferienhäuser unter dem Label **Toppen af Danmark** mit gemeinsamem Katalog; Buchen auch online unter www.visittoppen.com. Allgemeine touristische Informationen gibt's unter www.toopenafdanmark.dk.

4 km südwestlich von Hirtshals, war eine Hochburg des Schutenhandels, der nahe der Strandzufahrt auf Schautafeln an einem Bootshaus erläutert wird.

In **Tornby** an der Hauptstraße glaubt man sich direkt in die Zeit des Schutenhandels zurückversetzt, wenn man dort im **Tornby gamle Købmandsgaard** (Hovedvejen 61, Tel. 98 97 71 66, Jan.–März tgl. 12.30–17, sonst Mo–Fr 11–17, Sa, So 12.30–17 Uhr) einen Einkaufsstopp macht. Der Laden ist wie Mitte des 19. Jh. eingerichtet, kleine Ausstellungen erzählen vom Schutenhandel und den Kindertagen des Tourismus. Und man kann auch noch alles mögliche einkaufen: Souvenirs oder eines der Elixiere aus der Kräuterschnapsproduktion – ›Bjesk‹ heißt Aufgesetzter in der Region.

Fische in allen Lebenslagen

Der **Hafen von Hirtshals** wurde erst 1919 angelegt und in den 1960ern auf seine heutige Größe erweitert. Dem Treiben an den Kais kann man von der modernen Freitreppe zusehen, die von der höher gelegenen Stadt zum Sydvestkaj hinunter führt. Alle Kaianlagen sind auch zugänglich, nur sollte man vor allem dort aufpassen, wo Kutter entladen werden und die Gabelstapler kreuz und quer durch die Gegend flitzen. Bei der Fischauktion (Mo–Fr 7 Uhr) dürfen Laien zusehen, mehr erfährt man auf Führungen an ausgesuchten Tagen unter dem Thema ›Vom Meer auf den Tisch‹ (6.45–8.15 Uhr, Details beim i-Büro).

Sieht man Fische lieber lebend als in Plastikkisten, besucht man das **Nordsømuseet** (Willemoesvej, Tel. 98 94 44 44, tgl. 10–17, Juli, Aug. –18 Uhr, Dez. geschl.). In einem großen Robbarium tummeln sich Seehunde und Kegelrobben (Fütterung 11 u. 15 Uhr), in üblichen Aquarien andere Tiere der Nordsee. Ein Aquarium – werbewirksamer Oceanarium (Fütterung durch Taucher 13 Uhr) genannt – sprengt Maßstäbe: Ganze Fischschwärme, aber auch Rochen und Nordseehaie, ziehen in 4 500 000 l Seewasser ihre Runden. 6 x 12 m ist das Schaufenster groß, 41 cm dick das Glas. Davor eine Tribüne zum Staunen und Meditieren.

Kreuzfahrten

Mal eben auf einer Minikreuzfahrt bei Mette-Marit oder Königin Sylvia vorbeischauen ist ab den Häfen Hirtshals und Frederikshavn kein Problem. Sonderangebote für Tagesausflüge bieten Color Line (Tel. 99 56 20 00) auf der Linie Hirtshals – Kristiansand und Stena Line (Tel. 96 20 02 00) auf der Linie Frederikshavn – Göteborg oft kurzfristig in Touristenzeitungen an (ab ca. 440 DKK/Familie mit 2 Erw. und 2 Kindern). Minikreuzfahrten mit Übernachtung an Bord sind auf den Routen beider Reedereien nach Oslo möglich. Auf Strecken nach Norwegen gibt es noch Duty-free-Verkauf, Preise für Alkoholisches und Tabakwaren orientieren sich an Bord aber am norwegischen Preisniveau. Tickets und Details bei den i-Büros der Region.

Das **Hirtshals Museum** (Sophus Thomsensgade 6, Tel. 99 56 58 85, Mitte Juni–Mitte Sep. Mo–Fr 10–16, Sa –14, sonst Mo–Do 10–16, Fr 10–13 Uhr) befasst sich mit den Menschen am Meer. Es ist in einem Fischerhaus von 1880 zu Hause und im Stil des frühen 20. Jh. eingerichtet. Gezeigt werden auch traditionelle Fischerboote und im Sommer das Handwerk, das zur Fischerei gehört, zum Beispiel das Flicken und Präparieren der Netze. Und dann gibt es noch die Abteilung ›Bjesk‹, die sich mit dem Aufgesetzten der Region befasst. Sie können gern einen Klaren mitbringen, er wird dann nach alter Tradition mit Kräutern und Heilpflanzen aufgepeppt.

 Hirtshals Turistbureau: Nørregade 40, 9850 Hirtshals, Tel. 98 94 22 20, Fax 98 94 58 20, www.visithirtshals.com.

 Skaga Hotel: Willemoesvej 1, Tel. 98 94 55 00, Fax 98 94 55 55, www.skagahotel.dk. Modernes Komforthotel gegenüber dem Nordsømuseet, großzügige DZ 995 DKK, Juli–Mitte Aug. 1095 DKK; verschiedene Angebote für Miniferien. Das Panoramarestaurant im Obergeschoss bietet hervorragende Küche und perfekten Service zu moderaten Preisen.

 Hochseeangeln mit mehreren Anbietern, Infos über das i-Büro.
Baden: Kilometerlange Sandstrände südl. und östl. von Hirtshals, meist mit Autoverkehr. Kleiner Strand unterhalb des Leuchtturms autofrei.

Nordjyske Privatbaner nach Hjørring (Übergang zur DSB-Hauptstrecke).

Tannis Bugt: Mit Schwung nach Norden

Reiseatlas: S. 239 D/E 2

Von Hirtshals schwingt sich die Tannis Bugt erst sanft Richtung Osten, dann immer deutlicher nach Norden – am Meer kilometerlange Sandstrände, dahinter große Dünenforste, die seit dem 19. Jh. gegen den verheerenden Sandflug angepflanzt wurden. Rad- und Wanderwege erschließen die Wälder. Das Flüsschen Uggerby Å, das sich etwa 10 km östlich von Hirtshals am Ostrand der Uggerby Klitplantage ins Meer schlängelt, ist ein populäres Kanurevier. Boote können in **Uggerby** gemietet werden. Populär ist der Trip vom Dorf zum Strand, aber auch Abschnitte des Flusses im Hinterland können befahren werden.

Um **Tversted** werden Bäume seltener, Ferienhäuser häufiger. Nach Norden kann man durch den Badeort **Tannisby** mit dem Auto ans Wasser fahren. Der Strand ist nach Norden bis Skiveren für den Verkehr freigegeben, missbrauchen Sie ihn aber nicht als Transitstrecke, dafür gibt es die Hauptstraße [597].

Die **Tversted Klitplantage,** etwa 3 km östlich des Ortes, ist ein weiterer Forst wider den Sandflug. Ein 6,5 km langer Rundweg führt in Küstennähe durch abwechslungsreiches Terrain (Start ab Parkplatz an der Försterei, Zufahrt über Plantørvej). Ein Abschnitt verläuft durch freies Gelände. Dort staunt man über die reetgedeckte Scheune des sonst niedergebrannten Hofes **Østerklit:** Mitten auf dem Dach-

Benni Høyer in seiner Bernsteinschleiferei in Mygdal

first thront eine kleine Bockwindmühle. Ein modernes Audiosystem erklärt den ungewöhnlichen Bau, in dem viel angeschwemmtes Strandgut verarbeitet wurde.

Tversted Turistbureau: Østervej 10, 9881 Tversted, Tel. 98 93 11 26, Fax 98 93 11 21, www.tversted.dk.

Uggerby Kanofart: Skagen Landevej 849, Uggerby, Tel. 98 97 53 04. Vermietung von Kanus für alle befahrbaren Abschnitte der Uggerby Å (ca. 45 DKK/Std. bzw. 225 DKK/Tag).
Vestkystens Ridecenter: Digtevej 28, Uggerby, Tel. 98 97 54 80, bietet Reittouren – auch spezielle Kinderprogramme – für Anfänger wie für Fortgeschrittene in Wäldern, Dünen und am Strand.

Mygdal: Bernstein und Gemäldeskizzen

Reiseatlas: S. 239, D/E 2
In Mygdal, ein paar Kilometer landeinwärts, betreibt Benni Høyer seine Bernsteinschleiferei **Højers Ravsliberi** (Højtvedvej 7, Tel. 98 97 52 23, Mo–Fr 10–17 Uhr). Er demonstriert nicht nur das Handwerk, sondern erzählt den Zuschauern dabei viel über die gut 30 Mio. Jahre alten Harzklumpen, denen er zu Leibe rückt, und welche Arbeitsgänge dazu gehören, um aus einem milchigen, unscheinbaren Stein ein lichtdurchlässiges und glänzendes Schmuckstück zu machen. Kaufen kann man unbearbeitete oder nur polierte Steine sowie fertigen Schmuck.

Am Rande von Mygdal besitzt **Gut Odden** (Oddenvej 1, Tel. 98 97 52 02; Feb.–Okt. tgl. 10–17, Nov.–Jan. Sa, So 12–16 Uhr) eine umfangreiche Sammlung von Studien und Skizzen des bekanntesten dänischen Multikünstlers der ersten Hälfte des 20. Jh., Jens Ferdinand Willumsen (1863–1958). Willumsen arbeitete als Maler, Grafiker, Fotograf, Bildhauer, Keramiker und Architekt. Die Sammlung auf Gut Odden zeigt vor allem Studien und Entwürfe, darunter fast 100 Vorarbeiten für sein bekanntestes, impressionistisches Gemälde ›Badende Kinder‹.

Tuen: Wo die Adler kreisen

Reiseatlas: S. 239, E 2
Östlich von Tuen sieht man am Himmel oft Raubvögel kreisen. Königs- und Seeadler leben dort zusammen mit verschiedenen Falken im **Ørnereservatet** (Skagensvej 107, Tel. 98 93 20 31; April–Okt. je nach Saison 1 x wö. bis 2 x tgl., nie jedoch montags; genaue Daten in regionalen Broschüren und bei den i-Büros).

Das Areal ist so günstig für die Könige der Lüfte, dass sich gelegentlich sogar wilde Adler angezogen fühlen und den Vorführungen in großer Höhe beiwohnen. In einer Ausstellung werden Fotos der Tiere gezeigt, die im Reservat gebrütet haben – in solcher Nähe zu Menschen ein seltenes Ereignis. Gelände und Ausstellung werden jedoch erst eine Stunde vor den Vorführungen geöffnet, sonst sind sie nicht zugänglich.

Auge in Auge mit den Königen der Lüfte in der Adlerwarte Tuen

Halbinsel Skagen: Jung und unbändig

Reiseatlas: S. 239, E/F 1
Mit jedem Meter weiter nach Norden bekommt man jüngeres Land unter die Füße. Wo heute die Råbjerg Mile über das Land kriecht, ist die Halbinsel 5000, bei Gammel Skagen knapp 1400 Jahre alt und Grenen, die Nordspitze wächst noch Tag für Tag.

»Wer das Meer in seiner ganzen Kraft und Fülle sehen will,« schreibt Henrik Pontoppidan 1890 in seinen »Reisebilder Dänemark«, »der muss nach Skagen reisen. Dort lernt er zugleich die Dünen in ihrer größten Ausdehnung kennen und macht schließlich Bekanntschaft mit einem Städtchen, das an Eigentümlichkeit seines Gleichen sucht.

Skagen ist nämlich der Name eines armen Fischerdorfes von über zweitausend Seelen, das draußen auf dem äußersten, öden Ende von Jyllands Nordspitze einsam zwischen den Dünen liegt, von zwei großen Meeren umgeben, deren unaufhörlich vorrückende Wellenreihen dort auf einander treffen und mit einander ringen, wie zwei lärmende Heere, – übrigens mit der umgebenden Welt verbunden (oder von ihr getrennt) durch die schmale, meilenlange, ganz unbewohnte Dünenwüste, wo nur eine Reihe trauriger Telegraphenstangen an menschliche Tätigkeiten erinnert.« Skagen hat seit 1890 gut 10 000 Einwohner hinzubekommen und ist kein armes Fischerdorf mehr, sondern eine Stadt der Yachten und Luxuslimousinen, in der nicht Schmalhans Küchenmeister ist,

sondern Gourmetköche an den Herden stehen und wo die einheimischen *jomfruhummer* zu den beliebtesten Delikatessen aus dem Meer gehören. Und zu der traurigen Reihe der Telegrafenstangen haben sich eine Bahnline, eine gut ausgebaute Straße sowie ein Radwanderweg gesellt. Aber sonst trifft die Beschreibung des Literaturnobelpreisträgers noch immer den Kern. Die Meere, der allgegenwärtige Sand in den Dünen, der Wind, der ihn treibt, und das ungewöhnliche Licht sind die Elemente, die in Skagen so intensiv ineinander greifen. Ende des 19. Jh. kam ein fünftes Element hinzu, die Kunst.

Das **Naturcenter Skagen Odde** [1] (Batterivej 51, Tel. 96 79 06 06; Mai–42. Wo. tgl. 10–16, Juli–Mitte Aug. –17 Uhr) verbindet gelungen die Elemente Skagens: Über die vier natürlichen informiert es interaktiv nach modernsten Konzepten, fordert auf 4000 m^2 zum Hinfassen und Spüren mit allen Sinnen heraus und ist dabei selbst ein Kunstwerk. Dafür sorgte mit seinen Entwürfen Jørn Utzon, der große alte Mann der dänischen Architektur, der auch Sydney mit der Oper seinen Stempel aufgedrückt hat. Das Naturcenter dominiert jedoch nicht das Bild der Landschaft, es verschwindet eher darin. ›Wüstenfort‹ tauften es die Skawboer, die Menschen auf Skagen. Es duckt sich mit hellen, sandfarbenen Mauern in die Dünen, unnahbar auf den ersten Blick. Ist man einmal drin, wundert man sich, wie viele Ausblicke die Festung dann bietet. Grandios die Aussicht aus dem Panoramabistro im zentralen Turm des Wüstenforts – man vergisst fast, auf das gute Essen zu schauen.

Die Entstehung der Halbinsel sowie andere Themen zur Natur der Region stehen auch im Mittelpunkt des konventionelleren **Naturhistorisk Museum Skagen/Skagen Naturcenter** 2 im alten Bahnhof Højen Station (Flagbakkevej 30, Tel. 98 45 07 06, Mai–Mitte Aug. u. Wo. 42 tgl. 11–16, 2. Hälfte Aug. tgl. 11–15, Sep.–Wo. 41 Mo–Fr 11–15 Uhr).

Råbjerg Mile: Auf Wanderschaft

Reiseatlas: S. 239, E 1
Ganz im Süden der Halbinsel liegt die turmlose **Råbjerg Kirke** mit ältesten Teilen aus dem 13. Jh. einsam am Rande einer archaisch wirkenden Landschaft. Die wird von der Wanderdüne **Råbjerg Mile** dominiert, eine Filiale der Sahara in Dänemark. 2 km lang und rund 800 m breit schiebt sich die Walze aus Sand über das Land, hat die Halbinsel Skagen fast bis zur Hälfte überquert. Jedes Leben erstickend, schafft sie in normalen Jahren 8–10 m, weht viel Wind, können es 20 m werden. Hinter sich gibt sie eine karge Steinebene mit ungewöhnlichen Feuchtbiotopen frei, die Råbjerg Stene, für Laien langweilig, für Biologen sensationell.

So wie Råbjerg Mile sahen bis Ende des 19. Jh. weite Teile der Halbinsel Skagen aus – eine annähernd vegetationslose Sandwüste von Meer zu Meer. Erst ab 1888 stabilisierten systematisch angepflanzte Dünenforste die Landschaft um Skagen wieder. Am Nordrand der Råbjerg Mile vorbei erreicht man bei **Kandestederne** eine

Sand ohne Ende: Råbjerg Mile

Zufahrt zu einem langen, praktisch nie überlaufenen Strand, von dem aus der Hinterhof der Wanderdüne, die kargen Råbjerg Stene, leicht zu erreichen ist (ca. 2,5 km südl. der Zufahrt).

Hjorths Hotel/Kokholms Hotel: Kandebakkevej 17, Kandestederne, 9990 Skagen, Tel. 98 48 79

00, Fax 98 48 78 01, www.hjorthshotel.dk. Zwei respektvoll renovierte, heute fusionierte Badehotels von 1890 und 1906 inmitten der wilden Dünenwelt. Geöffnet Ostern bis Herbstf., DZ ab 825 (ohne Bad) bis 1150 (mit Bad) DKK, auch Apartments. Romantisches Restaurant.

Langagergård: Kandestedvej 76, Skagen, Tel. 98 48 78 90. Reitexkursionen an die Strände und durch die karge Dünenwelt auf Islandpferden.

Von Gott verlassen: Die versandete Kirche

Mahnmal für die Katastrophe und Wahrzeichen für das Skagen von heute ist der Turm der versandeten Sct. Laurentii Kirke, **Den Tilsandede Kirke** 3. Pittoresk ragt er in der Skagen Klitplantage im Süden des Orts auf. Die Kirche war im Mittelalter das größte Gotteshaus in weitem Umkreis, immerhin war Skagen um 1400 mit seinen 3000 Einwohnern für das damalige Jütland eine Großstadt. Neben Fischerei konnte ohne Probleme Ackerbau betrieben werden, bis der Sand kam und sich über Äcker und Weiden legte.

Irgendwann erreichte eine Wanderdüne die Laurentius-Kirche. Die Skawboer kämpften noch ein paar Jahre mit Schippe und Besen für ihren Weg zu Gott, 1795 gaben sie auf, schlossen die Kirche und versteigerten ein paar Jahre später das Inventar. Zu dieser Zeit lebten gerade noch 1000 Menschen in Skagen. Den Verbliebenen kam in ihrer Not der Abriss der Kirche gerade recht, gute Steine konnte jeder gebrauchen. Nur der Turm blieb als Seezeichen stehen.

Skagen: Die Stadt zwischen den Meeren

Reiseatlas: S. 239, F 1

Aus dem Katastrophenkaff ist inzwischen eine gestylte Perle geworden, die aber auch deshalb besonders glänzt, weil sie sich immer noch ein wenig vom Hauch des Untergangs umwehen lässt – Råbjerg Mile und die versandete Kirche sind gern herausgestellte Attraktionen. Im Sommer ist Skagen quicklebendig mit einem deutlich internationaleren Publikum als in den anderen Urlaubsgebieten der dänischen Nordseeküste. Vor allem Norweger und Schweden kommen gern, viele mit dem eigenen Boot. Das färbt auf Nachtleben und Entertainment ab – die Bürgersteige werden selten vor dem ersten Tageslicht hochgeklappt.

Für Frühaufsteher und Nachtschwärmer: das Hafenviertel

Darüber hinaus ist Skagen nach wie vor Fischereistandort mit großer Fangflotte, moderner Fischverarbeitung und **Auktionshallen** 4, in denen Frühaufsteher montags bis freitags um 6.30 Uhr die Versteigerung von Schalentieren verfolgen können, ab 7 Uhr ist dann Fisch dran.

Am **Fiskehuskaj** 5 treffen Freizeit- und Arbeitswelt aufeinander. Die in rostrot und weiß gehaltenen Packhäuser auf dem Kai beherbergen noch Fischgeschäfte und Schiffsausrüster, aber Kneipen und Restaurants dominieren. Der Architekt, Designer und Keramikkünstler Thorvald Bindesbøll

Wer ist dieser Plesner?

Plesner. Ulrik Plesner. Dieser Name wird Ihnen in Skagen sicher begegnen. Vielleicht nehmen Sie sogar in dem nach ihm benannten Hotel Quartier. Plesner (1861–1933) war zu seiner Zeit Skagens Stararchitekt. Er ordnete die repräsentativen Bauten der Boomzeit dem Stil der alten Fischersiedlung unter und verband so das vergangene mit dem neuen Skagen. Plesner war 1891 als Architekt eines Leuchtturms nach Gammel Skagen gekommen. Bald baute er Privathäuser für die in den Ort strebende Schickeria, darunter südlich der Stadt die Sommervilla Klitgården der königlichen Familie sowie dessen Pendant Admiralsgården am Østre Strandvej, heute ein Hotel. Berühmt wurde Plesner durch seine öffentlichen Bauten wie das Hafenamt, das Postamt, den Bahnhof und das Hauptgebäude der Skagens Bank sowie für seine Umbauten an Brøndums Hotel und den Neubau des Skagens Museum 1928.

(1864–1908) schuf den markanten Bau 1907 in Anlehnung an Hafenbauten in Norwegen.

Die Rückseite der *fiskepakhuse* zeigen zu jenem Hafenbecken, in dem die Kutter ihren Fang bei den Auktionshallen anlanden. Vor der Schokoladenseite indes, wo Lokale ihre Gäste im Frei-

en verwöhnen, liegen die größten, nostalgischsten oder protzigsten Yachten, die gerade in Skagen Station machen. Zwei der fünf Becken auf dieser Seite des Hafens sind im Sommer Freizeitskippern vorbehalten, der Rest Fischern.

Museumsbummel durch die Altstadt

Parallel zum Hafen zieht sich Skagens schmale Altstadt hinter der Küste entlang, zum Wasser begrenzt von Vestre und Østre Strandvej, zum Land hin vom Sct. Laurentii Vej. Die Gassen und Sträßchen dazwischen sind verkehrsberuhigt, der zentrale Teil des Sct. Laurentii Vej eine Fußgängerzone. In den Nebenstraßen sieht man noch am häufigsten typische Skagener Häuser mit gelb getünchtem Mauerwerk, roten Dächern und weißen Fugen an deren Rändern und am First. Man kann hier gut von Museum zu Museum bummeln, angefangen in Vesterby, der Weststadt, im volkskundlichen Freilichtmuseum **Skagen By- og Egnsmuseum** [6]**,** P. K. Nielsenvej, Tel. 98 44 47 60, Juli tgl. 10–17 Uhr, März–Okt. Mo–Fr 10–16, Mai–Sept. auch Sa u. So 11–16, Nov.–Feb. Mo–Fr 11–15 Uhr). Lebensbedingungen der Menschen im alten Skagen sind hier recht authentisch erlebbar.

Skagens fünftes Element: Die Kunst

Das Fischermilieu im ärmlichen Skagen Mitte des 19. Jh., aber auch die ungewöhnliche Natur und vor allem das ein-

Sehenswürdigkeiten

1 Naturcenter Skagen Odde
2 Naturhistorisk Museum
  Skagen/Skagen Naturcenter
3 Den Tilsandede Kirke
4 Auktionshallen
5 Fiskehuskaj
6 Skagen By- og Egnsmuseum
7 Drachmanns Hus
8 Skagens Museum
9 Michael und Anna Anchers
  Hus
10 Skagens Bamsemuseum
11 Hvide Fyr
12 Vippefyret
13 Grå Fyr
14 Skagen Vest
15 Solnedgangskiosken
16 Grenen-Landspitze
17 Grenen Kunstmuseum

Übernachten/Essen & Trinken

18 Color Hotel Skagen
19 Ruth's Hotel
20 Strandhotellet
21 Brøndums Hotel
22 Hotel Petit
23 Skagen Sømandshjem
24 Danhostel Skagen Ny
  Vandrerhjem
25 Skagen Fiske Restaurant
26 Pakhuset
27 Bodilles Kro
28 Restaurant Gammel Skagen

Nightlife

29 Jakobs

zigartige Licht trafen den Nerv des Naturalismus. Als Prinz, der Skagen wach küsste, gilt der Schriftsteller, Dichter und Marinemaler **Holger Drachmann** (1846–1908), unberechenbar als Künstler, vielschichtig als Persönlichkeit. Er war auch ein bekannter Bohemien seiner Zeit und kam 1871 zum ersten Mal in den Ort, dem er über seinen Tod hinaus treu blieb – seine Urne ist in einer Düne auf Grenen (S. 205) beigesetzt. Sein Haus wurde schon 1911 Museum: **Drachmanns Hus** 7, Hans Baghs Vej 21, Tel. 98 44 51 88, Mai Sa u. So, Juni–Sept. u. Wo. 42 tgl. 11–15 Uhr).

In den 1830/40ern malten schon **Martinus Rørbye** (1803–48) und sein Schüler **Vilhelm Melbye** (1824–82) Skagener Fischer und ihre Lebensumstände. 1848 fing Melbye in seinem Bild ›Aussicht über Skagen von den Dünen nördlich der alten Kirche‹ die ganze Tristesse der Landschaft ein: Hier und dort ein paar Halme Strandhafer, tief im Sand versunken der Turm der Laurentius Kirche, dahinter eine kleine Kapelle und der Leuchtturm Hvide Fyr (S. 204), geduckt hinter Dünen ein paar Häuser und sonst nur Sand, Sand, Sand.

Drachmann war also nicht der erste, aber der Trendsetter. Wer in Kopenhagens Kunstszene *in* sein wollte, folgte ihm nach Skagen. Das wird damit bis ins frühe 20. Jh. künstlerischer Gegenpol zur Hauptstadt mit ihrer erstarrten Kunstakademie. Über Skagen fand der Impressionismus den Weg in die dänische Malerei, und die **Skagenmaler** wurden die bekannteste Schule, die das Land bis heute hervorgebracht hat.

Der im norwegischen Stavanger geborene, 1889 dänischer Staatsbürger gewordene **Peter Severin Krøyer** (1851–1909) gilt heute als Aushängeschild, obwohl er nach seiner aktiven Zeit erst einmal in Vergessenheit geriet. Krøyer kam 1882 nach Skagen und lebte dort die meiste Zeit bis zu seinem frühen Tod. Dem gingen Jahre mit Depressionen und Verfolgungswahn voraus, in denen sein Genie nur noch periodisch aufblitzte. Seine Motive waren vor allem die Fischer von Skagen, die Künstlerkollegen und seine Frau Marie. Einige seiner Bilder sind weit mehr als Gemälde, So trägt ›Hip, Hip, Hurra‹ von 1888, das fröhliche Anstoßen einiger Künstlerkollegen im Grünen, als Symbol dänischer Lebensfreude zur nationalen Identität der Dänen bei. Ein anderes Krøyer-Gemälde ist in Reproduktionen ein Bestseller: Zwei Frauen – Køyers Ehefrau Marie und die Malerkollegin Anna Ancher – im blauen Licht eines Sommerabends am Skagener Südstrand. Dieses Bild hängt seit 1986 in Skagens Museum. Zuvor war es im Besitz des Berliner Verlegers Axel Springer. In seinem Vermächtnis bestimmte der die Rückgabe des Gemäldes nach Dänemark, ausdrücklich als Dank an die Dänen für die Rettung der in ihrem Land lebenden Juden vor dem Holocaust.

Brøndums Hotel 19 (S. 206) war der Treffpunkt der Skagener Künstlerszene. Mit Degn Brøndum als Förderer und der Malerin Anne Brøndum, spätere Anne Ancher (1859–1935), wird die Hoteliersfamilie auch Teil der Szene. Degn war einer der Initiatoren des **Skagens Museum** 8 (Brøndumsvej 4, Tel.

98 44 64 44, Feb., März, Okt.–Dez. Mi–So 10–15, April–Sept. Di–So, Juni–Aug. auch Mo 10–17 Uhr). Das wird 1908 gegründet und bekommt 20 Jahre später ein eigenes Gebäude, nur Schritte von Brøndums Hotel entfernt. Dies vermachte Degn Brøndum testamentarisch dem Museum, und so wechselt 1946 der von Thorvald Bindesbøll entworfene Speisesaal mit seinen in die Wandpanele eingelassenen Gemälden – manches Bild beglich ausstehende Hotelrechnungen – zwar den Standort vom Hotel ins Museum, aber nicht den Besitzer.

Anne Ancher blieb das einzige Skagener Eigengewächs unter den Künstlern. Zu Lebzeiten spielt sie die Rolle der bescheidenen, nebenbei malenden Frau und Mutter an der Seite des großen Künstlers Michael Ancher. Erst Jahre nach ihrem Tode wurden viele ihrer impressionistischen Bilder entdeckt und gewürdigt. Längst ist ihr Werk in der dänischen Kunst neu positioniert – posthum überflügelt ihr Ruhm den ihres Mannes. Das Œuvre der beiden wird im **Michael und Anna Anchers Hus** 9 (Markvej 2–4, Tel. 98 44 30 09, April u. Okt. tgl. 11–15 Uhr, Mai–Sept. tgl. 10–17 Uhr, Nov., Feb., März Sa 11–15 Uhr) vor allem mit Nebenwerken und Skizzen präsentiert, ihre Hauptwerke hängen im Skagens Museum.

Wer zwischen soviel Kunst etwas Kuscheliges braucht: Am Weg zwi-

Im Hafen von Skagen

schen Skagens Museum und Anchers Hus zeigt **Skagens Bamsemuseum** 10 rund 1000 Teddybären. Der älteste ist von 1905 (Oddevej 2a, Tel. 98 44 21 08, 15. Mai–Sept. tgl. 10–17, sonst Mi–So 11–15).

Leuchtende Feuer über Skagen

Dort wo im Norden Skagens Bebauung abrupt endet, ändert die Hauptstraße den Namen von Oddevej zu Fyrvej. Hier meint das im Dänischen bedeutungsreiche *fyr* – gesprochen ›für‹ – wohl Leuchtturm, denn passend steht gleich am Anfang das **Hvide Fyr** 11, das ›Weiße Feuer‹, der älteste im Original erhaltene Skagener Leuchtturm. Bei Bedarf wurde in einem Eisenkorb auf der Spitze Feuer gemacht.

Auf einem Hügel am nahen Ufer reckt das **Vippefyret** 12, der Nachbau eines Leuchtfeuers aus dem 17. Jh., seinen ausgestreckten Arm mit einem Eisenkorb – auch hier zur Aufnahme von Feuer oder glühender Kohle – in den Himmel. Zum Nachfeuern wurde der Korb auf den Boden gelassen und anschließend wieder in die Höhe gewippt, immerhin auf 25 m über dem Meeresspiegel.

Kurz vor Erreichen der Landspitze Grenen macht der Fyrvej seinem Namen dann noch einmal alle Ehre: Seit 1858 schießt hier der höchste dänische Leuchtturm **Grå Fyr** 13 50 m in den Himmel. Wer die 210 Stufen im Inneren des Grauen Leuchtturms (oft wechselnde Öffnungstage und -zeiten beim i-Büro erfragen) hinauf stapft, darf eine phantastische Aussicht auf Stadt,

Halbinsel und die beiden Meere genießen. Von oben sieht man im Westen den jüngsten im Bunde der Leuchttürme: **Skagen Vest** 14 ist ein dünnes Betonminarett, ferngesteuert und irgendwie charakterlos.

Das reichte früher nicht zur Sicherung der gefährlichen Gewässer um Skagen, insbesondere zur Warnung vor Skagens Rev, der submarinen Verlängerung der Halbinsel. So lag von 1878 bis 1979 noch ein Feuerschiff vor Grenen, und ein weiterer Leuchtturm, Højen Fyr, strahlte von Gammel Skagen aufs Meer.

Gammel Skagen: Schick und angeknabbert

Während die Halbinsel Skagen nach Norden durch angespülten Sand immer länger wird, leiden andere Abschnitte unter Schwund: Ausgerechnet wo sich das schmucke Gammel Skagen in die Dünen schmiegt, tragen Strömungen besonders viel Land ab. Buhnen sollen den Strand befestigen, trotzdem stehen einige Häuser verdächtig nah am Abgrund, andere fielen im Laufe der Jahre dem Landfraß bereits zum Opfer, darunter der Leuchtturm Højen Fyr (s. o.).

Gammel Skagen – manchmal Højen genannt – war einst Fischerlager, heute ist es Schickeriaort mit edlen Restaurants und Hotels sowie vielen Time-share-Apartments. Dabei blieb Gammel Skagen aber ein pittoreskes Dorf in den Dünen, konsequent im Skagener Stil: rote Dächer mit weißen Fugen über gelb getünchten Hauswänden – Farben, die im goldenen

Licht der untergehenden Sonne geradezu explodieren.

Kiosk vor glühendem Himmel

Kuschelige Plätzchen für zärtliche Momente unter goldenem Sonnenuntergangshimmel gibt es in Skagens Dünen reichlich. Wer indes kollektive Erlebnisse idyllischer Zweisamkeit vorzieht, erscheint zur entscheidenden Stunde am **Solnedgangskiosken** 15 (Ostern–Okt. tgl. 9 Uhr–Sonnenuntergang). Der ›Sonnenuntergangskiosk‹, eine Institution in Gammel Skagen, steht direkt am unromantischen Parkplatz mit dem romantischen Namen Solnedgangspladsen. Aber ein, zwei Schritte Richtung Meer, schon verliert man die Blechlawine aus den Augen und schaut auf Strand, Wellen, das goldene Glitzern der Sonne im Meer und auf Hunderte, die an diesem Abend die selbe Idee hatten. Das muss jeder Skagenbesucher einmal erleben. Übrigens: Bier zum Anstoßen gibt's am Kiosk, wer Sekt für angemessener hält, muss ihn mitbringen.

Grenen: Alles hat ein Ende

Auch kein Besuch in Skagen ohne Abstecher nach **Grenen** 16 : Mit 57° 45' 06" Nord ist es der nördlichste Punkt Dänemarks und Mitteleuropas, einer jener geographischen Eckpunkte, die man gesehen haben muss. Das Ende ist auf einer Sandzunge erreicht, die von Strömungen mal mehr nach Osten, mal mehr nach Norden gewendet wird, aber dabei immer weiter wächst. Zum Ritual eines Besuchs gehört der breitbeinige Stand genau dort, wo das Wasser über die Spitze schwappt: Geht Ihr Blick jetzt aufs Meer, dann steht Ihr rechtes Bein im Kattegat und damit in der Ostsee, das linke im Skagerrak und damit in der Nordsee. Auf den Zwei-Meere-Stand sollten Sie verzichten, wenn Sie bei Sturm kommen, dafür erleben sie dann ein brodelndes Ringen der Meere. Doch wer schon im Naturcenter Skagen Odde (S. 196) war, hat dort gelernt, dass es nicht Wellen der zwei Meere sind, die sich da stürmisch begrüßen. Die Topographie des Skagens Rev unter der Wasseroberfläche sorgt dafür, dass die Wellen der Nordsee bei starkem Westwind eine Wende von 180° schaffen und von beiden Seiten gegen die Landspitze schlagen. Doch gleichgültig, ob das Meer brodelt oder spiegelglatt ist, Baden ist rund um Grenen wegen der gefährlichen Strömungen verboten.

Wie überall in und um Skagen begegnet man auch auf Grenen der Kunst. Eine der Dünen wurde für Holger Drachmann (S. 202) zum Grabhügel; die Entwürfe für Urne und Portal von **Drachmanns Grav** lieferten Künstlerkollegen.

Das **Grenen Kunstmuseum** 17 (Tel. 98 44 22 88, Mai–Mitte Sept. je nach Saison tgl. 10–16, 17 oder 18 Uhr) bietet indes Künstlern der Gegenwart eine Plattform und zeigt aus seiner ständigen Sammlung vor allem Arbeiten des Museumsgründers Axel Lind (geb. 1907), eines modernen Marinemalers.

Eine markante Skulptur des Schweden Carl Milles (1875–1955) neben

Zweiter Frühling mit 100

Wohl dem, der mit 100 so frisch aussieht wie Ruths Badehotel 19 in Gammel Skagen. Angefangen hatte alles, als 1904 Emma und Hans Christian Ruth eine Badepension eröffneten und mit dem Boom, den Skagenmaler losgetreten hatten, zu etwas Wohlstand kamen. Bis 1978 blieb das Ruths – immer etwas im Schatten des großen Jeckels nebenan – im Familienbesitz. Rechtzeitig zum 100sten erfolgte jetzt die Umgestaltung des etwas in die Jahre gekommenen Traditionsbetriebs zum modernen, geschmackvollen Badehotel mit Wellness- und Beautyabteilung. Dass alles in einem exklusiven Rahmen bleibt, garantiert schon die Größe: Das neue Ruths hat nur 26 Zimmer und Suiten, luxuriös in moderner skandinavischer Sachlichkeit eingerichtet. Und damit der Aufenthalt ein Rundum-Erlebnis wird, führt mit Michel Michaud einer der höchst dekorierten Köche Dänemarks das Restaurant. Für die, die seine Gourmet-Küche mit Wellness kombinieren wollen, verspricht er spezielle Menüs mit kleiner Kalorienzahl. Ab ca. 1625 DKK kostet das DZ, allerlei Angebote für Wellness- und/oder Gourmetaufenthalte gibt's auch. **Ruths Hotel** 19, Hans Ruths Vej 1, 9990 Skagen, Tel. 98 44 11 24, Fax 98 45 08 75, www.ruths-hotel.dk.

dem Museum zeigt ›Gott auf dem Regenbogen‹. Diese Studie aus den 1940er Jahren war das Modell für ein Monumentalwerk, das ursprünglich für das UNO Gebäude in New York geplant war, aber erst 1995 bei Stockholm in voller Größe errichtet wurde.

Vom Parkplatz am Museum fahren seit über einem halben Jahrhundert die **Sandormen** ab. Diese Sandwürmer bestehen aus einem kräftigen Trecker und einem Anhänger für Passagiere. Sie winden sich durch die Dünen bis zur äußersten Spitze hinaus. Mindestens einen Weg sollte man aber am Strand und am Dünengrab von Holger Drachmann vorbei zu Fuß machen.

Skagen Turistbureau: Vestre Strandvej 10, 9990 Skagen, Tel. 98 44 13 77, Fax 98 45 02 94, www.skagen-tourist.dk.
Havneinformationskontoret: Pier 1, Tel. 98 44 33 41, Fax 98 44 33 98, Informationen über den Hafen und die Region, vorrangig für Segler.

Color Hotel Skagen 18: Gl. Landevej 39, Tel. 98 44 22 33, Fax 98 44 21 34, www.colorhotels.dk. Weiträumige Hotelanlage (alles ebenerdig) am Rande der Dünen im Süden der Stadt. DZ 950–1425 DKK.
Strandhotellet 20: Jekelsvej 2, Tel. 98 44 34 99, Fax 98 44 59 19, www.strandhotellet.glskagen.dk. Anspruchsvolles Hotel im mondänen ›Vorort‹ Gammel Skagen. DZ/Suiten 1575–3075 DKK; auch Apartments in Nebengebäuden.
Brøndums Hotel 21: Anchersvej 3, Tel. 98 44 15 55, Fax 98 45 15 20, www.broendums-hotel.dk. Sie kommen wegen der Skagenmaler? Dann müssen Sie hier wohnen: Das Hotel war Treffpunkt der

Malerclique zu ihrer größten Zeit. DZ ab ca. 975 (nur ohne Bad). Zimmer mit Bad in Nebengebäuden ab 1050 DKK.

Hotel Petit 22: Holstvej 4, Tel. 98 44 11 99, Fax 98 44 58 50, www.hotelpetit.dk. Das Petit wird seinem Namen gerecht, liegt zentral und ist familiär. DZ ab ca. 900 DKK.

Skagen Sømandshjem 23: Østre Strandvej 2, Tel. 98 44 25 88, Fax 98 44 30 28, www.skagenhjem.dk. Vergessen Sie eventuelle Vorurteile gegen Seemannsheime, hier ist alles proper, funktional und dafür recht preiswert: DZ ab 595 DKK ohne, ab 695 DKK mit Bad.

Danhostel Skagen Ny Vandrerhjem 24: Rolighedsvej 2, Tel. 98 44 22 00, Fax 98 44 22 55, www.danhostelnord.dk/skagen. Gut ausgestattete Herberge. Familienzimmer 2–5 Pers. Mitte Mai–Mitte Sept. 600 DKK, sonst ab 325 DKK, Frühstück 50 DKK.

Privatzimmer: In Skagen werden viele Privatzimmer vermietet, entweder über Schilder an der Straße oder – gegen Gebühr – durch Vermittlung des i-Büros (DZ ab 400 DKK).

Ferienhäuser: In Skagen und der nahen Umgebung gibt es relativ wenige Ferienhäuser, mehr hingegen an Tannis Bugt (S. 193) und Ålbæk Bugt (Ostseeküste).

Camping: Die drei **Campingplätze** von Skagen haben alle drei Sterne, von ihnen liegt **Grenen Camping** (Fyrvej 16, Tel. 98 44 25 46, www.grenencamping.dk) am nächsten zum Meer.

Skiveren Camping: 9982 Ålbæk, Niels Skiverens Vej 5, Tel. 98 93 22 00 ist ein Vier-Sterne-Platz 25 km südl. an der Tannis Bugt.

🍴 **Brøndums Hotel:** (s. o.) Man isst zu gehobenen Preisen sehr gut, speziell Fisch; die Weinkarte ist berühmt.

Grenen, die Nordspitze Jütlands

Skagen Sømandshjem: (s. o.) Dänische Küstenkost am Hafen, solide, preiswert.
Skagen Fiske Restaurant 25: Skagen, Fiskehuskaj 13, Tel. 98 44 35 44. Trendiges Fischlokal in den Packhäusern (S. 198) am Hafen. Edel und teuer diniert man im 1. Stock, preiswertere kleine Gerichte gibt's in der Bar und vor dem Haus.
Pakhuset 26: Skagen, Rødspættevej 6, Tel. 98 44 20 00. Anspruchsvolles Fischrestaurant im 1. Stock, kleinere Gerichte im Havnecafé im Erdgeschoss. Dort abends oft auch Livemusik, im Sommer täglich.
Bodiles Kro 27: Skagen, Østre Strandvej 11, Tel. 98 44 33 00. Die Küche experimentiert ungern, hat sie auch nicht nötig, denn der Laden brummt – ohne Reservierung gibt's in der Saison selten Platz. Von allem probieren: Im Sommer wird täglich im 1. Stock ein Büfett aufgebaut. In den historischen Pakhäusern 5 zaubern Deli-Imbisse preiswertes Fast Food mit Ansprüchen: Hinter Aavangs Fiskehus auf der Stirnseite des Hafenbeckens steht ein traditioneller Fischhandel, etwas mehr trendy das Angebot der Fisch-Imbiss-Lokale auf der Längsseite.

in Gammel Skagen:
Das Restaurant im **Ruths Hotel** 19 setzt kompromisslos auf Gourmeterlebnisse, über Preise denkt man dabei nicht nach (Tipp S. 206). Das **Restaurant Somærket** (dt.: Seebarke) am Strandhotellet 20 ist mit anspruchsvoller Meeresküche zu gehobenen Preisen (Jeckelsvej 6, Tel. 98 44 33 48) in der Saison oft bis auf den letzten Platz gefüllt. Dänische Küche zu moderaten Preisen bietet das **Restaurant Gl. Skagen** 28, in dessen rustikaler ›Bibliothek‹ mehr getrunken als gelesen (Højensvej 16, Tel. 98 44 21 65) wird.

🔒 Der **Sct. Laurentii Vej** – im mittleren Abschnitt Fußgängerzone – ist Skagens Einkaufsstraße mit Geschäften für die Dinge des täglichen Bedarf, aber auch

mit Boutiquen sowie Läden der Kunsthandwerker wie dem Bernsteinschleifer **Frants Kristensen** in Nr. 6 am Nordost-Ende. Etwas abseits neben dem Hafenbecken, wo die kleinen Kutter der Nebenerwerbsfischer festmachen, versteckt sich ein gut sortierter Brand-Shop für exklusive maritime Mode: **Butik Red/Green Skagen Marine** (Kvasevej 4) – immer für ein Schnäppchen gut.

🍸 Am **Fiskehuskaj** 5 und in nahen Straßen wogt das Skagener Nachtleben. Kneipen, Restaurants und Discos reihen sich vor allem entlang Havneplads und Havnevej. Die Spaßgeneration trifft sich im **Jakobs** (Havnevej 4 A, 29) mit moderatem Restaurant, regelmäßigen Konzerten und Nightclub-Atmosphäre in der Bar. Ist es dort voll, findet man in den umliegenden Häusern vom Musikpub bis zur Pizzeria reichlich Alternativen.

🌀 **Angeln:** Aktuelle Termine/Anbieter von Angelfahrten kennt das i-Büro. **Natur- und Stadtwanderungen,** manche speziell für Kinder, bieten u. a. das Naturcenter Skagen Odde und das Naturhistorisk Museum; Details im i-Büro.

🎵 **Skagen Festival:** Tel. 98 44 40 94, www.skagenfestival.dk. Skandinavische Folk-Music ist Schwerpunkt, aber auch Musiker aus anderen europäischen Ländern und den USA machen das 4-Tage-Festival Anfang Juli zu einem der bekannteren seiner Art in Europa.
Sankthansaften: An Skagens Stränden sind Feuer zum *Sankthansaften* (S. 44) am 23. Juni besonders eindrucksvoll – 1906 künstlerisch geadelt durch das monumentale Gruppenbild ›Sct.Hansblus på Skagens strand‹ von P. S. Krøyer.

🔄 **Nordjyske Jernbaner** (Tel. 98 44 21 33) bis zu 22 x am Tag ab und nach

Frederikshavn, dort Übergang auf die Hauptstrecke der DSB.

Ålbæk und Frederikshavn: Die andere Küste

Reiseatlas: S. 239, F 2
Die Stadt Skagen liegt schon am Kattegat, also an der dänischen Ostsee. Folgt man ihrer Küste nach Süden, merkt man schnell Unterschiede zur Nordsee: Die Sandstrände sind nicht so breit, sie werden immer wieder von Strandwiesen unterbrochen, und sie fallen sehr viel flacher ins Wasser ab. Nur selten branden hier große Wellen an – alles ist kindgerechter. Um **Ålbæk** und **Bratten Strand** nördlich des Fischereihafens Strandby gibt es auch wieder große Ferienhausgebiete. Südlich Ålbæk an der Hauptstraße nach Frederikshavn setzt **Farm Fun** (Mai–42. Wo. tgl. 17, Hochsaison 18 Uhr), ein Spaßpark um einen ›Besuchsbauernhof‹, voll auf den Spiel- und Tobtrieb jüngerer Kinder, die Schweinchen & Co. auch streicheln dürfen.

Frederikshavn hat sich mit dem Viertel Fiskerklyngen etwas Vergangenheit bewahrt, ist aber sonst eine moderne Industrie- und Hafenstadt mit Fährverkehr auf die Kattegatinsel Læsø, nach Göteborg in Schweden sowie in norwegische Häfen. Der Einkaufstourismus aus den nordischen Nachbarländern ließ lange die Kassen der Frederikshavner Geschäfte klingeln, vor allem entlang der ausgedehnten Fußgängerzone, die sich quer durch die Innenstadt zieht. An den Fährhafen schließt im Süden ein Marinehafen an.

Kriegerisches und kleine Kunstwerke

Im Zweiten Weltkrieg wurde Frederikshavn von der deutschen Besatzungsmacht als Marinestützpunkt genutzt und befestigt. Aus dieser Zeit stammt ein ehemaliger Kommandobunker am Südrand der Stadt, heute als **Bangsbo Fort Bunkermuseum** (Understedvej 21, Tel. 98 42 31 11, Juni–Aug. tgl. 10–17 Uhr) zugänglich.

Ein historischer Vorläufer ist der Pulverturm der alten Festung Fladstrand, **Krudttårnet** (Havnepladsen 20, Tel. 98 43 19 19; Juli–Aug. Di–So 10–17 Uhr). In dem markanten Gemäuer am Hafen ist ein militärhistorisches Museum eingerichtet. Der Turm hat eine bewegte Vergangenheit. 1974 musste er der Erweiterung einer benachbarten Werft weichen und wurde komplett um 270 m verschoben.

Zwei andere Museen der Stadt setzen eher auf kleine Dinge: Das **Bangsbomuseum** (Dronning Margrethesvej 1, Tel. 98 42 31 11, Di–So 10–17 Uhr) zeigt eine ungewöhnliche Sammlung von Kleinstkunst aus Menschenhaar, aber auch ein gut erhaltenes Wikingerschiff. Das örtliche **Frederikshavn Kunstmuseum og Exlibrissamling** ist auf Kleingrafiken spezialisiert, vor allem auf jene Einkleber, mit denen Besitzer ihre Bücher kennzeichnen (Parallelvej 14, Tel. 98 43 16 63, Di–Fr 10–17, Sa–So 10–16 Uhr).

Frederikshavn Turistbureau: Skandiatorv 1, 9900 Frederikshavn, Tel. 98 42 32 66, Fax 98 42 12 99, www.frederikshavn-toburist.dk

REISEINFOS VON A BIS Z

Alle wichtigen Informationen rund ums Reisen auf einen Blick – von A wie Anreise bis Z wie Zeit

Extra: Ein Sprachführer mit wichtigen Redewendungen und Zahlen sowie Hinweisen zur Aussprache

Moderne Kunst am Strand – Mammutskulptur ›Mennesket ved Havet‹ von Svend Wiig Hansen bei Esbjerg (S. 114)

REISEINFOS VON A BIS Z

Adressen

Bei Adressen wurde zur besseren Orientierung die Postleitzahl mit dem Namen des Ortes angegeben, nicht wie in Dänemark häufiger mit dem zur Postleitzahl gehörenden Hauptort, z. B. ›6950 Søndervig‹ statt ›Søndervig, 6950 Ringkøbing‹.

Bei Verwendung dänischer Eigennamen mit angehängtem Artikel (-en, -et) sind, soweit es der Lesbarkeit dient, im Deutschen die bestimmten Artikel noch einmal vorangestellt.

In diesem Reiseführer werden grundsätzlich dänische Namen angegeben, auch für Orte in Südjütland, für die es deutsche Namen aus der Zeit vor 1922 gibt. Deutsche Namen werden indes für Namen mit überregionaler Bedeutung verwendet, z. B. Jütland statt Jylland, Nordsee statt Vesterhavet (›das Westmeer‹).

Anreise

... mit dem Auto

Mit dem Auto fährt man so weit wie möglich auf der Autobahn E 45 (in Deutschland A 7) nach Dänemark hinein. Bei Kolding zweigt die Autobahn E 20 Richtung Esbjerg ab und erschließt den mittleren Abschnitt der Nordseeküste. Von beiden Autobahnen führen gut ausgebaute Fernstraßen zu allen Küstenorten, und dann sind es immer nur wenige Kilometer auf Nebenstraßen bis in die Urlaubsgebiete.

Die Alternativstrecke über Husum, Niebüll und Tønder ist reizvoll, leidet aber in der Saison häufig unter starkem Ferienverkehr.

Fährfahrten sind nur zur Insel Fanø notwendig.

Autoreisezugverbindungen aus dem Süden gibt es zurzeit bis Hamburg oder Niebüll, nicht bis Dänemark. Verkehrstage und weitere Details in Service-Centern der Bahn oder im Internet (www.dbautozug.de).

... mit der Bahn

Mit der Bahn sind einige Orte im Hinterland der dänischen Nordseeküste zu erreichen, ab Deutschland mit ein- oder zweimaligem Umsteigen.

Details über Fahrpläne und Angebote wie Sparpreis 25 Europa (1. Person 25 % Rabatt, 2. bis 5. mitreisende Person 50 %) oder Sparpreis 50 Europa (alle 50 %) erhalten Sie in Reisebüros, Servicezentren der nationalen Bahngesellschaften oder beim Surfen unter www.bahn.de (zum öffentlichen Verkehr in Dänemark S. 222).

Ein Versand normaler **Fahrräder per Bahn** zu größeren dänischen Bahnhöfen ist möglich, die direkte Mitnahme jedoch nur auf wenigen Verbindungen.

... mit dem Bus

Aus Mitteleuropa via Hamburg und Flensburg durch Ostjütland mit **Eurolines** in D Tel. 0180-5-79 03 03, in DK Tel. 70 10 00 30, www.eurolines.dk.

... mit dem Flugzeug

Das Flugzeug wird kaum zur Reise an die dänische Nordseeküste genutzt. Abgesehen von wenigen Direktverbindungen nach Billund in Mitteljütland (z. B. ab Frankfurt oder München) ist Umsteigen in Kopenhagen erforderlich. Es fliegen u. a.:

Cimber Air (Regional-Airline aus Jütland, einige internationale Verbindungen): www.cimber-air.dk

SAS (wichtigste internationale Airline in Dänemark): www.flysas.de

Sterling (Low-Budget-Airline u. a. ab Berlin): www.sterling.dk

Weitere Informationen bei Ihrer nationalen Airline (Lufthansa, Austrian, Swiss).

Autofahren

Die Verkehrsdichte ist in Dänemark geringer als in Deutschland, Staus sind selten, abgesehen von einigen Samstagen in der Hochsaison (S. 55). Es wird allgemein langsamer und entspannter gefahren. Autobahnen und Fernstraßen sind gut ausgebaut, jedoch beim Sicherheitsstandard nicht so auf Raserei ausgelegt wie z. B. in Deutschland. Tempo 50 in Ortschaften, Tempo 80 auf Landstraßen und Tempo 130 auf Autobahnen sind vorgeschrieben (Gespanne 50/70/80 km/h). Schon geringfügige Überschreitungen werden mit hohen Geldstrafen geahndet, und in geschlossenen Ortschaften ist schnell die Schwelle überschritten, ab der die Polizei den Führerschein sofort einzieht. Sie kassiert zudem bei Ausländern direkt, Kreditkarten werden akzeptiert. Verkehrsregeln und -zeichen entsprechen weitgehend europäischem Standard. Besonderheiten:

– Fahrlicht ist ganztägig Pflicht
– an Autobahnauffahrten gilt das Reißverschlussverfahren
– eine Kette weißer Dreiecke – Haifischzähne – auf der Fahrbahn an Kreuzungen signalisiert: Vorfahrt gewähren
– gelb bemalte Bordsteinkanten signalisieren Parkverbot. Ist zeitlich begrenztes Parken erlaubt, sind Parkscheiben notwendig, erhältlich in Banken, Tankstellen oder i-Büros
– **Falschparken** kostet rund 500 DKK, ebenso viel **Telefonieren während der Fahrt** ohne Freisprechanlage.

Die Nutzung von Autobahnen und anderen Straßen ist kostenlos, lediglich für die Brücke am Großen Belt fällt eine **Brückenmaut** an, z. B. bei einem Ausflug nach Kopenhagen (PKW mit bis zu 5 Personen ca. 27 € je Strecke).

Tankstellen gibt es reichlich. 92 Oktan entspricht ›Normal‹, 95 Oktan ›Super‹, 98 Oktan ›Super plus‹. Die Preise liegen je nach Stand der letzten Steuererhöhungen mal nördlich, mal südlich der Grenze höher. Gas fürs Auto ist rar (aktuell: www.gas-tankstellen.de).

Unfälle ausländischer Fahrzeuge müssen gemeldet werden an: **Dansk Forening for International Motorkøretøjsforsikring** (Verband der internationalen Kfz-Versicherer), Amaliegade 10, 1256 Kopenhagen K, Tel. 33 43 55 00, Fax 33 43 55 01.

Pannenhilfe leisten nur private Firmen, u. a. Dansk Autohjælp (Tel. 70 10 80 90) oder Falk (Tel. 70 10 20 30). Fragen Sie gegebenenfalls Ihren Automobilclub nach Kooperationen mit einem dieser Unternehmen.

Behinderte

Behinderte haben in Dänemark eine starke Lobby, entsprechend sind viele Unterkünfte, Attraktionen und Verkehrsmittel auf ihre Bedürfnisse eingerichtet; in Broschüren und Unterkunftsverzeichnissen, wird darauf gut verständlich hingewiesen. Das Fremdenverkehrsamt informiert ausführlich unter dem Stichwort ›Barrierefreiheit‹: www.visitdenmark.com/barrierefrei.

Eine spezielle Broschüre über rollstuhlgerechte Ferienhäuser bietet **Sonne und Strand** (Postfach 2065, 24910 Flensburg, Tel. 0461/144 20 20, www.sonneundstrand.de).

Diplomatische Vertretungen

**Königlich Dänische Botschaft
… in Deutschland**
Rauchstr.1, 10787 Berlin
Tel. 030/50 50 20 00,
Fax 030/50 50 20 50
www.ambberlin.um.dk/de

… in Österreich
Führichgasse 6, 1015 Wien
Tel. 01/512 79 04-0, Fax 01/513 81 20
www.ambwien.um.dk/de

... in der Schweiz
Thunstrasse 95, 3006 Bern
Tel. 03 13 50 54 54, Fax 03 13 50 54 64
www.ambbern.um.dk/de

... in Dänemark
– *Deutsche Botschaft*
Stockholmsgade 57
2100 Kopenhagen Ø
Tel. 35 45 99 00, Fax 35 26 71 05
www.kopenhagen.diplo.de

– *Österreichische Botschaft*
Sølundvej 1, 2100 Kopenhagen Ø
Tel. 39 29 41 41, Fax 39 29 20 86
kopenhagen-ob@hmaa.gv.at

– *Schweizer Botschaft*
Amaliegade 14, 1256 Kopenhagen K
Tel. 33 14 17 96, Fax 33 33 75 51
cop.vertretung@eda.admin.ch

Drogen

Alkohol kann anders als sonst in Nordeuropa überall gekauft werden, hochprozentige Spirituosen in der Regel aber nur mit Service und nicht in Selbstbedienungsregalen.

Cannabisprodukte sind illegal, auch wenn der Umgang mit weichen Drogen relativ locker wirkt.

Einkaufen für den Alltag

So gut wie jeder Ort, aber auch große Campingplätze und Ferienparks haben einen **Supermarkt.** Ein Basissortiment an Lebensmitteln verkaufen zudem viele Bäckereien und Kioske. Die Öffnungszeiten sind entlang der dänischen Westküste sehr von der Saison abhängig; im Sommer haben viele Läden bis in den Abend hinein sowie an Sonn- und Feiertagen geöffnet. Wer an einem Wochenende im Herbst oder Winter ein Ferienhaus ansteuert, sollte genug mitbringen, um bis Montag ohne Einkauf zu überstehen.

Das **Preisniveau** entspricht etwa dem anderer Urlaubsregionen in Mitteleuropa, wobei einige Produkte billiger sind, z. B. Tee, Kaffee, frischer Fisch, Fischkonserven, frisches heimisches Gemüse; Steuersenkungen (!) haben sogar die einst legendär teuren Spirituosen und Zigaretten erschwinglich gemacht. Beim **Bier** gibt es merkliche Preisunterschiede zwischen Premium marken wie Tuborg oder Carlsberg und No-Name-Sorten. Für umgerechnet 4–6 € bekommt man schon ordentliche **Weine,** oft zu Sonderangeboten nach dem Motto: ›Nimm-3-Flaschen-und-spare-so-und-soviele-Kronen‹. Diese **Mengenrabatte** sind gängiger als Preisnachlässe auf Einzelprodukte und von Fleischpackungen über Milch, Kaffee und Konserven bis zu Avocados und Kiwis üblich.

Öko-Produkte sind auch in Supermarktregalen weit verbreitet. Günstig kauft man an meist unbeaufsichtigten **Verkaufsständen,** an denen Bauern oder Gartenbesitzer vor der Haustür verhökern, was gerade wächst; dafür sollte man immer Kleingeld im Auto haben, denn Wechselkassen sind selten.

Einreise

Dänemark ist ›Schengen-Land‹, damit entfallen an der deutsch-dänischen Grenze die Kontrollen. Dies entbindet

Bürger der EU und der Schweiz aber nicht davon, **Ausweispapiere** bei sich zu haben. Bürger anderer Staaten müssen ggf. die entsprechenden **Visabestimmungen** beachten.

Für den persönlichen Gebrauch können Waren aus anderen EU-Ländern praktisch unbeschränkt eingeführt werden. Es gelten allenfalls Richtwerte (ca. 10 l Hochprozentiges, 90 l Wein, 800 Zigaretten). Wer aber zum Jahreswechsel Dänemark ansteuert, darf weder Feuerwerks- noch Knallkörper im Gepäck haben – die private Einfuhr ist verboten (im Land werden aber zugelassene Knaller verkauft).

Hunde – ausgenommen Kampfhundrassen, für die ein generelles Einfuhrverbot gilt – und **Katzen,** die mindestens einen und höchstens zwölf Monate vor dem Grenzübertritt nachweislich gegen Tollwut geimpft wurden, können ohne Probleme eingeführt werden, müssen aber nach gültigem EU-Recht durch eine Tätowierungen oder einen implantierten Chip identifizierbar sein. Für zahlreiche **andere Tiere** benötigt man eine besondere Einfuhrerlaubnis des Fødevaredirektoratet, Mørkhøj Bygade 19, 2860 Søborg, Tel. 33 95 60 00, Fax 33 35 40 73.

Eintrittskarten

Eintrittskarten für Kulturveranstaltungen landesweit, aber auch für einige Attraktionen wie den Legoland Park (spart Wartezeiten an der Kasse!) verkauft **BilletNet** unter Tel. 70 15 65 65 22, in allen Post-Shops oder online unter www.billetnet.dk.

Eintrittspreise

Ein neues Museumsgesetz verschafft seit 2006 allen Besuchern freien Eintritt in staatliche Museen sowie unter 18-Jährigen auch in staatlich geförderte Museen (ausgenommen Sonderausstellungen). Sonst zahlen Erwachsene 30–80 DKK in Museen, 10–30 DKK im Heimatmuseum oder für den Besuch von Baudenkmälern. Wo Kinder direkt angesprochen werden, wie in Edutainment-Centern oder Freizeitparks, zahlen sie mehr als die Hälfte des Erwachseneneintritts. Auch die Grenze, ab der voll zu zahlen ist, schwankt zwischen 12 und 16 Jahre; Kleinkinder unter 3 Jahren haben eigentlich immer freien Eintritt.

Dort, wo Fun im Vordergrund steht wie in Freizeitparks, zahlen Erwachsene 120–230 DKK, Kinder und Senioren 90–200 DKK – dafür sind dann im Park alle Attraktionen frei. Auf Spar-Pässe, die zum Besuch mehrerer Sehenswürdigkeiten einer Region berechtigen, wird in den Serviceabschnitten des Reiseteils hingewiesen.

Elektrizität

Dänemark verwendet wie Mitteleuropa 220V/50Hz Wechselstrom, auch Stecker sind kompatibel. Ungewohnt: Kippschalter sichern Steckdosen.

Feiertage

Zu Festen und Events s. S. 42.
Neujahr (Nytår)   1. Januar
Gründonnerstag (Skærtorsdag)
    Donnerstag vor Ostern

Karfreitag (Langfredag)

Ostern (Påske) Sonntag und Montag

Buß- und Bettag (Stor Bededag) 4. Freitag nach Ostern

1. Mai ab Mittag; Kundgebungen mit wenigen Reden und viel Kultur

Christi Himmelfahrt (Kristi himmelfartsdag) 2. Donnerstag vor Pfingsten

Pfingsten (Pinse) Sonntag und Montag

Verfassungstag (Grundlovsdag) ab Mittag am 5. Juni

Heiligabend (Juleaften) ab Mittag

1. und 2. Weihnachtstag (Jul)

Silvester (Nytårsaften) ab Mittag

16. April (Geburtstag der Königin) schulfrei, aber nicht arbeitsfrei

Geld und Kreditkarten

Die Dänen votierten in einer Volksabstimmung gegen die Einführung des Euro (S. 28) und behalten daher vorerst ihre Krone (DKK). In den Urlaubsregionen ist der Euro jedoch längst zweite Währung, viele Geschäfte akzeptieren ihn meist zu einem fairen Kurs. Auch Kautionen wie Nebenkosten bei der Ferienhausmiete werden i. d. R. zu einem korrekten Kurs in Euro abgerechnet. Der offizielle Wechselkurs ist an die Gemeinschaftswährung gebunden, Schwankungen sind gering: 1 € = 7,46 DKK, 1 DKK = 0,13 €; 1 CHF = 4,73 DKK, 1 DKK = 0,21 CHF. Kleinste dänische Münze ist die zu 25 Øre, Teilbeträge werden bei Barzahlung gerundet.

Kreditkarten (vor allem Visa und Mastercard) sind üblich. Werden sie benutzt, schlagen zunehmend mehr Geschäfte, Hotels und sogar Tankstellen die Prozente (bis 5 %), die die Kreditkartenunternehmen ihnen abnehmen, dem Kunden auf die Rechnung. Geldautomaten für EC/Maestro- und Kreditkarten sind vorhanden.

Verlust oder Diebstahl von EC-/Maestro-/Kredit-Karten sind im Heimatland zu melden. Sperrnotruf in D für EC/Maestro-, Kredit- und Geldkarten: 0049/116 116 oder 0049/30/40 50 40 509 (Übersicht über angeschlossene Geldinstitute: www.116116.eu). Notfallnummern in Dänemark: Master Tel. 80 01 60 98, Visa Tel. 80 01 02 77, AmEx Tel. 80 01 00 21, Diners Tel. 36 73 73 73.

Geldwechsel ist in Banken Mo–Fr 9.30–16 Uhr, Do bis 18 Uhr möglich; Gebühren pro Tausch ca. 20–35 DKK.

Heiraten in Dänemark

Dänemark gilt als europäisches Las Vegas für die High-speed-Tour in den Hafen der Ehe. Nicht nur binationale Paare, sondern auch viele Urlauber nutzen diesen formlosen und preiswerten – kommunale Heiratsgebühr 500 DKK/ knapp 70 € –, aber rechtsgültigen Weg. Waren beide Ehepartner vorher nie verheiratet und sind alle Papiere – wichtig: gültige Ausweise und Geburtsurkunden – in Ordnung, lässt sich eine Heirat binnen 24 Std. umsetzen. Einige Kommunen verlangen jedoch einen mehrtägigen Pflichtaufenthalt am Ort, anderen ist das egal. War einer der Brautleute schon verheiratet, muss die Auflösung der alten Ehe amtlich geprüft werden. Dafür sollte man mindestens 4 Wochen kalkulieren.

In der Regel bestimmen die Brautleute, wo sie verheiratet werden wollen, ob auf dem Standesamt, in einem besonders romantischen Gebäude oder vielleicht auf der höchsten Düne der Gemeinde. i-Büros und die lokalen Büros der Ferienhausvermittler helfen gern, Kontakt zu den zuständigen Behörden im Lande zu bekommen. Wer auf Nummer sicher gehen will, kann alle Formalitäten durch Profis erledigen lassen, dann kostet die Eheschließung je nach Aufwand ab ca. 200 €, eine individuell zusammengestellte **Info-Broschüre** ca. 15 €: **Dänische Kommunal-Cooperative,** Boelckestr. 68, 55252 Mainz-Kastel, Tel. 06134/269 07, www. heiraten-online.de.

Hochzeitsarrangements mit romantischem Touch ab ca. 320 € bietet: **DAN Heiratsservice,** Hanauer Straße 4, 64832 Babenhausen, Tel. 06073/66 26, www.romantische-hochzeit.de.

Informationsstellen

Dänisches Fremdenverkehrsamt
Postfach 54 05 05, 22505 Hamburg
Tel. 040/32 02 10 (Mo–Fr 9–17 Uhr)
Fax 040/65 03 19 30, daninfo@dt.dk.

… bei der Anreise
Velkomst Center Frøslev, Korshøjvej 14, 6330 Padborg, Tel. 74 67 27 00, Fax 74 67 47 06. i-Büro für ganz Dänemark an der Autobahnraststätte Frøslev an der A 7/E 45 gleich hinter der Grenze; Winter Mo, Fr, Sa 10–16 Uhr, Saison tgl. nach Bedarf.

… im Urlaubsgebiet
Entlang der dänischen Nordseeküste hat jeder Ort ein i-Büro. Üblich ist eine Ausschilderung an den Straßen mit Schildern, die ein schwarzes i in wei-

ßem Feld auf blauem Grund zeigen. Autorisierte i-Büros werden in **Turistbureau** (grünes i-Schild; mindestens ganzjährig Mo–Sa während der Geschäftszeiten geöffnet; Infomaterial über die jeweilige Region und ganz Dänemark) und **Turistinformation** (rotes i-Schild; mindestens während der Saison zu üblichen Geschäftszeiten, lokales und regionales Infomaterial) unterschieden.

Für schriftliche Anfragen an lokale Touristenbüros in Dänemark reicht als Anschrift: Turistbureau plus Postleitzahl und Ortsname. Anschriften wichtiger i-Büros finden sie in den Serviceabschnitten im Reiseteil.

Infos im Internet

www.visitdenmark.com Internationales Portal des dänischen Touristenrates mit zahlreichen Links, auch auf Deutsch.

www.ambberlin.um.dk/de Dänische Botschaft in Deutschland mit Infos zu konsularischen Fragen, Hintergrundinformationen zu Land und Leuten sowie vielen Links.

www.daninfo.de Kommerzielles Portal mit Möglichkeit zur Online-Buchung (Deutsch).

www.daenemark.at, www.gute-adressen.dk Kommerzielle Portale zu Anbietern von Ferienhäusern und touristischen Leistungen in Dänemark (Deutsch).

www.rejse-guide.dk Kommerzielles Tourismusportal (Dänisch), Links auf deutschsprachige Seiten.

www.dmi.dk Das Wetter allgemein (Dänisch/Englisch).

www.dmi.dk/eng/index/forecasts.ht ml Fünftage-Vorhersage (Dt.).

www.dsb.dk Fahrplanauskunft der Dänischen Bahnen DSB (Dänisch).

www.degulesider.dk Branchenfernsprechbuch der Dänischen Telekom (Dänisch)

www.kongehuset.dk Homepage des Königshauses.

www.tgv.dk oder www.visitnordsee -kuste.com Portal für Tourismus in Westjütland von der Grenze bis zum Limfjord.

www.visitnord.dk Portal für Tourismus in Nordjütland.

Alle wichtigen i-Büros an der Küste lassen sich direkt ansurfen (Webadressen in den Serviceabschnitten im Reiseteil).

Kommunikation

In Dänemark stehen alle Formen moderner Kommunikation zur Verfügung, zum Teil auch in Ferienhäusern.

Telefon und Fax

Dänemark kennt nur Ruf-/Faxnummern mit acht Ziffern ohne Vorwahlen, die Nummer muss auch bei Anrufen aus dem Ausland komplett gewählt werden; Dänemarks internationale **Vorwahl** ist +45. Man kann sich in Telefonzellen anrufen lassen (Nummer auf Bedienungsanleitung oder Gerät). Für Gespräche von Dänemark ins Ausland wählt man 00 + Kennzahl des gewünschten Landes (D = 49, A = 43 und CH = 41); bei Anrufen in Länder mit Ortsvorwahlen entfällt die Anfangs-0.

Anrufe bei der **Auskunft** (*nummeroplysning*) sind sehr teuer: Inland Tel. 118; Ausland Tel. 113.

Münz- und Kartentelefone des Ex-Monopolisten TeleDanmark sind zahlreich, deutschsprachige Bedienungsanleitungen meist vorhanden. Telefonkarten gibt es in Kiosken, Supermärkten und Telefonshops. Viele Münzgeräte geben eingeworfenes Geld nicht zurück, selbst wenn kein Gespräch zustande kommt. In Hotels, Lokalen und auf Campingplätzen gibt es zudem private Münzgeräte, die häufig auf erhöhte Gebühren eingestellt sind. Bei einigen privaten Modellen laufen volle Gebühren für Fern- und Auslandsgespräche schon ab Geldeinwurf, sogar, wenn noch nicht zu Ende gewählt wurde: Werfen sie in diese Geräte Geld erst ein, wenn sich der Gesprächspartner meldet.

Immer mehr **Ferienhäuser** haben Telefone oder sogar Faxgeräte. Sind keine Zähler vorhanden, ist nur die Gesprächsannahme möglich.

Aus öffentlichen Telefonzellen wie von Privatanschlüssen telefoniert man international am günstigsten mit **Calling Cards** unabhängiger Telefonfirmen wie Global One oder Go Bananas, die es in ausgewählten Kiosken oder Post-Shops gibt. Die Einwahl erfolgt über gebührenfreie Rufnummern; Bedienungsanleitungen in Deutsch liegen immer bei. Probleme gibt es mit diesen Telefonkarten jedoch bei den privaten Münzgeräten (s. o.), die zusätzlich mit Geld gefüttert werden wollen, sowie in einigen Hotels, die gebührenfreie Nummern gesperrt haben. Ähnliches gilt für die eigentlich gebührenfreien Rufnummern für R-Gespräche (home direkt D: Tel. 80 01 00 49, A: Tel. 80 01 00 43; CH: Tel. 80 01 00 41).

Mobiltelefone

Die Netzabdeckung für Mobiltelefone ist ausgezeichnet. Erfragen Sie bei Ihrem Netzprovider Details zum Mobiltelefonieren in Dänemark, vor allem Gebühren der verschiedenen nutzbaren Netze: Die Minutenpreise fallen je nach Tageszeit und Wochentag unterschiedlich aus. Geringe Gebühren werden auch dann berechnet, wenn kein Gespräch zustande kommt.

Dänische **Prepaid-Karten** für Handys sind indes sehr günstig – wer damit umgehen kann und seine eigene Karte ersetzt, spart Geld. TDCmobil hat die beste Netzabdeckung und gute Angebote. In der Regel kostet ein Starterpaket so viel, wie vorausbezahlte Gebühren enthalten sind – die SIM-Card ist praktisch umsonst.

Internet und E-Mail

Viele Hotels, aber auch Campingplätze bieten Internetzugang per Leitung oder Hot-Spot. In größeren Städten sowie in Urlaubsgebieten findet man zudem internetfähige Computer in Cafés oder i-Büros. Auch einige Ferienhäuser der oberen Preisklasse sind mit Computern und Internetzugang ausgestattet. Ist ein Telefonanschluss, der abgehende Gespräche zulässt, vorhanden, lassen sich Laptops anschließen. Notwendige Kabel mit dänischem Telefonstecker sind vor Ort in Telefon- oder Computer-Shops erhältlich. Ihr Internetprovider nennt Ihnen gegebenenfalls Einwahlknoten in Dänemark, meist sind sie aber nur über ›Ferngespräche‹ zu erreichen.

TDCmobil bietet in Partnerschaft mit Vodafone 3G-Bredbånd (UMTS), dort kann man sich im Rahmen des DATA-Roaming mit einer Mobile Connect Card im Laptop einloggen (Details und Tarife bei ihrem Provider im Heimatland).

Kurtaxe

Kurtaxe ist an Dänemarks Küsten unbekannt. Jeder hat **freien Zugang** zu allen Stränden, Seeufern und Meeresküsten.

Medien

Radiostationen aus Norddeutschland sind im Süden der dänischen Nordseeküste auf UKW gut zu empfangen, weiter nördlich auf Mittel- und Kurzwelle. Ferienparks und Hotels speisen meist ein paar deutschsprachige **Fernsehprogramme** in ihre Hausanlagen, und viele Ferienhäuser haben Empfangsschüsseln, auf die in den Katalogen hingewiesen wird. Einige Lokalradios senden in der Saison deutschsprachige Touristenprogramme; Frequenzen und Sendezeiten nennen die i-Büros.

Deutschsprachige **Zeitungen und Zeitschriften** gibt es schon am Erscheinungstag in Kiosken und Supermärkten, in Südjütland liegt der Nordschleswiger, die Tageszeitung der deutschsprachigen Minderheit, daneben. Sie enthält einen überregionalen Teil mit Nachrichten aus Deutschland.

Mehrwertsteuererstattung

Die Erstattung der 25 % Mehrwertsteuer ist für Personen mit Wohnsitz in der EU nicht möglich, wohl aber für Schweizer. Über Details informieren Geschäfte, die den Service ›Tax Free For Tourists‹ anbieten.

Nacktbaden

Im Prinzip reicht an allen Stränden für Männer und Frauen eine Badehose aus. Die auch auszuziehen wird vielerorts toleriert, aber längst nicht überall gern gesehen. Gerade deutsche Touristen gelten als unsensibel beim Erkennen, wo Nacktsein angebracht ist und wo nicht. Für einige Strandgebiete wird inzwischen deutlich angezeigt, dass völlige Nacktheit unerwünscht ist, meist ist dann aber ein ausgewiesenes FKK-Gelände in der Nähe.

Über die offiziellen **FKK-Strände** und **FKK-Campingplätze** informiert: **Dansk Naturist Union,** Tel. 70 22 27 26, www.dansknaturistunion.dk.

Notfall

Trotz der dünnen Besiedlung entlang der Küste ist die **ärztliche Versorgung** gut. Nur wenige Siedlungen, die im Sommer von Ferienhausgästen zwar überquellen, im Winter aber kaum feste Bewohner haben, müssen ohne Arzt auskommen. Den findet man dann ein paar Kilometer landeinwärts im nächsten Ort. Dort praktizieren meist mehrere Ärzte im kommunalen **Ärztehaus** *(lægehus),* in Städten findet man zudem **Krankenhäuser** *(sygehus).* Gut ist das Netz zahnärztlicher Versorgung. Selten sind hingegen Fachärzte; **Kinderärzte** gibt es nicht, zuständig sind Allgemeinmediziner.

Apotheken sind dünn gesät, insbesondere solche mit Nachtschalter. Aber selbst kleinste Orte besitzen Verkaufsstellen mit einem Basissortiment an Medikamenten, weitere können kurzfristig bestellt werden.

Notfallbehandlungen in Krankenhäusern sind kostenlos, sonst erhalten gesetzlich versicherte EU-Bürger gegen Vorlage des **EU-Krankenschein**s (E 111), der bei der Krankenkasse erhältlich ist, kostenlose ärztliche Hilfe in gleichem Umfang wie gesetzlich versicherte Dänen. Das bedeutet relativ hohe Eigenleistungen bei Zahnbehandlungen und Medikamenten.

Der allgemeine **Notruf** ist **112;** aus Telefonzellen frei. Bei Notrufen vom Handy sollte man den Standort kennen; an vielen Strandabschnitten zeigen grüne ›Nummernschilder‹ einen Code aus Buchstaben und Ziffer, der Rettungskräften zur Lokalisierung reicht.

Öffnungszeiten

Die Kernöffnungszeiten Mo–Fr 10–17.30 und Sa bis 14 Uhr werden beim liberalen Ladenschlussgesetz oft überschritten. In der Saison haben Läden in Fremdenverkehrsregionen meist 7 Tage der Woche bis in den Abend hinein geöffnet, außerdem bieten Bäckereien, Kioske, Minimärkte an Tankstellen sowie Shops größerer Campingplätze und Ferienparks ein breites Sortiment bei überlangen Geschäftszeiten.

Post

Das Porto für Standardbriefe bis 50 g und Postkarten in EU-Länder beträgt

7,25 DKK in der gängigen Beförderungsklasse (A = Prioritaire). Post-Shops ähneln Schreibwarenläden und haben ortsübliche Öffnungszeiten. In kleinen Orten findet man Postschalter oft in anderen Läden, z. B. Lebensmittelgeschäften.

Öffentliche Verkehrsmittel

Der öffentliche Verkehr ist vorbildlich. Gut abgestimmte Fahrpläne von Fern- und Regionalbahnen sowie Bussen sorgen für schnelle und gute Verbindungen bis aufs platte Land, hinzu kommen großräumige Verkehrsverbünde mit einfachen und preiswerten Tarifstrukturen. In der Saison verkehren überall entlang der Nordseeküste Linienbusse auf touristisch interessanten Routen, herausragend das touristische ÖPNV-Netz in Nordjütland.

Radfahren

Ein hervorragendes Radwegenetz (S. 62) macht Radfahren leicht. Ein paar Dinge sollte man beachten:
– Radweg heißt *cykelsti* oder *cykelvej*.
– Ein Fahrrad oder ein kleiner Strich über dem roten Balken eines Sackgassenschildes zeigt an, dass es am Ende eine Durchfahrt für Radfahrer gibt.
– Zum Linksabbiegen fährt man am rechten Fahrbahnrand über den Kreuzungsbereich und ordnet sich auf der anderen Seite in den Querverkehr ein, wieder am rechten Fahrbahnrand.
– Durch Heben einer Hand zeigt man auf Radwegen nachfolgenden Radfahrern an, wenn man bremst oder anhalten will.

Souvenirs

Zu den edelsten Souvenirs von der dänischen Nordseeküste gehören **HiFi-Geräte** von B & O aus Struer (S. 154) – glücklich, wer sie mit Anspruch auf Mehrwertsteuererstattung (S. 220) kaufen darf. Klassiker und Aktuelles des dänischen **Möbeldesigns** sind auch inklusive Steuer bis zu einem Drittel billiger als südlich der Grenze; Möbelgeschäfte in Südjütland, z. B. in Tønder (S. 72), haben sich auf Direktexporte mit Lieferung frei Haus in den deutschsprachigen Ländern spezialisiert.

Seit einigen Jahren machen auch dänische Modedesigner mit legerer, aber eleganter **Freizeitmode** international auf sich aufmerksam. Mainstream sind Marken wie ›Sand‹ oder aus der Carli Gry-Gruppe die Label ›Cottonfield‹, ›InWear‹, ›Matinique‹ und ›Jackpot‹. Wer es extravaganter mag, schaut nach Arbeiten der jungen wilden Modedesigner wie Baum und Pferdgarten, Daughters of Style oder Klaus Samsøe. Freizeitmode ist nicht teuer, und dank häufiger Sonderangebote und Ausverkäufe *(udsalg)* findet man oft Schnäppchen.

Mit schlicht-funktionalen **Haushaltsgeräten** und **-accessoires** von bekannten Herstellern wie Bodum, Eva Trio, eva solo, Georg Jensen, Holmegaard, Rådvad oder Stelton sowie mit **Porzellan** der Königlich Kopenhagener Porzellanmanufaktur ist selbst in Kleinstädten meist ein Laden der Kette **Inspiration** gut sortiert.

Produkte von Kunsthandwerkern wie **Keramik, Studioglas** und **Bernstein**, roh oder zu Schmuck verarbeitet, werden überall in Werkstätten, Ateliers und Boutiquen angeboten.

Dänemark-Stammkunden greifen zudem gern nach Dingen, die für die dänische ›**Hygge**‹ (S. 41) stehen (z. B. Kerzen oder Scherenschnitte) sowie nach allem, was nach Weihnachtsschmuck aussieht – der wird in **Det Gamle Apotek** in Tønder (S. 73) inzwischen ganzjährig verkauft.

Trendy sind Billiger-Jacob-Läden, die **Krimskrams zu Dumpingpreisen** verhökern, darunter vieles mit dem Anschein, typisch dänisch zu sein; bekannte Ketten sind Søstrene Grenes Økonomi Marked und Tiger. Letzteres wird ti:er ausgesprochen, damit gleichlautend wie die 10-Kronen-Münze *tier,* der Zehner, und entsprechend kosten fast alle Waren in den Tiger Läden nur einen *tier.*

Trinkgeld

Trinkgeld ist keine Pflicht, kann aber, so wie man es von zuhause gewohnt ist, für guten Service gegeben werden.

Truppenübungsplätze

Es gibt in den Dünen- und Heidegebieten an der Nordsee, vor allem nördlich von Esbjerg sowie im Südteil von Holmsland Klit, Truppenübungsplätze. Sie werden während der Hauptsaison wenig genutzt, in der Nebensaison muss man jedoch mit Einschränkungen rechnen, weil Nebenstraßen und Strandabschnitte gesperrt werden. Ausführliche Informationstafeln warnen auch in deutscher Sprache am Rande der Sperrzonen.

Unterkunft

Grundsätzliches zum Thema Unterkunft ab Seite 54.

Bauernhöfe

DZ mit Frühstück kosten auf Bauernhöfen 300–450 DKK; meist ist auch Halbpension möglich. Mehr als zwei Dutzend Höfe entlang der Nordseeküste finden sich im Katalog von: **Landsforeningen for Landboturisme,** Føllevej 5, 8410 Rønde, Tel. 86 37 39 00, Fax 86 37 35 50; www.bondegaardsferie.dk (auch in Deutsch).

Campen und Zelten

Überall wird die Camping Card Scandinavia verlangt, die auf dem ersten Platz, den man ansteuert, gekauft werden kann (Einzelpersonen oder Familien 90 DKK/Jahr) und in allen Ländern des Nordens gültig ist. **Übernachtungspreise** setzen sich zusammen aus einem Grundpreis pro Stellplatz (je nach Saison und Komfort 0–120 DKK/0–16,50 €), einem eventuellen Zuschlag für Stromanschluss (bis 30 DKK/4 €) und einem Preis pro Person (Erw. ca. 50–75 DKK/6,50–9,50 €, Kinder ca. 25–55 DKK/3,50–7,50 €). Für **Campervans** gibt es von 20–10 Uhr auf vielen Anlagen preiswerte ›Quick-Stop‹-Stellplätze. ›Wildes‹ Campen auf Rast- und Parkplätzen oder in der freien Natur ist jedoch nicht zulässig.

Campinghütten kosten in der Saison pro Woche ca. 2500 DKK/345 € (ohne Dusche/WC) bis 6000 DKK/820 € (Komfortausstattung inkl. Dusche/WC); Hütten der gehobenen Kategorie werden in der Saison fast nur für mehrere Tage am Stück vermietet und sollten lange im Voraus reserviert werden. Beschreibung aller Plätze: www.daenischecampingplaetze.de; weitere Infos: Camping-rådet, Mosedalvej 15, DK-2500 Valby, Tel. 39 27 88 44, Fax 39 27 80 44, www.danskecampingpladser.dk.

Die meisten Campingplätze sind Ketten angeschlossen:

DK-Camp: Industrivej 5, Bredballe, 7120 Vejle Ø, Tel. 75 71 29 62, Fax 75 71 29 66, www.dk-camp.dk; in der Region ca. 80 Campingplätze unterschiedlicher Kategorien; Gratis-Katalog.

FDM Camping: Firskovvej 32, 2800 Kgs. Lyngby, Tel. 45 20 27 27, Fax 45 27 09 93, www.fdmcamping.dk; in der Region vier Campingplätze des dänischen Automobilclubs.

Public Camping: www.publiccamp.dk; in der Region zehn kommunale Plätze mit gutem Standard.

Top Camping: Skeelslund, 9440 Aabybro, Tel. 98 24 45 30, Fax 98 24 47 58, www.topcamp.dk; an der Küste sieben sehr gut ausgestattete Plätze.

Naturlejrpladser sind ausschließlich für Zelte von Fuß- oder Radwanderern zugelassen. Übernachtungen kosten 0–15 DKK pro Person. Über die ›basic‹ ausgestatteten Plätze an Bauernhöfen, Schulen, Vereinsheimen, usw. sowie in Staatsforsten informiert – auch mit deutschsprachigen Zusammenfassungen – das Verzeichnis ›Overnatning i det fri‹ (98 DKK), das in Dänemark im Buchhandel und beim Dänischen Radfahrer-Verband erhältlich ist oder in Deutschland über den ADFC. Allgemeine Infos (teilweise deutsch): www.teltpladser.dk.

Danhostels (Jugendherbergen)
Übernachtungen kosten für Einzelpersonen in Mehrbettzimmern etwa 100–150 DKK (14–20,50 €), Familienzimmer für bis zu 4 Personen ca. 270–700 DKK (37–95 €), für bis zu 6 Personen ca. 770 DKK (105 €), ein Frühstück 48–60 DKK (6,50–8,25 €). Bettwäsche muss mitgebracht oder gegen Gebühr geliehen werden. Wer nicht Mitglied eines YHA-Verbandes ist, zahlt zusätzlich 35 DKK/Nacht, für 160 DDK kann man Mitglied werden. Info und Herbergsverzeichnisse: **Danhostel-Danmarks Vandrerhjem,** Vesterbrogade 39, 1620 København V, Tel. 33 31 36 12, Fax 33 31 36 26, www.danhostel.dk.

Ferienhäuser
Mietpreise variieren je nach Ausstattung und Reisezeit erheblich. In der preiswertesten Nebensaison ist ein einfaches Haus für 4 Personen schon ab ca. 150 € pro Woche zu bekommen, in der Hauptsaison kosten gut ausgestattete Poolhäuser etwa das Zehnfache. Bei den meisten Vermietern gibt es fünf oder sechs Tarifperioden, die am Anfang und Ende für ausgewählte Häuser durch Angebote wie ›3-Wochen-zum-2-Wochen-Preis‹ oder ›2-Wochen-zum-10-Tage-Preis‹ auch noch fließend gestaltet sind.

Teuerste Perioden sind Juli und der frühe August sowie die Tage über Weihnachten und Neujahr. Von September bis Anfang Juni ist mit Ausnahme der großen Feiertage Ostern und Pfingsten eine billige Zeit. In der Nebensaison sind häufig auch variable Mietperioden möglich, während im

Sommer fast ausnahmslos von Samstag bis Samstag vermietet wird. In der Nebensaison fallen die Mieten auf etwa 35–40 %, in Einzelfällen sogar unter 30 % der Hochsaisonpreise.

Einen Teil dieser Ersparnis fressen die **Nebenkosten** wieder auf: Da fast überall elektrisch geheizt wird und Strom recht teuer (zurzeit ca. 0,25–0,30 €/kWh), aber nur in Ausnahmefällen in der Miete enthalten ist, können außerhalb des Sommers in einem gut ausgestatteten Luxushaus mit Pool schnell einige hundert Euro pro Woche anfallen. Kosten für das Vorheizen (Wohnräume ca. 18 °C, Swimmingpools 24–28 °C) in der kalten Jahreszeit berechnen einige Vermieter ihren Kunden, andere nicht; Kataloge geben Auskunft!

Brennholz oder Briketts für die üblichen Kaminöfen gibt es in den Ferienhausregionen an jeder Ecke zu kaufen, sie helfen Stromkosten sparen. Treibholz vom Strand darf wegen des hohen Salzgehaltes nicht in die Öfen!

Nebenkosten werden in der Regel mit einer **Kaution,** die bei der Ankunft zu hinterlegen ist, verrechnet. Sie liegt für Standardhäuser bei rund 100 €, für Poolhäuser bei deutlich über 300 €. Einige Vermieter verlangen von Mietern unter 21 Jahren sowie über Silvester höhere Kautionen.

Weitere potenzielle bzw. obligatorische Nebenkosten sind:

Bettwäsche und Handtücher muss man mitbringen oder leihen (ca. 10–15 € pro Garnitur).

Endreinigung kostet je nach Hausgröße und -ausstattung 50–200 € und muss rechtzeitig bestellt werden; bei hochwertigen Häusern ist sie oft obligatorisch. Ist keine Endreinigung bestellt, das Haus aber nicht sauber, wird ein erhöhter Betrag verlangt.

Haustiere sind bei Absprache mit dem Hausbesitzer bzw., wenn es im Katalog erwähnt ist, erlaubt. Einige Vermieter nehmen für Haustiere jedoch eine Extragebühr von bis zu 20 €.

Kinderbetten und -stühle werden von den meisten Vermietern verliehen (ca. 10 €/Woche), einige wie **Die hyggelige Dänen** (S. 129) stellen sie kostenlos zur Verfügung.

Wasserverbrauch wird bisher nur in wenigen Fällen gesondert abgerechnet, bei Poolhäusern sollte man 15–20 €/Woche kalkulieren, sonst etwa 5 €.

Große Vermittler wie **TUI Wolters** (www.tui-ferienhaus.de), die fusionierten **dansommer** (www.dansommer.de; Premium- und Aktivitätshäuser) und **NOVASOL** (www.novasol.de; großes Angebot an Qualitätshäusern für jeden Geschmack und Geldbeutel) oder Sonne und Strand (www.sonneundstrand.de) bieten in ihren Katalogen Tausende Ferienhäuser und -wohnungen aller Preisklassen. Sie betreuen Kunden vor Ort durch Servicebüros, die Vermietung erfolgt über Reisebüros oder online im Internet.

Im **Web** sind inzwischen mehr Informationen und Bilder über Ferienhäuser verfügbar als in den Katalogen. Online können Reisebüros ebenso wie Endverbraucher die Verfügbarkeit einzelner Objekte direkt abfragen. Wenn das gewünschte Haus belegt ist, wird umgehend adäquater Ersatz angeboten. Gerade kleinere regionale und lokale Ferienhausvermieter setzen verstärkt auf Direktvermarktung im Internet. Ausgewählte lokale Vermieter finden Sie im Reiseteil dieses Buches.

Ein Dutzend Anbieter entlang der Nordseeküste kooperieren als **Feriepartner Danmark** (kostenlose Servicenummer in D: Tel. 0800 358 75 28; www.feriepartner.de). Ebenfalls ein Dutzend lokale Anbieter von der Nordseeküste vermarkten sich als **Go Denmark** (www.go-denmark.dk), und Online-Zugriff auf ca. 25 000 Häuser sowie auf Ferienparks und Hotels bietet **feline dk** (www.feline.dk). Mehrere kleinere Büros werden in Deutschland mit sehr persönlichem Service vertreten von: **Silke Bangsgaard,** Wittenbruchplatz 17, 40627 Düsseldorf, Tel. 0211/25 38 01, Fax 20 33 47.

Ferienparks

Die Mietpreise für Wohnungen und Häuser in Ferienparks sind bei gleicher Größe und Ausstattung etwas niedriger als für einzeln stehende Ferienhäuser. Alle großen Ferienhausvermieter haben entsprechende Anlagen in ihren Katalogen. Der Trend geht zu großen Anlagen im CenterParcs-Stil wie die 2006 eröffnete ›Ferienstadt‹ Sea West bei Nørre Nebel (S. 131) dokumentiert (www.seawest.dk).

Hotels

Doppelzimmer mit Frühstück kosten in einfachen Hotels ab ca. 500 DKK/65 €, gute Mittelklasse können Sie für rund 750 DKK/100 € und Luxuriöses ab ca. 1000 DKK/130 € erwarten. Im Hinterland bieten Businesshotels während der Sommerferien und an Wochenenden häufig Sonderangebote.

Der dänische Hotelverband HORESTA klassifiziert angeschlossene Häuser mit bis zu fünf Sternen, sichtbar auf einem blauen Schild neben der Eingangstür. Bewertet wird die Ausstattung, nicht aber Lage oder Atmosphäre. Ab drei Sterne haben alle Zimmer eigenes Bad/Dusche und WC. Vier Sterne versprechen Zimmer über dem Durchschnitt sowie 24 Stunden Empfangs- und Getränkeservice; die Kriterien für fünf Sterne erfüllt bisher kein Hotel an der Nordseeküste. Gerade in Badorten sind kleinere Hotels aller Komfortklassen nicht HORESTA-Mitglieder und deshalb ohne Sterne – das spricht aber nicht gegen die Qualität.

Details zu Ausstattung und Preisen fast aller Hotels sowie aktuelle Sonderangebote bietet **VisitDenmark Booking** auf seinen Seiten im Internet (www.hotel.dk).

Privatzimmer

Zimmer mit Frühstück (Bed&Breakfast) kosten etwa 250–450 DKK (34–62 €). Fast alle lokalen i-Büros haben ein paar Adressen zur Hand, häufig auf Bauernhöfen (s. o.). Zimmer in ganz Dänemark vermittelt:

Bed&Breakfast Booking,
Sankt Peders Stræde 41,
DK 1453 København K.,
Tel. 39 61 04 05,
Fax 39 61 05 25,
www.bbdk.dk.

Zeit

In Dänemark gilt rund ums Jahr die gleiche Zeit wie in den deutschsprachigen Ländern (MEZ, MSZ).

SPRACHFÜHRER

Wo man auf Touristen eingestellt ist, wird Deutsch gesprochen. Man sollte trotzdem nicht wie selbstverständlich jedes Gespräch auf Deutsch beginnen, wenigsten nicht, ohne zu fragen, ob der Gegenüber es versteht.

Das Alphabet von A bis Å

Das Dänische besitzt die Sonderzeichen Æ/æ, Ø/ø und Å/å, die ihren Platz noch hinter XYZ haben. Das Å/å ist synonym zu Aa/aa, wird bei Orts- und Eigennamen jedoch nicht einheitlich verwendet, so heißt es manchmal Ålborg, meist aber Aalborg. Einige im Deutschen geläufige Buchstaben kommen indes nur in Fremdwörtern oder fremdsprachigen Eigennamen vor und werden ungewohnt zugeordnet: Das W – im Dänischen ›Doppel-V‹ – dem V, Ä/ä zu Æ/æ, Ö/ö zu Ø/ø und Ü/ü zu Y/y.

Geschriebenes Dänisch verstehen deutschsprachige Besucher leicht, wehe aber, Dänen sprechen. Sie sind Weltmeister im Verschlucken von Buchstaben oder Silben und ziehen manchmal ganze Sätze wie zu einem Wort zusammen. Außerdem werden einige Buchstaben ungewohnt ausgesprochen: das Y immer wie Ü, das S immer stimmlos, das G gelegentlich wie J und das Å bzw. das Aa immer wie ein offenes O in Oldenburg, aber lang, jedoch nie wie das lange A in Aachen. Die beiden anderen Sonderzeichen sind dagegen einfach auszusprechen: Æ/æ wie Ä und Ø/ø wie Ö, z. B. im dänischen øl (›Bier‹) wie im deutschen Öl, nur etwas kürzer.

Abkürzungen

Sct., Skt.	Sankt
St. (= Store)	Groß-

Grußformeln

Guten Morgen	god morgen
Guten Tag	goddag
›Tachchen‹	davs
Guten Abend	god aften
Auf Wiedersehen	farvel
Bis bald	vi ses
Entschuldigung	undskyld

Unterwegs

Einbahnstraße	ensrettet
Fußgängerzone	gågade
Einfahrt/Zugang	adgang
Durchfahrt	gennemkørsel
Parken/Parkplatz	parkering/parkeringsplads
verboten	forbudt
gesperrt	spærret
(nach) rechts	(til) højre
(nach) links	(til) venstre
Fahrplan	køreplan
Abfahrt/Ankunft	afgang/ankomst
ab/an	fra/til
Auto(vermietung)	bil(udlejning)
Fahrrad)(vermietung)	cykel(udlejning)
PKW-Platz (auf Fähren)	bilplads (på færgen)
Platzkartenpflichtig	pladsbillet kræves

Übernachten

Übernachtung	overnatning
Ferienhaus (verleiher)	feriehus(udlejning)

Sommerhaus (gebiet)	sommerhus (område)*

Dänen benutzen für ihre ›Datschas‹, egal wie solide sie gebaut sind, meist den Begriff ›sommerhus‹, während die Tourismusbranche zwischen dem winterfesten Ferienhaus (feriehus) und dem nur im Sommer benutzbaren Sommerhaus (sommerhus) unterscheidet.

Abside/offener Schlafboden	hems
Alkoven/ Bettnische	alkove
Annex/kleines Nebengebäude	anneks
behinderten-gerecht	handicapvenlig
Bett(en)	seng(e)
Bettzeug/-wäsche	sengetøj/-linned
Endreinigung	slutrengøring
Feuer-/Kaminholz	brænde
Geschirrspüler	opvaskemaskine
Gas-/Elektroherd	gas-/el-komfur
Offener Kamin	pejs
Kaminofen	brændeovn
Sauna	sauna
Whirlpool	whirlpool/jacuzzi
Hotel	hotel
Einzel-/Doppel-/ Familienzimmer	enkelt-/dobbelt-/ familieværelse
alles voll	alt optaget
geschlossen	lukket
geöffnet	åbent
rund um die Uhr geöffnet	åbent hele døgnet
zu mieten	til leje
(Nicht-)Raucher	(ikke-)ryger

Daten und Zeiten

Datum	dato
Zeit	tid
Stunde	time
Morgen	morgen
Nachmittag	eftermiddag
Abend	aften
Nacht	nat
täglich (außer…)	dagligt (und-tagen…)
werktags (außer samstags)	hverdage (und-tagen lørdage)
Sonn- und Feiertage	søn- og helligdage
die Monate	januar, februar, marts, april, maj, juni, juli, august, september, oktober, november, december
die Wochentage	mandag, tirsdag, onsdag, torsdag, fredag, lørdag, søndag

Im Krankheitsfall

Apotheke	apotek
(Zahn-) Arzt	(tand)læge
Ärztehaus	lægehus
(Zahn-) ärztlicher Notdienst	(tand)lægevagt
Krankenhaus	sygehus
Unfallstation/ Notfallambulanz	skadestue
hoher/niedriger Blutdruck	højt/lavt blodtryk
Diabetiker	diabetiker
schwanger	gravid
Ich/Er/Sie hatte	Jeg/Han/Hun har haft…
Herzinfarkt	blodprop
Bypassoperation	bypass-operation
Herzklappenope-ration	hjerteklap-opera-tion
(chronische)	(kronisk) sygdom

Erkrankung	
Durchfall	diarré
Erbrechen	opkastning
Fieber	feber
Kopfschmerzen	hovedpine
Schmerzen	smerter
Zahnschmerzen	tandpine
Blinddarm	blindtarm
Herz	hjerte
Knochen	knogler
Kopf	hovede
Zahn/Zähne	tand/tænder

Ein paar wichtige Sätze

Danke	tak

Wie spät ist es
  hvad er klokken
Es ist zwei (drei, usw.) Uhr
  klokken er to (tre, usw.)
Halb/viertel vor/nach
  halv/kvart i/over
zehn Minuten vor/nach
  ti minutter i/over
Wie geht's (Dir)*?
  Hvordan går det (med dig)? oder:
  Hvordan har du det?
Ich verstehe kein Dänisch
  Jeg forstår ikke dansk
Sprichst Du* Deutsch/Englisch?
  Taler du tysk/engelsk
Hast Du* ein Ferienhaus frei?
  Har du et feriehus
Hast Du* ein Einzel-/Doppelzimmer?
  Har du et enkelt/doppeltværelse?
Wo kann ich parken?
  Hvor kan jeg parkere bilen?
Ich möchte gerne zahlen
  jeg vil gerne betale
Das stimmt so
  Det er i orden (sådan) oder: Det
  stemmer
Kann ich mit (Kredit-) Karte bezahlen?
Kan jeg betale med (krcdit) kort?
Wann fährt der Bus nach …?
  Hvornår kører bussen …?
Wo fährt der Bus?
  Hvor går bussen fra?
Ich möchte in … aussteigen
  Jeg vil gerne stige af i …
Wie komme ich zum Bahnhof/Flug-
hafen?
  Hvordan kommer jeg til banegård/
  lufthavn

*Im dänischen Alltag hat das Du das
Sie ersetzt, die Sätze entsprechen also
auch der förmlichen Sie-Anrede im
Deutschen*

Zahlen

1	en	16	seksten
2	to	17	sytten
3	tre	18	atten
4	fire	19	nitten
5	fem	20	tyve
6	seks	30	tredive
7	syv	40	fyrre
8	otte	50	halvtreds
9	ni	60	tres
10	ti	70	halvfjerds
11	elleve	80	firs
12	tolv	90	halvfems
13	tretten	100	ethundrede
14	fjorten	1000	ettusinde
15	femten		

Weitere Zahlen werden wie im Deutschen zusammengesetzt, z. B.

21	en-og-tyve
254	tohundredefireog-halvtreds
7465	syvtusindefirehun-dredeogfemog-tres

REGISTER

Das Register richtet sich nach dem dänischen Alphabet (S. 227), bei dem die Buchstaben Æ/æ, Ø/ø und Å/å sowie dessen Synonym Aa/aa am Ende stehen.

Register

REISEATLAS

LEGENDE

1 : 500.000

0   20 km

Autobahn mit Ausfahrtnr. und Europastraßennr.		Flughafen
Fernstraße mit Straßennr.		Schloss
Hauptstraße		Kirche, Kapelle
Nebenstraße		Museum
Eisenbahn		Sehenswürdigkeit
Fähre		Berggipfel
Touristenstraße		Leuchtturm
Nationale Fahrradroute mit Routennr.		Windmühle
Staatsgrenze		Campingplatz
Nationalpark, Naturpark		Badestrand

Margeriten Route

Nat. Radweg 1

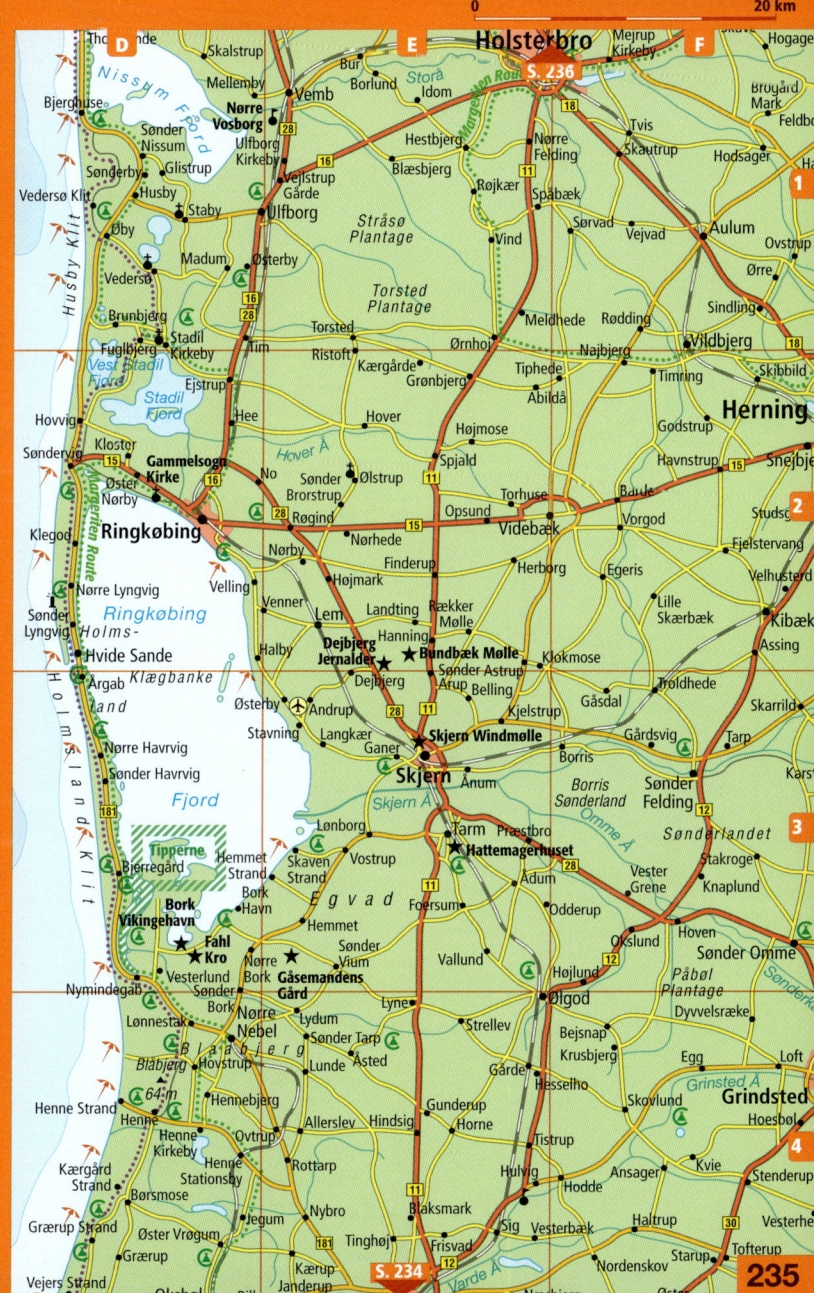

Nordsee
(Vesterhavet)

Vigsø Bugt

Hanstholm · Hamborg
Hanstholm Vildreservat
Lodbjerg Fyr
Klitmøller
Vangså
Nørre Vorupør
Faddersbøl
Stenbjerg
Lyngby
Svankær
Lodbjerg Fyr
Ørum
Hassing
Bedsted
Agger
Vesterby · Gurup
Vestervig
Hurup
Gettrup · Flarup
Thyborøn
Helligsø
Harboøre
Vrist
Strande
Ferring · Borup
Bovbjerg Fyr 44 m
Fjaltring
Nees
Thorsminde

Vigsø · Hjardemål Klit
Ræhr · Bjerre
Korsø
Tved · Hjardemål
Nors Sø
Nors · Kåstrup · Østerild
Agerholm · Hillerslev · Hov
Vester Vandet · Skinnerup
Thisted · Sennels
Sjørring · Fårtoft · Hesselbjerg
Hundborg
Fredskilde · Skjoldborg · Thisted Bredning · Skærbæk
Nørhå · Snedsted · Hanklit 60 m · Sejers
Sundby · Vilsund Vest · Flade
Sønderhå · Sundby · Bjergby · Sønder Dråby
Hørdum · Kølby · Skallerup · Øster Jølby · Alsted
Villerslev · Skyum · Sønder Solbjerg · Ersløv · Tødsø
Visby · Gudnæs Strand · Tæbring · Vodstrup · Nykøb
Ullerup · Blåbjerg Gårde · Øvtrup · Frøslev · Andrup
Heltborg · Rakkeby · Vils · Lødderup · Jesperhus Blomsterpark · Glyr
Kårby · Rødsted · Centrum · Højris
Ginnerup · Doverodde · Sønderby · Vester Assels · Øster Assels · Ørding · Vile
Ydby · Sønder Ydby · Boddum · Agerø · Sillerslev · Over Hj
Lyngs · Styvel · Sa
Hvidbjerg · Jegind · Jegindø · Spøttrup · Krejb
Flovlev · Hellerød · Tambohuse · Rødding
Thyholm · Uglev · Lihme · Lem · Ramsing · Ba
Oddesund Nord · Venø · Håsum · Hvi
Nissumby · Oddesund · Venø Sund · Norskov
Lemvig · Nissum Seminarieby · Humlum · Venø By · Remmer
Fabjerg · Gudum · Resenstad · Ejsingholm · Ejsing · Rønb
Rom By · Bremdal · Råst · Ål · Stokho · Hjer
Bonnet · Skodborg Huse · Struer · Vinderup · Sahl
Lomborg · Ølby · Trudsø · Snødder · Handbjerg · Nørre Bjert · Sevel
Ramme · Fousing Kirkeby · Hjerm · Ryde · Sevel Skovby · Sevel · Herru
Bovlingbjerg · Asp · Vejrumstad · Hvam · Mejeriby · Trabjerg
Brørup · Hestbæk · Hvam · Borbjerg
Bækmarksbro · Linde · Krunderup · Mejrup Kirkeby · Skave
Torp · Møborg · Falsig · Holstebro · Bur

S. 235

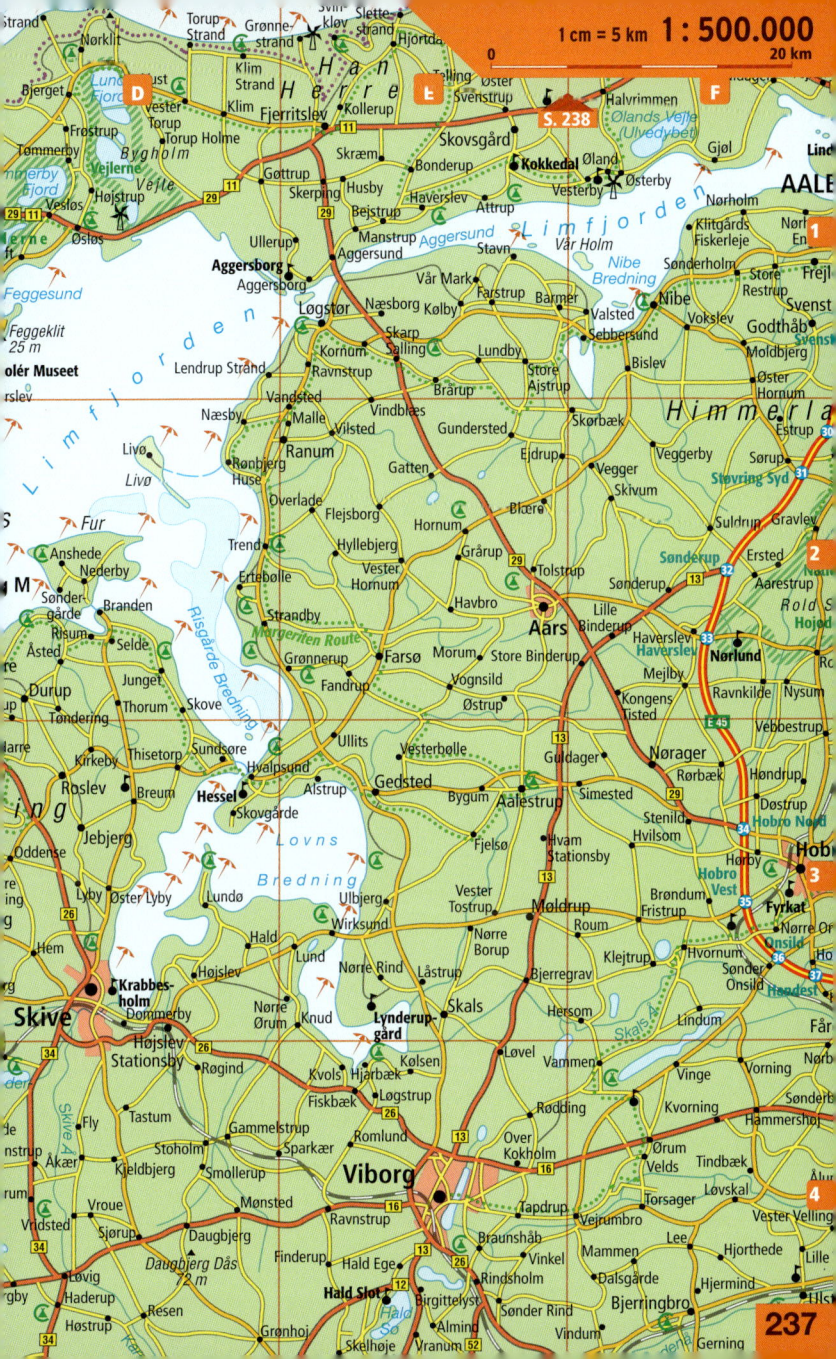

A   B   C

1

2

N o r d s e e
(V e s t e r h a v e t)

Lø
Mårup Kirl
Rudbjerg Knu.
90

Nørre Lyngby

Furreby
Løkken   Skø

55

Vrens†

Grønhø†   Ingst

3

Fårup
Sommerland ★   Saltum

Hune   Vester
Rendbæk

Blokhus

Rimmehuse   Pandrup

S. 236

Rødhus Klit   **Jetsmark**
Kås   55

Moseby   Mergels

Ryå   Aa

J a m m e r b u g t e n

Tranum
Klitplantage   **Harmonikamuseet**   Birkelse

Bulbjerg
47 m   Svin-   Slette-   Tranum
Lild Strand   kløv   Strand   Strand   ▣ M

Torup   Grønne-   Tranum Enge
Nørklit   Strand   strand   Hjørdal   Tranum   Arentsminde   11   Fristrup

4

Vust   Klim   Telling   Øster   Halda
Bjerget   *Luna*   Strand   **H a n**   Svenstrup
Fjord   Vester   **H e r r e d**
nål Klit   Frøstrup   Torup   Klim   Fjerritslev   Kollerup   Halvrimmen
Tømmerby   Torup Holme   11   **Brovst**   *Ølands Vejle*
Bygholm   Skræm   Skovsgård   *(Ulvedybet)*
Tømmerby   **Vejlerne**   Gøttrup   Husby   **Kokkedal**   Øland
Fjord   Vesløs   Højstrup   29   Skerping   Bejstrup   Haversle†   **S. 237**   Vesterby   ✝ Østerby
29 11   Bonderup   ttrup   *fjorden*   Nørholt

Gjol

1 cm = 5 km **1 : 500.000**
0   20 km

S k a g e r r a k

Skagen Vest
Grå Fyr
Grenen
Gammel Skagen
(Højen)
Skagen

1

40
Tranestederne

Kandestederne
Hulsig

Råbjerg Mile
41 m
Skiveren
Råbjerg Kirke
Ålbæk

Tannis Bugt
Tannisby
Østerklit
Ålbæk
Bugt

Hirtshals
Terpet
Tuen
Napstjært
Tornby Strand
Horne
Åbyen
Østenkær
Iversted
55
Uggerby
Skeen
Jerup
Mygdal
Odden
Bindslev
Blæsbjerg
Bratten Strand
Hirsholmene
Tornby
Grøntved
Græsholm
Ilerup Klit
Tvidstrup
Hjørring Nord
Bjergby
Mosbjerg
Vogn
Strandby
Hirsholm

2
Nat. Radweg
Sønderlev
Nørre
55
Astrup
Tågholt
Tolne
Elling
2
Harritslev
Sindal
40
Venneberg
Sønder
35
Hjørring
35
Hørmested
Kvissel
Ravnshøj
35
Hundelev
Harritslev
3
Hjørring
Sønderskov
Skærum
Åsted
Frederikshavn
Sønder
E39
Centrum
Linderum
Skærum
Kilden
Rubjerg
Rakkeby
Hjørring Syd
Lørslev
Ugilt
Lendum
Kirkeby
Gærum
Vittrup
4
Illbro
Hovstrup
Morild
Stenhøj
Halbjerg
12
Sæby Nord
Vejby
Harken
Tårs
Understed
Børglum
Vrå
5
Koldbro
Østervrå
E45
Kloster
Em
Poulstrup
Thorshøj
Sæby
Stenum
Vrå
Vendsyssel
13
Sæby Syd
3
Manna
Tolstrup
Serritslev
Mylund
Hørby
Kragelund
Øster
Sterup
Kirkholt
Syvsten
Solsbæk
Hjermitslev
E39
Jerslev
Badskær
Brønden
Bælk
Store
Brønderslev
Klæstrup
Dybvad
Lyngså
Vildmose
6
Brønderslev C
Hellum
Flauenskjold
Stidsholt
Route
Brønderslev S
7
Øster
Hallund
Dorf
Hauenskjold
engene
Brønderslev
Kirkeby
Voerså
Brændskov
Hvilshøj
Dorf
Præstbro
Milnakken
8
Tylstrup
Klokkerholm
Jyske Ås
15
Agersted
Febroen
Norre
Tylstrup
Ørum
Hellevad
Thorup
Nørre Sørå
Halne
Sulsted
Hjallerup
Ørsø
Bierstad
9
Grindsted
16
Hjallerup
Kærsgårde
Dronninglund
Asaa
Vestbjerg
Uggerhalne
17
Lyngdrup
Landbolyst
Geraa
Vejlen
Vadum
Vestbjerg
Lyngdrup
Try
Rørholt
Melholt
59
E45
Vodskov N.
55
Vodskov
18
Langholt
Gerå
K a t t e g a t
11
E39
19
Vodskov
Hvorup
Vester
Øster
20
Stae
Hassing
Hassing
Ulsted
AALBORG
21
Ulstedlund
Hou
Lindholm Høje
22
24
Gandrup
Holtet

239

Abbildungsnachweis

Alle Abbildungen
Hans Klüche, Bielefeld (fotografiert
   mit Pentax-Kameras
   und Objektiven)

   außer:
Blåvandshuk Egnsmuseum, Oksbøl
   (DK): S. 126
Thisted Bryghus, Thisted (DK):
   S. 50/51

Abbildungen

Titel: Strand von Nørre Vorupør
Umschlagklappe vorn: Haus
   in Møgeltønder
Umschlagklappe hinten: Die Nord-
   spitze Jütlands bei Skagen
S. 2/3: Strand vor Husby Klit

Kartografie

DuMont Reisekartografie,
Fürstenfeldbruck
© DuMont Reiseverlag, Ostfildern

3., aktualisierte Auflage 2007
© DuMont Reiseverlag, Ostfildern
Alle Rechte vorbehalten
Grafisches Konzept: Groschwitz, Hamburg
Druck: Rasch, Bramsche
Buchbinderische Verarbeitung: Bramscher Buchbinder Betriebe